전쟁에서 경영전략을 배우다

전쟁에서 경영전략을 배우다

김경원 지음

전쟁 사례에서 찾은 경영전략의
성공 공식 13

21세기북스

사람이 살다 보면 여러 가지 일을 하게 되는 법이다. 나이 오십을 넘으면 "당신은 그동안 무엇을 하면서 살았느냐"라는 질문에 사람들은 보통 한두 가지 항목을 대는 것 같다. 이는 어떤 사람이든 일생 동안 '주로 해온' 일의 개수가 그 정도 일 것이기 때문이다. 그 항목들이 바로 그 사람의 잡 커리어Job Career라고 할 수 있다.

필자도 예외는 아니다. 미국에서 학위과정을 마치고 30대 초에 삼성경제연구소에서 소위 '필드 이코노미스트'로 뒤늦게 사회생활을 시작한 이후 크게 두 가지 커리어 패스Path를 걸어온 것 같다. 이미 언급한 이코노미스트로서의 경력은 대성산업의 수석 이코노미스트라는 이름으로 최근까지도 이어지고 있다. 여기에다 그 연구소에서 일하면서 대외 컨설팅 업무를 병행하다 보니, 필자의 전공에 따라 금융회사들의 전략수립부터 자연스럽게 일반기업의 전략까지 영역을 넓히게 되어 '전략가' 즉 '스트래티지스트Strategist'로서의 커리어도 생기게 되었다. 이후 CJ 그룹의 최고전략책임자CSO: Chief Strategy Officer로 일하면서 본격적인 전략가로서의 경력을 덧붙이게 된 것이다.

몇 년 전 필자는 『대한민국 경제 2013 그 이후』란 책을 저술했다. 그 책은 그때까지 이코노미스트로서의 경력을 '중간결산'하는 의미가 있었다. 삼성경제연구소에서 직장 동료로 만난 이후 줄곧 학계에 몸을 담아왔던 김준원 교수와 함께 쓴 그 책은 그간 각각 현장과 학교에서 이코노미스트로 일하면서 습득하고 검증한 '경제를 보는 프레임', 즉 그간 공개하지 않았던 필자들의 '암묵지'를 후학이나 기업인 등 여러 사람들에게 공개하여 그들에게 조금이라도 도움이 되길 바라는 마음에서 쓴 책이었다.

이번에 필자가 졸필을 휘둘러 쓴 이 책은 본인의 두 번째 커리어 패스인 전략가로서 저술한 것이다. 그러나 지난번의 책과는 달리 '전략가로서의 경력'을 결산하는 의도로 쓴 것은 결코 아니다. 전략가로서의 경력이나 내공의 깊이가 이코노미스트로서의 그것에 못 미치는 바, 필자 자신도 '결산'할 내용과 자격이 모자란다고 느끼기 때문이다. 그럼에도 불구하고 이 책을 쓴 이유는 요즘 우리나라 기업들의 전략 역량에 대한 기우 때문이다.

1990년대 말 외환위기 이후 우리나라 기업계에서는 재무finance의 전성시대라 해도 지나친 말이 아닐 정도로, 기업 전체의 재무 건전성, 개별 사업의 수익성 등 '숫자'가 강조되어 왔다. 이에 따라 증자, 외자 유치 등으로 부채 비율을 줄이려는 노력과 함께, 수익성 최우선이라는 원칙하에 수익성이 떨어지는 사업을 접고 기존 사업의 수익성을 제고하려는 '사업 및 인력 구조조정'이 일반화되어 왔으며, 이에 필요한 재무 역량은 크게 강화되어 왔다. 당연히 이 분야의 인재들은 회사에서도 갈수록 더 귀한 대접을 받으며 승승장구하는 모습을 필자도 자주 보았다. 실제로 '재무 라인' 출신에서 CEO가 된 경우도 외환위기 전에 비해 크게 늘어났다.

그러나 이런 현상의 이면에는 전략을 짜는 부서인 기획부서가 갈수록 홀대 당하는 현상도 지속되었다. 1990년대까지의 고성장 시대는 '기획'의 전성시대였다. 개발도상국이었던 한국경제의 고성장 기조하에서는 새로 해야 할 유망사업이 너무도 많아서 어떤 사업을 먼저 해야 할 지가 고민이었던 시절이었다. 당연히 각 회사들의 기획부서의 주된 업무는 신사업에 대한 검토와 진출 전략을 짜는 것이었다. 이 분야 인력들이 최고경영자CEO로 중용되는 경우도 많았다. 기업의 고성장에 따라 전략을 담당하는 각사의 기획 역량도 갈수록 강화되어 왔었다. 하지만 외환위기 이후 이 모든 것이 바뀌었다. 벤처 등 신생기업 이외의 기업에서 새로운 사업에 진출하겠다는 검토 자체가 거의 이루어지지 않았다. 이런 것은 재무 구조조정, 사업 구조조정의 시급함에 밀려서 사치스러운 것이 되었기 때문이다. 이에 따라 기획부서를 키우기는커녕 아예 없애거나 명맥만 유지하는 경우가 많아졌다. 이런 환경에서 당연히 기획 인력들도 육성되지 못하거나 기존 조직의 암묵지가 실전失傳되어 기업들의 전략 역량도 크게 약화되었다. 이 상태에서 대부분의 기업들은 2010년대에 진입하게 되었다. 이는 또한 필자가 2000년대 말 CJ그룹의 전략총괄로 취임하면서 기획부서의 경력 사원을 상당수 채용하려 노력했으나 시장에 쓸 만한 기획 인력이 그렇게 적은 것을 알고 놀랐던 이유이기도 하다.

그런데 문제는 지금이 우리나라 기업들에게는 그 어느 때보다도 우수한 기획 인력 확보와 기획 역량 강화가 절실한 때라는 것이다. 세계적으로도 저성장이 일반화되고 대한민국도 그 예외는 아니다. 게다가 우리나라의 경우 산업대국으로서 중국의 추격이 갈수록 매서워지고 있다. 이는 기존 사업의 수익성이 급격히 떨어지면서 신수종 사업에 대한 진출과 투자가 중요하고도 시급하다는 것을 의미한다. 하지만 이는 매우 힘든 일이기도 하다. 세계적으로 경제 및 산업의 변동성이 최고조에 달한 데다 세계경제에서 차지하는 한국기업들의 위치가 불과 10년 전에 비해서도 천양지차로 달라져 있기 때문이다. 2년 전 필자는 기업전략에 대한 한 번역서에 '추천의 글'을 쓸 기회가 있었다. 거기에다 필자는 이렇게 적었다.

"하지만 한국기업의 상당수는 이제 일본 등 선진 기업의 팔로어가 아니라 글로벌 리더이다. (다른 배를 따라가는 것이 아니라) 향후 자신의 항로를 직접 찾아야 하며 그것도 예전의 잔잔한 바다가 아니라 쉽사리 배를 침몰시킬 수 있는 폭풍우와 격랑 속에서 암초에 유의하며 나아가야 될 처지이다. (이런 상황에서) 기업전략은 바로 기업의 진행방향을 결정하기 위해 항해지도를 그리는 일이다."

이렇듯 이 '항해지도'를 그리는 일이 중요하지만 이 일을 할 각 기업들의 기획 역량은 취약하다는 점이 필자로 하여금 이 책을 쓰게 만든 것이다. 이 책은 필자가 현장에서 전략가로서 일하면서 뼛속 깊이 체득한 교훈을 적은 것이다. 물론 이 책이 기획 현장의 실무자들에게 큰 도움이 되지 않을 수도 있을 것이며, 혹자는 너무 뻔한 이야기라고 비판할지도 모른다. 하지만 어렸을 때 배웠던 도덕적 가르침이 중년이 되고서야 다시 한 번 그 당위성과 필요성을 느끼게 되는 것처럼, 이 책도 필자가 현장에서 몸소 체험하여 되새긴 교훈들이다. 모쪼록 각 기업의 기획 담당자들은 물론 CEO들에게 향후 새로운 항해지도를 그릴 때 '겨자씨'만큼의 도움이 되었으면 한다.

이 책의 감수는 두 사람의 전문가가 맡아주었다. 전략의 이론과 기업경영 사례는 한양대학교 교수인 이웅희 박사가 감수를 해주었다.

이 박사는 삼성경제연구소에서 같이 일한 것이 인연이 되어 지금까지도 친교가 이어져왔고 그 '악연' 때문에 필자의 감수 요청을 거절하지 못했다. 필자가 아는 한 그는 국내에서 기업전략이론의 최고 권위자 중 한 사람이다.

전쟁 사례는 '울프독'이라는 필명으로 국방부의 공식 블로거로 활약하는 김문 작가가 감수를 해주었다. 필자가 아는 한 그는 국내 최고의 군사이론 전문가이다. 그는 필자가 군사 분야에 대한 관심을 갖도록 만들어주었고, 결국 그와 관련된 이 책을 쓰게 만든 토양을 제공한 장본인이다. 엄청난 독서광인 그에게 참으로 '박식'하다는 수식이 과하지 않을 정도로, 그의 블로그는 전쟁 역사뿐 아니라 소총부터 폭격기까지의 무기체계 등 진정 다양한 주제를 다루고 있다. 보고 있으면 일생을 매진한 전문가의 내공이 느껴진다. 또한 김문 작가는 전쟁의 전략이론과 마케팅 실무를 접목시킨 『공격 마케팅』이라는 책을 저술한 적이 있는데 필자의 책은 이 책에서 상당량의 아이디어를 얻어왔음을 밝히는 바이다.

2015년 4월 신도림의 사무실에서,
김경원

CONTENTS

III. 한국기업, 뛰어난 전략가가 필요하다

전쟁에서 경영전략을 배우다

우리가 흔히 '전략'이라 쓰는 단어는 영어 단어 'Strategy'를 번역한 것이다. 이 단어의 사전적 의미는 '전쟁에서 이기기 위해 군대를 움직이는 방법을 포함한 계책들을 망라한 것'이다. 비슷한 영어 단어로 '책략'을 뜻하는 'Stratagem'도 있다. 그런데 이 두 단어 모두 '장군'을 뜻하는 그리스어에 어원을 두고 있다. 고대 그리스에서 군사들을 이끄는 장군을 'Strategos'라 불렀다. 장군이 전쟁을 승리로 이끌기 위해서는 군대를 이끄는 지혜나 책략이 필요했을 것이다. 현대 기업경영에도 전략은 필수적이다. 전쟁에서 적을 이기고 승리를 얻기 위해서 지혜(전략)가 꼭 필요한 것처럼 시장에서 경쟁자를 이기고 살아남으려면 지혜(경영전략)가 요구되기 때문이다. 그러나 경영학에서 경영전략이론이 본격적으로 태동한 것은 그리 오래되지 않은 1960년대부터이다.

I

전쟁에서 기업으로,
전략의 기원과 역사

전략의
어원 및 정의

●

우리가 흔히 '전략'이라 쓰는 단어는 영어 단어 'Strategy'를 번역한 것이다. 이 단어의 사전적 의미는 '전쟁에서 이기기 위해 군대를 움직이는 방법을 포함한 계책들을 망라한 것'이다.[1] 비슷한 영어 단어로 '책략'을 뜻하는 'Stratagem'도 있다. 그런데 이 두 단어 모두 '장군'을 뜻하는 그리스어에 어원을 두고 있다. 고대 그리스에서 군사들을 이끄는 장군을 'Strategos'라 불렀다.[2] 장군이 전쟁을 승리로 이끌기 위해서는 군대를 이끄는 지혜나 책략이 필요했을 것이다. 그리스에 이어 서구의 패권을 장악했던 로마의 상원의원이자 장군이며 토목기술 이론가였던 섹스투스 율리우스 프론티누스Sextus Julius Frontinus는 그리

---

1 www.oxforddictionaries.com.
2 'strategos'라는 단어도 군대를 뜻하는 'stratos'와 '인도하다', '이끌다' 등의 뜻을 가진 'ago'가 결합된 말임.

스어에서 제목을 딴 『스트라테제마타Strategemata』라는 저술을 내놓았다. 이 책은 장군이 전장에서 군대를 지휘하는 데 필요한 책략을 정리한 것이다. 오늘날 전략의 개념과 가장 가깝다고 보인다. 즉 프론티누스의 책 제목이 바로 영어 단어 'Stratagem'의 조상인 셈이다.

그런데 정작 'Strategy'는 로마인들이 장군이 통치하는 영토를 지칭할 때 쓰던 단어인 'Strategia'에서 유래되었다는 것이 통설이다.[3] 이 단어는 18~19세기경 프랑스에서 'Stratégie'로 변형되었는데 그때부터 오늘날과 같은 의미로 사용되기 시작했다. 그리고 이 단어의 영어화된 형태가 바로 'Strategy'이다.

이렇듯 '전략'의 영어 어원은 그리스에서 나왔으나 가장 오래된 전략이론서는 중국의 『손자병법』이다. 이 책은 기원전 5~6세기에 활약했던 전략가 손무孫武(자는 長卿)가 쓴 것으로 알려져 있다.[4] 손무는 기원전 515년 오나라 왕 합려闔閭의 군사軍師가 되어 오나라를 군사강국으로 성장시켰다. 오나라는 당시 최강국이던 초나라를 멸망 직전까지 몰아넣을 정도로 세졌다.

『손자병법』은 전 세계 언어로 번역되어 퍼졌으며 현재에도 여전히 그 가치를 인정받고 있다. 미국에서는 『전쟁의 기술The Art of War』이라는 제목으로 번역되어 웨스트포인트West Point 육군사관학교 등에서 교재로 쓰인다. 현대전에 활용할 만큼 뛰어난 전략이론서로 평가받는 것이다.

서양에서는 16세기 초 이탈리아의 마키아벨리Niccolo Machiavelli가

---

3 www.oxforddictionaries.com.
4 손무의 손자인 손빈(孫臏)도 『손빈병법』이라는 병서를 남겼음.

『군주론The Prince』을 써서 전쟁에서 이기는 책략을 설파한 뒤에 19세기 초 카를 폰 클라우제비츠Carl Von Clausewitz는 『전쟁론Von Kriege』이라는 역작을 통해 체계적인 전략이론을 수립했다.

클라우제비츠는 1780년 독일의 전신인 프로이센의 장교였던 아버지 밑에서 태어나 불과 12세의 나이로 군에 입대해서 장군까지 올라간 입지전적인 인물이다. 그는 21세 때 베를린군사학교Kriegsakademie에 입학하여 장교의 길로 들어선 뒤 나폴레옹전쟁 등에 참전했다. 1806년 나폴레옹이 이끄는 프랑스군과의 전투에서 패해 2년간 포로 생활을 하기도 했다. 이후 프러시아로 돌아와 샤른호스트Gerhard von Scharnhorst 장군이 주도하는 프러시아군 개혁에 참여했다.

하지만 1812년 프러시아가 프랑스의 압력을 이기지 못하고 동맹을 맺은 것에 반발해서 프러시아군을 떠나 러시아군에 합류했다. 그는 여기에서 러시아와 프러시아의 반 나폴레옹 동맹을 이끌어내는 데 힘을 썼다. 1815년 드디어 영국, 러시아, 프러시아가 반 나폴레옹 동맹을 결성하자 그는 조국 프러시아로 돌아와 나폴레옹의 군대를 패배시킨 워털루전투에 고위참모로 참전했다. 클라우제비츠는 1818년 장군으로 진급한 후 모교인 베를린군사학교 교장으로 부임하여 1830년까지 재임했다. 그리고 1831년 콜레라가 유럽을 뒤덮자 그는 총책임자의 지위로 방역 작전을 진두지휘했지만, 자신도 그 병을 얻어 51세의 나이로 사망했다.[5] 그는 베를린군사학교에 재직하면서 필생의 역작인 『전쟁론』을 집필했는데, 12년간 집필한 이 책은 3부 8편

---

5 카를 폰 클라우제비츠, 김만수 역, 『전쟁론』, 갈무리, 2009, 147-151쪽.

카를 폰 클라우제비츠(위), 리델 하트(아래)

125장으로 이루어진 대작이다. 안타깝게도 생전에 저작을 끝내지 못해 그의 사후인 1832년에 미완성 상태로 출간되었다.[6]

클라우제비츠는 책에서 "전쟁은 다른 수단들을 통해 정책을 이어가는 것(War is merely the continuation of policy by other means)"이라는 전제로[7] 전쟁에 이기는 방법은 모든 '가용한 자원'을 동원하여 적에게 타격을 입히는 총력전이라 주장했다. 즉 "대군의 적 앞에 전략의 묘수가 없다"는 원리를 바탕으로 적보다 수적·양적으로 우세한 수단을 총동원하여 힘으로 깔아뭉개듯 전면공격을 가해야 한다는 것이다.[8]

이후 프랑스의 앙투앙 앙리 조미니Antoine-Henri Jomini(1779~1869)가 『위대한 전술에 관한 논문Traité de grande tactique』 등의 책을 써서 전략이론을 설파한 데 이어, 20세기에 들어서는 영국의 B. H. 리델 하트B. H. Liddell Hart가 현대 전쟁 상황에 맞는 전략이론서를 여러 권 저술했다. 리델 하트는 1895년 파리에서 영국인 목사의 아들로 태어나 케임브리지대학교에서 현대사를 공부했다. 그는 1914년 1차 세계대전이 발발하자 군에 입대하여 장교 양성과정을 마치고 1915년 장교로 임관했다. 하지만 다음 해 '솜므Somme전투'에서 적의 독가스 공격으로 치명상을 입고 장기요양을 해야 했다.

그는 1차 세계대전 이후에도 군에 남았으나 전후 영국 정부의 군비축소정책에 따라 1927년 예비역 대위로 전역을 당했다. 그러나 군 생활 막바지부터 언론인으로 직업을 바꾸고 본격적인 저술 활동에 나

---

6 http://en.wikipedia.org/wiki/Carl_von_Clausewitz.
7 카를 폰 클라우제비츠, 김만수 역, 『전쟁론』, 갈무리, 2009, 77~78쪽.
8 김문, 『공격 마케팅』, 진한엠앤비, 2012, 243쪽.

섰다. 군에 몸담고 있던 1926년 전쟁역사서『스키피오 아프리카누스 Scipio Africanus: Greater Than Napoleon』를 썼으며, 전역 후인 1929년에는『간접접근전략The Strategy of Indirect Approach』이라는 전략이론서를 발표했다. 이후에도 전쟁역사 관련 책을 여러 권 저술하면서, 동시에 그만의 전략이론인『간접접근전략』의 수정판을 여러 차례 출간했다.[9]

그의 간접접근전략을 요약하면 '기동'과 '기습'을 통해 적의 저항 가능성을 최소화시켜[10] 승리를 쟁취한다는 것이다. 리델 하트는『손자병법』의 신봉자였다. 그의 저서『전략론』서두에 20개의 전략 관련 격언을 인용했는데 그중 14개를『손자병법』에서 가져올 정도였다.[11] 그런데 그의 이론은 조국 영국이 아니라 2차 세계대전 전에 적국 독일에서 적극적으로 수용되어 기동과 기습을 주요 수단으로 한 독일군의 전격전blitzkrieg의 토대가 되었다. 개전 초기 독일군은 하인즈 W. 구데리안Heinz Wilhelm Guderian 장군 등이 수립한 이 전격전 전술로 기계화부대를 앞세워 폴란드를 시작으로 프랑스까지 단숨에 점령하는 등의 큰 효과를 보았다.

동양에서는 리델 하트와 동시대 인물인 마오쩌둥毛澤東이 전략·전술의 현대적인 이론체계를 세웠다. 그는 1893년 후난성湖南省 샹탄현湘潭縣 사오산韶山에서 가난한 농민의 아들로 태어났다. 1911년 10월 신해혁명이 일어나자 혁명군에 입대하였다가 1912년에 제대하고 이듬해 후난 성립湖南省立 제1사범학교에 들어갔다. 1921년 7월 상하이의

---

9 http://en.wikipedia.org/wiki/B._H._Liddell_Hart.
10 바실 리델 하트, 주은식 역,『전략론』, 책세상, 1999, 457쪽.
11 바실 리델 하트, 주은식 역,『전략론』, 책세상, 1999, 9–11쪽.

중국공산당 창립대회에 참가했으며, 후난성 대표로서 중국공산당 제1차 전국대표대회에 참석했다. 1931년 장시성江西省 루이진瑞金의 중화소비에트정부 중앙집행위원회 주석이 되었다.[12]

중국공산당은 1930년대 초 장제스蔣介石가 이끄는 국민당 군대의 포위와 토벌이 시작되자 장거리를 이동해서 위기에서 벗어났다. 1934년 장시성 루이진의 근거지를 포기하고 새로운 터전을 확보하기 위해 산시성山西省 북부까지 1만km에 달하는 거리를 걸어서 이동하는 소위 '대장정大長征'의 역사를 시작한 것이다. 마오쩌둥은 대장정 도중에 구이저우성貴州省 '쭌이遵義 회의'에서 당 지도권을 장악하였다. 하지만 11개 성省, 18개 산맥, 24개 운하를 가로지르는 후퇴 작전에서 마오쩌둥의 군대인 홍군紅軍은 국민당 군대의 집요한 추적과 보급 부족으로 병력 대부분을 잃고 말았다.[13] 그럼에도 불구하고 마오쩌둥의 뛰어난 전략·전술에 힘입은 홍군은 곧 대반격에 성공했다. 결국 1949년 장제스군을 대만으로 내쫓고 '중화인민공화국'을 건국하기에 이른다.

마오쩌둥의 전략·전술론은 본래는 임표林彪(후에 중국인민공화국의 국방상이 됨)가 창안하고 총사령관 주덕朱德이 협력해서 개발한 것으로 알려졌다. 이것을 『손자병법』을 연구했던 마오쩌둥이 정리했다고 한다.[14]

그 내용 역시 『손자병법』에 기초를 두고 있는데, 기습과 속임수 등

---

12 www.doopedia.co.kr.
13 김경원·김준원, 『대한민국 경제 2013 그 이후』, 리더스북, 2012, 70쪽.
14 김문, 『공격 마케팅』, 진한엠앤비, 2012, 13쪽.

대장정 끝에 베이징에 입성한 홍군

을 수단으로 한 게릴라전법이 요체이다. 홍군은 게릴라전법을 요약한 '적진아퇴敵進我退, 적주아요敵駐我擾, 적피아타敵疲我打, 적퇴아추敵退我追'라는 16자 전법을 전원이 암기하도록 하여 실전에 적용했다.[15] 이후 홍군의 군세가 강해져 정규전으로 전환할 필요성이 제기되자 1947년에는 섬멸전을 목표로 하는 군사적 행동을 위한 원칙으로 '10대 군사원칙'이 수립되었다.[16]

지금까지 동서양에 걸친 전략·전술의 역사를 간단히 살펴보았다. 첨단무기체계가 전장의 양상을 바꾸고 있는 오늘날에도 군사전략은 미군을 비롯한 전 세계 군대가 연구하는 분야이다. 하지만 그 핵심은 『손자병법』, 리델 하트, 마오쩌둥까지 전략이론가들이 수천 년간 세워온 이론의 틀에서 크게 벗어나지 못하고 있다. 이를 뒤집어 생각하면 그들의 이론이 그만큼 완벽하게 정립되었다는 뜻이다.

---

15 '적이 전진하면 우리는 후퇴한다. 적이 야영하면 우리는 적을 교란한다. 적이 피로를 느끼면 우리는 공격한다. 적이 후퇴하면 우리는 추격한다.' 1928년 5월 제정.
16 백기인, 「마오쩌둥의 유격전 이론 형성과 전개」, 『戰史』 제6호, 2004, 53쪽. 10대 군사원칙은 1. 고립된 적을 먼저 분산해서 공격하라. 2. 중소도시와 넓은 지방지역을 선택하라. 3. 적의 잔존 세력을 완전히 섬멸하는 것을 우리의 주요 목표로 삼고 4. 모든 전투에 있어서 절대적인 우위를 확보하는 데 주력하라. 5 준비되지 않은 전쟁과 승리를 확신할 수 없는 전쟁을 치르지 마라. 6. 우리의 전투 스타일을 최대한 발휘하라. 7. 기동전을 통해 적을 섬멸하라. 8. 도시의 공격에 있어 방어가 약한 요새화된 지점과 도시의 적을 모두 생포하라. 9. 적의 인적 자원과 적으로부터 획득한 무기로 우리의 전력을 보강하라. 10. 전투의 휴식기를 우리 군대의 휴식과 강화에 이용하라.

경영전략이론의
태동

현대 기업경영에도 전략은 필수적이다. 전쟁에서 적을 이기고 승리를 얻기 위해서 지혜(전략)가 꼭 필요한 것처럼 시장에서 경쟁자를 이기고 살아남으려면 지혜(경영전략)가 요구되기 때문이다. 그러나 경영학에서 경영전략이론이 본격적으로 태동한 것은 그리 오래되지 않은 1960년대부터이다.

국내에도 출간된 한 경영학 교과서에서는 하버드 경영대학원 교수였던 에드먼드 P. 러니드Edmund P. Learned와 그의 동료인 케네스 앤드루스Kenneth Andrews가 1965년에 이 개념을 처음 소개[1]했다고 주장하고 있다.[2] 그러나 몇 년 전인 1962년에 이미 하버드 경영대학원 교수

---

1 E. P. Learned, C. R. Christensen, K. R. Andrews & W. D. Guth, 『Business policy: Text and cases』, Irwin, 1965.
2 조동성, 『조동성 전략경영』, 서울경제경영, 2013, 37쪽.

였던 알프레드 D. 챈들러Alfred D. Chandler가 미국 기업의 흥망사를 다룬 책에서 경영학자로는 처음으로 '전략Strategy'이라는 말을 사용했다. 챈들러는 경영전략을 "기업의 기본적인 장기 목표와 목적들을 결정하고 이를 이루기 위한 경로들을 선정하며, 이에 필요한 자원을 배분하는 것(the determination of the basic long-term goals and objectives of an enterprise, and the adoption of courses of action and the allocation of resources necessary for carrying out these goals)"이라고 정의했다.[3]

러너드 교수와 앤드루스 교수의 책이 나왔던 해인 1965년에는 카네기멜론대학교(당시에는 Carnegie Institute of Technology)의 교수이던 H. 이고르 앤소프H. Igor Ansoff가 『기업전략Corporate Strategy』이라는 책을 출간했다. 이것이 오늘날 경영학계에서 정립된 경영전략이론의 효시가 되었다는 주장이 더 설득력이 있어 보인다.

이고르 앤소프는 1918년 러시아에서 태어나 미국에 이민온 사람으로 브라운대학교에서 응용수학 전공으로 박사학위를 받았다. 이후 랜드연구소Rand Corporation와 록히드Lockheed Aircraft Corporation에서 컨설팅과 실무 경험을 하면서 경영학에 관심을 두게 되었다. 그러나 나중에 학계에 투신하면서 경영전략이론을 본격적으로 연구하여 『기업전략』을 출간했다. 그는 이 책에서 경영전략의 개념을 "경영목표를 달성하기 위한 방법을 선택하는 원칙이나 지침guidelines"으로 정의했다.[4] 그리고 기업이 자신의 제품과 시장 상황에 따라 선택할 전략의

---

3 Alfred D. Chandler, 『*Strategy and Structure: Chapters in the History of the American Industrial Enterprise*』, MIT Press, 1962. 13쪽.
4 H. Igor Ansoff, 『*Corporate Strategy*』, McGraw-Hill Book Company, 1965, 103쪽.

이고르 앤소프(위), 이고르 앤소프의 『기업전략*Corporate Strategy*』(아래)

방향을 제시한 '성장 벡터Growth Vector' 등의 이론을 설파하는 등 그는 이 책을 통해 현재 전략이론의 기초가 되는 여러 이론을 제시했다.

1971년에는 앞에서 언급한 케네스 앤드루스가 경영전략 관련 책을 발표하며 경영전략이론의 기초를 더 깊게 닦았다. 앤드루스는 경영전략을 "기업의 목표를 정의하고 드러내며, 그 목표를 달성하기 위한 여러 가지 정책이나 계획을 만드는 의사결정의 패턴(the pattern of decisions in a company that determines and reveals its objectives, purposes, or goals)"으로 보았다. 또한 "기업이 추구하는 사업 분야와 되고자 하는 경제적·인간적 조직의 형태를 결정(defines the range of business the company is to pursue, the kind of economic and human organization it is and intends to be)"하는 것이라고도 정의했다.[5] 이후에도 상당수 학자가 경영전략의 정의와 이론에 관한 주장을 내놓으면서 학문의 체계가 잡혀갔고 1977년에는 피츠버그대학교에서 관련 학회가 열리고 학자들이 모여 열띤 논의를 시작하면서 경영학의 한 분야로서 경영전략이 우뚝 서게 되었다.[6] 특히 1980년대와 1990년대에는 하버드 경영대학원의 교수인 마이클 포터Michael Porter가 경쟁상황 하에서 기업의 전략에 관한 이론을 체계화하면서 학계에 큰 두각을 나타내었다.[7]

경영전략의 정의에 대한 여러 주장을 종합해보자면 경영전략이란 경쟁사들과의 경쟁에서 이기기 위해서 먼저 기업이 되고자 하는 자

---

5 Kenneth Andrews, 『The Concept of Corporate Strategy』, Dow-Jones Irwin, 1980, 18-19쪽.
6 조동성, 『조동성 전략경영』, 서울경제경영, 2013, 56쪽.
7 http://www.hbs.edu/faculty/Pages/profile.aspx?facId=6532.

화상 즉 비전과 중장기 목표를 정하고, 다음으로 이를 이루기 위한 구체적인 수단과 방법들을 정하며, 마지막으로 이에 필요한 자본과 인적 자원을 조달하고 배분하는 일련의 행위라고 정의할 수 있다. 이 정의는 3가지 키워드로 요약된다. '목표 설정, 방향 설정, 자원 배분' 이 그것이다. 경영전략은 적용 수준에 따라 기업전략, 사업부 전략, 기능별 전략으로 나뉘며, 현업에서는 적용 단계별로는 경영전략의 수립과 실행 단계로 구분하기도 한다.

그런데 이와 같이 '경영전략이론'의 역사는 '전략이론'에 비해 일천하다. 이는 경영전략이 아직도 실제 전쟁 사례에서 교훈을 얻고 배울 점이 많다는 점을 시사한다.

다음 장(Ⅱ)에서 필자는 실제 전쟁 사례에 얻는 전략적 교훈을 어떻게 실제 경영에서 적용할 수 있는지를 제시하려 한다. 이는 필자가 경영 현장에서 스트래트지스트로서 활동하면서 깨닫고 체득한 경험을 바탕으로 한 것이기도 한다. 구체적으로는 경영전략수립 단계에 유의해야 할 여덟 가지와 실행 단계에서 유의해야 할 다섯 가지 등 총 13가지 교훈이 전쟁 사례와 경영 현장에도 똑같이 적용됨을 보여주고자 한다.[8] 특기할 만한 것은 각 교훈마다 『손자병법』에서 나오는 구절을 인용하며, 소개하는 전쟁사례나 경영 사례가 수천 년 전에 세워진 이론의 범주에서 벗어나지 않음도 명시하려고 한다.

그리고 사족처럼 붙여 놓은 마지막 장(Ⅲ)에서는 왜 우리나라가 기업에게 바로 이 시기에 좋은 전략과 뛰어난 전략가가 필요한지를 설

---

8 우연의 일치로 이 교훈들의 수가 총 13편으로 이루어진 『손자병법』의 편수와 같아지게 되었음.

명하려 한다. 여기에다 덧붙여 필자의 경험에 비추어 기업에서 전략을 수립하거나 실행할 시에 이에 관련된 사람들에게 들려주고 싶은 몇 가지 권고사항을 덧붙인다. 즉 누가 전략을 세울 것이냐는 전략의 주체 문제, 전략 실행 단계에서 실행 상황을 어떻게 챙길 것이냐는 전략의 추진과정 문제, 그리고 얼마 만에 전략이 보완·수정되어야 하느냐는 전략의 업데이트 인터벌Update Interval 문제, 그리고 마지막으로 관련 인력을 어떻게 키울 것이냐는 전략기획 인력의 육성 문제에 대해서 다루고자 한다.

전쟁에서 경영전략을 배우다

'경영전략이론'의 역사는 '전략이론'에 비해 일천하다. 이는 경영전략이 아직도 실제 전쟁 사례에서 교훈을 얻고 배울 점이 많다는 점을 시사한다. 이 책을 통해서 필자는 실제 전쟁 사례에서 얻는 전략적 교훈을 어떻게 실제 경영에서도 적용할 수 있을지를 제시하려 한다. 이는 필자가 경영 현장에서 스트래티지스트로서 활동하면서 깨닫고 체득한 경험을 바탕으로 한 것이기도 한다. 이를 위해 이 장에서는 경영전략 수립 단계에 유의해야 할 여덟 가지 교훈과 실행 단계에서 유의해야 할 다섯 가지 교훈을 그 원천인 전쟁 사례를 통해 확인하고, 이것이 경영 현장에도 똑같이 적용될 수 있음을 각각의 교훈마다 경영 사례를 통해 보여주고자 한다.

II

WAR AND BUSINESS STRATEGY

전쟁 및
경영의 사례와 교훈

CHAPTER 1

전략 수립 단계

적의 약점에
나의 강점을 들이밀어라

●

기업전략을 수립하다 보면 담당자들이 자주 저지르는 실수가 있다. 획기적인 신제품 출시 등 경쟁사의 공세에 대응하는 과정에서 의도치 않게 경쟁사가 강점을 가진 부문에 자사가 경쟁력을 갖추지 못한 부문으로 대응하면서 낭패를 보는 경우다. 예를 들면 특정 기술에 강한 경쟁사의 신제품에 자사의 취약한 기술로 만든 제품으로 허겁지겁 대응하는 것이다. 경쟁사와의 경쟁에서 이기려면 적의 강점에 내 약점으로 대응하는 대신 적의 약점에 나의 강점을 들이밀어야 하는 법이다. 이것이 바로 『손자병법』의 허실虛實편에 나오는 '피실격허避實擊虛'이다.[1] 적을 공격할 때 방비가 견고한 곳을 피하고 방비가 허술한 곳을 치라는 뜻이다.

---

1 손자, 김원중 역, 『손자병법』, 글항아리, 2011, 174쪽.

난공불락의 제로센을 이긴 헬캣의 비결

1941년 말 일본의 진주만 공격으로 '태평양 전쟁'이 시작되고 나서 약 반년의 기간 동안 미군은 바다와 공중 모두에서 어려운 싸움을 이어 가고 있었다. 예컨대 공중에서는 일본의 신예기인 제로센零戰에게 아군의 주력기인 F4F 와일드캣Wildcat이 열세를 면치 못했다. 그 당시 전투기 간 공중전의 승패를 좌우하는 결정적인 요인은 소위 '운동성 maneuverability'이었다. 미사일이 없던 시절이라 보통은 전투기끼리 근거리에서 뒤엉켜 싸우는 근접전dogfight에서 운동성이 좋은 비행기가 적기의 꼬리를 잡는 위치를 확보하고 기관총을 사격하면 결판이 나는 식이었다. 그런데 개전 초부터 일본 해군의 제로센은 세계 최고 수준의 운동성을 자랑했다. 미쓰비시三菱사의 호리코시 지로堀越二郎라는 기사가 설계한 이 비행기는 태평양 전장에서는 거의 무적이었다. 이에 반해 미국 해군의 주력 전투기인 와일드캣은 제로센보다 더 튼튼하기는 했으나 운동성에서 제로센의 상대가 되지 못해 고전을 면치 못했다. 즉 적어도 개전 초기까지는 일본의 항공기 제작 기술이 미국보다 앞섰으며 제로센이 이를 잘 보여주는 증표였던 것이다.

개전 초기의 연전연패 양상은 조종사인 존 S. 쌔치John S. Thach라는 소령이 고안한 전법을 적용하기 시작한 미드웨이Midway 해전까지는 계속되었다. '쌔치 위브Thach Weave'라는 이 전법은 기본적으로 와일드

미 공군의 F4F 와일드캣(위)과 일본군의 제로센(아래)

캣 두 기가 제로센 한 기를 상대하는 것으로 한 기가 미끼가 되고 나머지 한 기가 이 미끼에 걸려든 적기를 뒤에서 덮치는 것이었다.[2] 즉 양으로 질을 상대하는 방식이었다. 이를 통해 미군은 공중전에서 일본군과 간신히 호각을 이룰 수 있었다. 하지만 미군 입장에서 이것이 근본적인 해결책이 될 수는 없었다.

그러던 중 미군에게 복음과 같은 소식이 들렸다. 1942년 6월의 어느 날, 해군의 수륙양용 정찰기(PBY)가 알래스카의 남쪽에 위치한 알루샨 열도Aleutian Islands의 한 무인도에서 제로센이 비교적 온전한 형태로 해안가에 처박혀 있는 것을 발견했다는 것이다. 미드웨이 해전(1941년 6월 4~7일)의 개전일에 일본군은 제로센 여러 기를 동원해 알루샨 열도에 있는 항구인 더치 하버Dutch Harbor를 공격하러 나섰다. 그런데 코가 타다요시古賀忠義라는 조종사가 몰던 제로센 한 기가 공격 도중 대공포에 맞아 기지로 귀환 중에 마지막 무전을 남기고 실종되었다. 일본군은 이 비행기가 아마 바다에 떨어져 조종사는 사망하고 기체는 침몰했을 것이라고 추정했다. 하지만 사실은 달랐다. 코가는 귀환 비행 중 비행기가 더 이상 날 수 없을 상태에 이르자 그의 시야에 나타난 아쿠탄akutan이라는 무인도의 해안가 모래사장에 착륙을 시도했다. 하지만 모래사장 위에는 공중에서는 잘 안 보이던 물이 들어와 있었다. 이에 바퀴를 내리고 착륙하던 그의 비행기는 미끄러져 뒤집어졌고 이 충격으로 그는 사망했다.[3] 이를 이 섬 근처에서 배회하던 미군 정찰기가 발견한 것이다.

---

2 http://en.wikipedia.org/wiki/Thach_Weave.
3 http://en.wikipedia.org/wiki/Akutan_Zero.

아쿠탄 섬에 불시착한 코가의 제로센

미군의 정보국은 야음을 틈타 몰래 이 기체를 배로 실어 내온 후 간단한 수리를 거쳐 날려보았다. 그리고 해군 항공대의 비행기뿐 아니라 육군 항공대의 모든 전투기 기종과 모의 공중전을 붙여 보았다. 결과는 운동성이 최고인 제로센의 전승이었다. 이미 와일드캣이 제로센의 적수가 될 수 없음을 파악하고 제로센을 잡을 새 전투기를 개발하던 그루먼Grumman사의 엔지니어들도 망연자실하기는 마찬가지였다. 창업자인 리로이 그루먼Leroy Grumman이 직접 나서 레온 스워불Leon Swirbull과 빌 슈웬들러Bill Schwendler라는 수석 엔지니어 2명과 함께 개발해온 이 새로운 기종이 제로센의 적수가 될 수 없음을 확인한 것이다.[4] 운동성이 제로센에 비해 현저히 떨어졌기 때문이다. 그렇다고 전황이 급박하게 돌아가는 가운데 개발중인 신기종의 운동성을 단시일 내에 제로센 수준으로 올리는 것도 불가능해 보였다.

그러나 이 엔지니어들은 낙담하지 않고 발상의 전환에 나섰다. 뛰어난 운동성이라는 제로센의 강점을 따라잡기보다는 제로센의 약점을 파악해 공략하는 방법으로 신기종의 개발 방향을 바꾼 것이다. 제로센은 서구 강대국에 비해 떨어지는 자국의 엔진 기술 때문에 적은 마력을 내는 엔진만이 사용 가능한 상태에서 최대한의 경량화를 통해 운동성의 극대화를 추구한 비행기였다. 이러다 보니 무게는 당시 미국 전투기의 약 반으로 줄이는 데는 성공했으나 조종석 주위에 방탄판도 생략되었고 연료통에도 피탄 시 자동으로 총알구멍이 닫혀 폭발하지 않도록 만드는 장치도 없었다. 그래서 이 비행기는 중기관총

4 Stephen Sherman, 'Grumman F6F Hellcat', http://acepilots.com/planes/f6f_hellcat. html(2012. 1. 23).

의 총탄 한 발만 맞아도 조종사가 즉사하거나 기체의 폭발로 이어질 수 있었다. 또한 기체의 강도가 약해 급격한 하강 기동 시에 기체가 손상될 우려가 있어 하강 속도도 늦었다.[5] 이 약한 기체에 중무장도 할 수 없어 7.7mm 경기관총 2문과 20mm 기관포 2문만을 장착했다. 하지만 설상가상으로 경기관총은 위력이 약했고 기관포는 발사 속도가 늦은 데다 기관포마다 단지 60발씩만 실을 수 있어서 실전에서 위력을 발휘하는 데 문제가 있었다. 결국 제로센의 약점은 기체와 무장, 하강속도였다. 또한 마력이 떨어지는 엔진 때문에 최고 속도도 떨어지는 편이었다.[6]

이에 대한 대응책으로 그루먼 엔지니어들은 운동성이 뛰어난 제로센에 꼬리를 물려 공격을 당하더라도 이를 견딜 수 있는 강한 기체, 조종사를 더 잘 보호할 수 있는 강력한 방탄판이 급선무라 판단했다. 또 단 한 발로도 적기를 떨어뜨릴 수 있는 중기관총을 여럿 장착하는 등의 중무장, 그리고 제로센의 장점인 강한 근접전을 피하면서, 높은 고도에서 급강하해서 치고 빠지는 '히트 앤 런' 전법을 구사할 수 있는 높은 상승 및 하강 속도 등이 필요하다고 생각했다. 그리고 이 모든 것을 가능하게 해주는 것은 보다 강력한 엔진이라는 결론에 도달했다.

그 당시 미국 내에서 개발이 완료되어 사용가능한 엔진 중 가장 강력한 것은 프랫앤휘트니Pratt & Whitney사의 R-2800 더블와스프

---

5 http://en.wikipedia.org/wiki/Mitsubishi_A6M_Zero.
6 '불타는 하늘' 카페(http://airwarfare.cafe24.com/frame2.htm)의 기고문 'Great War Planes: A6M'에서 인용.

Double Wasp 엔진이었다. 18기통인 이 엔진은 2,000마력을 낼 수 있었다. 이는 제로센이 장비한 나카지마中島飛行機사의 사카이栄 엔진이 내는 950마력의 2배 이상이었다. 그루먼 엔지니어들은 이 큰 엔진을 장착하기 위해 개발하던 신기종의 기체를 재설계했다. 이들은 불과 한 달여 만에 재설계와 시제품 제작을 해치워 1942년 7월 말 시험비행을 실시했다.

이 엔진의 강력한 마력은 엔지니어들이 원한 모든 것을 가능케 해주었다. 넉넉한 마력 덕택에 조종석 전체를 욕조처럼 감싸는 강력한 방탄판은 물론 기체의 강성을 높여 웬만한 피격에도 끄떡없게 만들 수 있었다. 또한 중기관총인 12.7mm 구경의 캘리버50 기관총을 6문이나 달 수 있었고 총알 수도 무려 2,400발을 장탄할 수 있었다. 엔진의 힘이 늘어난 무게를 감당하고도 남았기 때문이다. 더구나 남아도는 마력으로 이 비행기의 최고 시속이 제로센보다 무려 100km가량 빨랐으며 상승 속도도 훨씬 빨랐다. 물론 이렇게 큰 엔진과 중무장, 중장갑을 갖춘 이 기체의 무게는 무거울 수밖에 없어 하강 속도는 제로센이 도저히 따라올 수 없을 정도였다.

미 해군은 이 비행기에 크게 만족하고 F6F 헬캣Hellcat이라는 제식명을 부여하고 그루먼 사에 이를 양산해줄 것을 주문했다. 항공모함 탑재 항공기 생산의 명가였던 그루먼사는 해군이 요구한 항공모함 이착륙 테스트 등을 일사천리로 통과하고, 이와 동시에 새로운 생산 설비를 갖추고 시제품 비행 불과 2개월 만인 1942년 10월 3일 첫 양산품을 해군에 인도했다.

실전에서 헬캣은 그 이름의 뜻인 '지옥 고양이'처럼 과연 제로센의

R-2800 더블와스프 엔진

저승사자임을 증명하는 데에는 얼마 시간이 걸리지 않았다. 충분한 양산 체제에 돌입한 헬캣은 1943년 상반기 동안 상당수의 함재기 편대에 보급되었다. 1943년 8월 31일 첫 전투를 치른 이후 제로센을 포함한 수많은 일본 전투기를 격추시켰다. 실제 전투에서 조종사들은 강인한 기체와 강력한 방탄판을 믿고 제로센을 향해 겁 없이 돌진하여 가장 근접한 거리에 무시무시한 화력을 적기에게 쏟아 붓거나 고공에서 하강해서 적기를 기습하고 도망가는 '히트 앤 런' 전법을 즐겨 썼다. 설사 근접전에 말려들어 적기에 꼬리를 잡힐 경우에도 뛰어난 상승 및 하강 속도를 이용해 쉽게 곤경에서 벗어났다. 심지어 이 경우 엔진을 끄고 하강하여 무게가 가벼운 제로센을 자신 위로 패스시킨 뒤 다시 엔진을 켜고 올라가서 제로센의 꼬리를 잡아 격추시키는 조종사들도 있었다.[7] 이런 전과에 필수적인 것은 강인한 기체였다. 수많은 피탄을 당하고도 항공모함으로 무사히 귀환한 사례가 무수히 보고되었다.

이제는 공중전의 패러다임이 바뀌어 주도권이 미군으로 완전히 넘어오게 되었다. 운동성이 좋은 기체가 지배하던 공중전이 이제 속도와 무장, 강인한 기체가 우위를 점하는 것으로 바뀐 것이다. 한때 하늘의 제왕이었던 제로센은 헬캣의 쉬운 먹잇감으로 전락했다. 게다가 강인한 기체와 튼튼한 방탄판으로 보호받은 헬캣의 조종사들은 계속 살아 돌아온 반면 한 발만 맞아도 폭발하기 일쑤였던 제로센의 조종사, 특히 수많은 에이스가 공중전에서 헬캣에 걸려 불귀의 객이 되

---

7 Stephen Sherman, 'Grumman F6F Hellcat', http://acepilots.com/planes/f6f_hellcat. html, 2012. 1. 23.

항공모함에 탑재된 F6F 헬캣

고 말았다. 이러니 전쟁이 막바시로 치달을수록 미군 조종사들의 경험은 더욱 쌓여가 전투기술이 더 좋아진 반면 일본군은 숙련된 조종사가 갈수록 부족해져 속성 비행훈련을 받은 신참이 몰게 되는 경우가 많아져 두 기체 간의 전과 격차는 더욱 심해져갔다. 게다가 공중전 경험이 쌓여가면서 미군 조종사들이 이 둔중한 기체를 갈수록 능숙하게 다루게 됨에 따라 제로센의 유일한 장기인 운동성조차도 우위를 점하지 못하는 일도 잦아졌다.[8]

여기에 종전까지 1만 2,000기 이상의 헬캣을 생산한 미국의 산업능력까지 가세했다. 헬캣은 종전까지 무려 19 대 1의 격추비, 즉 공중전에서 헬캣 1기가 격추되는 사이 적기를 19기나 떨어뜨리는 비율을 자랑하며 총 5,156기의 일본기를 격추했다. 이는 미군이 태평양 전쟁에서 공중전을 통해 떨어뜨린 9,282기의 56퍼센트에 해당하는 숫자이다.

만약 그루먼 엔지니어들이 적의 강점인 운동성을 따라잡는 데에만 집착했다면 이런 성과는 결코 없었을 것이다. 즉 이는 적의 약점인 취약한 기체와 빈약한 무장, 낮은 속도 등에 자신의 강점인 강인한 기체와 강력한 무장, 빠른 속도로 대응하자는 그들의 '발상의 전환'이 이루어낸 성과라 할 것이다

---

8 울프독 블로그의 기고문 인용('일본 조종사가 제일 두려워했던 미전투기', http://bemil. chosun.com/nbrd/bbs/view.html?b_bbs_id=10101&num=103, 2013. 8. 3.).

일본 오토바이의 대공세를 견디어낸 할리 데이비슨

제1차 세계대전과 제2차 세계대전 시에 할리 데이비슨Harley Davidson사
의 오토바이는 미군과 함께 온 전쟁터를 누비고 다녔다. 그리고 2차
세계대전이 끝나자 이 회사는 미국 시장에서 압도적인 시장점유율
을 자랑하며 사실상의 독점 체제를 구축했다. 실제로 20세기 초반
에는 한때 150여 개에 달하던 미국 내 오토바이 제조업체가 1950년
경에는 할리 데이비슨 한 회사를 빼놓고는 모두 정리되었기 때문이
다.⁹ 1950년대 들어 전쟁의 상흔에서 회복한 유럽, 일본 등으로부터
값싼 오토바이의 수입이 늘어나기는 했으나 이들 오토바이는 작은 엔
진을 장착한 소형 모델이어서 배기량 750cc 이상의 대형 오토바이만
을 생산해온 할리 데이비슨사는 별 영향을 받지 않았다. 이런 상황은
1950~1960년대에도 별 변화가 없이 지속되었다.

　그러나 과거 전쟁 때와는 달리 이 시기에 할리 데이비슨의 이미지
는 별로 긍정적이지 않은 방향으로 형성되어 갔다. 1953년 말론 브란
도Marlon Brando가 주연으로서 오토바이 폭주족으로 분한 〈와일드 원
The Wild One〉¹⁰이라는 영화가 있었다. 이 영화는 흥행에서도 크게 성공

9　Pete Gonigam 'The Real Harley Davidson Story', 《*Chicago Tribune*》 1987. 5. 13.
10　국내에서는 〈위험한 질주〉라는 이름으로 상영되었음.

하고 비평가들 사이에서도 전후 미국 대중문화를 잘 표현했다는 찬사를 받았다. 이 기념비적인 영화에서도 할리 데이비슨 오토바이의 대열이 화면을 가득 채웠고, 이후에도 할리우드 영화에 자주 나왔으나 그럴수록 이 회사의 제품은 일반 대중들 사이에 갱단이나 불법 폭주족과 동일시되는 부정적 이미지가 깊어졌다.

그러다가 1969년 할리 데이비슨은 온갖 스포츠 용품을 만드는 AMF_{American Machinery and Foundry}에 인수되었다. 1960~1970년대 미국의 기업계도 인수합병_{M&A} 등을 통한 사업다각화와 몸집 불리기가 화두가 되었던 시절이어서 AMF도 자사의 기존 사업과 별 관련이 없던 오토바이 회사를 인수한 것이다. 이른바 '비관련 다각화'였다. 그런데 AMF의 경영진은 오토바이 사업을 잘 이해하지 못했다. 게다가 1970년대 들어 일본이 대형 오토바이 시장에도 본격적으로 진출하여 할리 데이비슨의 텃밭을 심각하게 위협하기 시작했다. AMF의 경영진은 그들이 기존 사업 경영에서 얻은 경험으로 이 문제를 타개하려고 나섰다. 비용 절감을 위해 생산 공정을 단순화시키고 인력 구조 조정을 단행한 것이다. 그러나 결과는 경영진의 당초 기대와는 거리가 멀게 나타났다. 노사분쟁이 잦아지고 격렬해지면서 제품의 질도 크게 나빠진 것이다. 소비자들의 반응은 즉각적이었다. 1970년대 할리 데이비슨 오토바이의 별명은 "Hardly Drivable(몰기 힘든)", "Hardly Ableson(무능력한)" 등 냉소적인 것 일색이었다. 할리 데이비슨은 제품 불량이 많고, 크고 작은 고장이 잦은 오토바이였던 것이다.[11] 여기에

---

11 http://www.totalmotorcycle.com/dictionary/H.htm (The Motorcycle Bikers Dictionary: H).

다 할리우드 영화들의 영향으로 '범죄자, 불량배나 타는 오토바이'라는 기존의 부정적인 제품 이미지까지 가세했다.

이 결과 1970년대를 거치면서 할리 데이비슨은 매출, 시장점유율, 수익성이 모두 나빠졌다. 예를 들어 1972년 1,000cc 이상의 오토바이 시장에서 이 회사는 100퍼센트의 시장점유율을 자랑했었지만, 딱 10년이 지난 1982년 이 회사의 점유율은 15퍼센트 밑으로 떨어졌다. 혼다, 야마하, 스즈키, 카와사키 등 일본 회사들의 오토바이는 고장도 적을 뿐더러 성능도 우수하고 가격은 동급의 할리 데이비슨 오토바이보다 거의 1,000달러 이상 싸게 유지되니 이는 당연한 결과였다. 결국 이 회사는 1980년대 초에 이르러 파산 직전까지 몰렸다. 결국 모회사인 AMF는 이 회사를 팔고 오토바이 사업에서 철수하려고 했지만 좀처럼 원매자를 찾을 수 없었다.[12]

그러던 중 1981년 모회사 AMF의 부사장이자 할리 데이비슨의 CEO였던 본 빌스Vaughn Beals의 주도 하에 할리 데이비슨의 경영진 13명이 회사의 경영권을 모회사로부터 8,000만 달러에 사들였다. 그들은 회사를 회생시킬 아이디어를 내놓아도 모회사에서 번번이 퇴짜를 놓자 회사를 아예 인수하자고 합의하여, 소위 MBOManagement Buy Out[13]를 실행한 것이다. 회사의 경영권을 공동 인수한 이들 경영진의 명단에는 창업자의 손자인 윌리엄 G. 데이비슨William G. Davidson도 들어가 있었다.

---

12 Daniel Klein, 'Taking America for a Ride: The Politics of Motorcycle Tariff', http://www.cato.org/pubs/pas/pa032.html, 1984. 1. 12.
13 현 경영진이 금융기관으로부터 돈을 빌려 회사의 주식을 모두 사들여 경영권과 소유권 모두를 사들이는 것.

할리 데이비슨 공동 경영진 13인. 맨 오른쪽에 앉아 있는 인물이 본 빌스,
그 뒤에 서 있는 인물은 윌리엄 G. 데이비슨

모회사의 간섭이 없어진 상태에서 이들 경영진은 위기 탈출을 위해 그들이 생각해왔던 방안들을 실천에 옮기기로 했다. 그들은 이 방안들을 도출하기 전에 먼저 자사의 오토바이가 가진 강점과 약점을 일본의 경쟁사들 제품과 비교해보았다. 성능, 기계적 신뢰성, 가격의 모든 부문에서 할리 데이비슨의 오토바이는 일본 제품의 상대가 되지 못하는 것이 분명했다. 또한 단시일 내에 품질 문제를 해결하고 성능을 개선하며 생산 효율을 높여 가격을 낮추는 등 일본 오토바이와 대등한 경쟁력을 확보할 수도 없는 노릇이었다. 그러나 경영진은 좌절하지 않고 발상의 전환에 나섰다. 그들은 할리 데이비슨이 일본 제품에는 없는 것을 가지고 있음에 주목했다. 바로 '미국적인 것'이었다. 1907년 창사 이래 양차 대전을 치르는 등 미우나 고우나 20세기 미국의 역사와 함께 해온 유일한 미국제 오토바이라는 이미지는 외국 회사들은 결코 가질 수 없었다. 이에 경영진이 내린 결론은 품질, 성능, 가격이라는 측면에서 일본 오토바이들과 경쟁하기보다는 그들에겐 없는 '미국적인 것'을 팔자는 것이었다.

그런데 그 무렵 새로 집권한 레이건 대통령은 소련의 군사적 야심을 지적하며 국방력 강화에 나서면서, '강한 미국' 재건을 위해 국민들의 애국심에 호소했다. 이는 상당한 효과를 내었고 미국 내에서는 '미국적'인 것에 대한 향수 및 선호의 경향이 크게 유행했다. 할리 데이비슨의 새로운 전략과 시대 상황이 맞아떨어진 것이었다.

또한 새로운 행정부는 경제정책 면에서도 보호무역주의를 표방했는데 이 회사의 경영진은 이것도 활용하기로 했다. 이들은 1974년 제정된 '무역보호법' 조항에 기초해 정부에 수입 오토바이에 대한 관세를 크게 높여줄 것을 요청했다. 자국의 산업이 수입업체와의 경쟁 때문에 존립이 위협받을 경우 높은 보호 관세를 매길 수 있다는 조항이었다. 미국 정부는 이를 받아들여 1983년 배기량 700cc 이상의 대형 수입 오토바이에 대해 5년 기한으로 45퍼센트의 관세를 부과했다.[14]

이렇듯 호전된 경영 환경이 제공하는 기회를 할리 데이비슨의 경영진은 놓치지 않았다. 예를 들어 오토바이 디자인을 미국의 전성기였던 1950년대식의 복고풍을 강화하여 미국적인 전통을 소비자들에게 어필했다. 또한 미국 내 딜러 수를 3분의 1로 줄였다. 그동안 소비자들은 할리 데이비슨 오토바이는 근처 딜러에게서 쉽게 살 수 있는 흔한 제품이라고 생각했다. 또한 품질도 좋지 않아 소비자들의 외면을 받았다. 딜러 입장에서는 아무리 할인을 해주어도 재고가 줄지 않는 골칫덩이 제품이었던 것이다. 딜러 수를 줄이자 이제는 할리 데이비슨을 사려면 구입신청서를 내고 몇 달이고 기다려야 했다. 더 이상 쉽게 살 수 없는 제품이 된 것이다. 빨리 사려면 딜러에게 상당액의 웃돈을 쥐어주어야 했다. 게다가 미국의 아이콘으로 여겨지는 이 제품을 오래 소장하고 있으면 가격이 더 오를 수밖에 없을 것이라는 심리가 소비자들 사이에 퍼지기 시작했다. 이것이 소비자들의 구매 욕구를 더 자극했다. 이제 할리 데이비슨의 오토바이는 소위 '수집품 Collectible Item'이 된 것이다.

이 회사의 경영진은 딜러의 수를 줄이면서 자연스레 줄어든 판매량을 고가정책으로 얻은 수익성으로 메꾸어나갔다. 그리고 생산량

---

14 http://en.wikipedia.org/wiki/Harley-Davidson.

을 줄이면서 생산과정에 더욱 집중할 수 있게 되자 이를 품질 향상의 기회로 삼았다. 당시 일본 업체들이 쓰는 '저스트 인 타임Just-in-Time' 등의 생산기법 도입과 함께 좋은 부품을 적극 외부에서 조달하여 쓰는 등의 노력도 병행했다. 성능 면에서도 당장 일본 업체의 적수가 될 수가 없었지만 꾸준한 개선 활동을 통해 많은 향상이 뒤따랐다.[15] 이런 품질 및 성능의 향상으로 소비자들의 구매욕은 더 커져 이 회사는 더욱 가격을 올려가며 품질 및 성능 향상에 필요한 자금을 확보해 나갔다. 선순환의 고리에 든 것이다.

그런데 여기에 이 회사를 도와주는 경영 환경의 호전이 또 하나 가세했다. 이른바 여피족yuppie, Young Urban Professionals의 등장이었다. 이들은 1980년대 초 전후 세대로 풍요 속에서 자랐고, 미국경제의 고도화에 따라 생겨난 고소득 전문직을 차지한 계층이었다. 씀씀이가 큰 이들이 대거 나타나 소비를 주도한 것이다. 이들에게 고가이자 자신들이 자란 1950~1960년대의 풍요를 상징하는 할리 데이비슨은 딱 구입하고 싶은 제품이었다. 이들에게 할리 데이비슨은 돈 없는 불량배나 폭주족이 타는 오토바이가 아니었다. 자신들의 성공을 상징해주는 고가의 '미국 제품'이었던 것이다. 또한 이들에게는 1950~1960년대 폭주족이 입던 가죽 재킷도 이제는 높은 가격표가 붙어 있는 멋있는 패션이 되었다.

할리 데이비슨의 경영진은 이러한 트렌드도 마케팅에 활용했다. 1983년 이 회사는 자사 오토바이 소유자들을 대상으로 'H.O.G(Harley

---

15 http://en.wikipedia.org/wiki/Harley-Davidson.

Owner Group)'라는 일종의 팬클럽을 만들었다. 할리 데이비슨 오토바이의 별명이 그 둔중하게 생긴 모습을 따라 돼지라는 뜻의 HOG임을 차용한 것이다. 회사가 지원하는 이 클럽을 통해 소비자들의 충성도도 높이고 할리 데이비슨 로고가 박힌 가죽 재킷, 부츠, 벨트 등의 제품을 팔아 부가매출을 올릴 의도였다. 이 클럽은 여피들의 열광적인 호응 속에 지금은 미국 내에서만 100만 명 이상의 회원을 확보하며 이 회사의 매출에 큰 기여를 하고 있다. 이로써 할리 데이비슨은 단순한 오토바이라는 제품을 파는 것이 아니라 '미국'이라는 문화와 감성을 판매한 것이다. 심지어 경영진은 자사의 V자형 2기통V-twin 엔진이 내는 독특한 소리를 상표로 등록하려고 했다.[16] 이는 결국 성사되지 못했으나 제품의 소리까지 판매하려 했던 시도는 이 회사 경영진의 전략 방향성을 잘 보여주고 있다.

경영진의 노력이 결실을 맺으며 이 회사는 모회사에서 독립한 지 얼마 되지 않아 흑자 기조로 돌아섰고 주가도 크게 뛰었다. 이후에도 꾸준한 성장을 이어가며 지금도 이 회사는 미국 내 대형 오토바이 시장에서 부동의 위치를 점하고 있다. 물론 이는 이 회사가 단순히 문화나 감성만을 팔아 온 것이 아니라 나아진 재무 여력을 품질

---

16 사실 할리 데이비슨의 이 독특한 굉음은 큰 진동과 함께 이 회사가 1900년 초부터 쓰기 시작한 엔진 디자인을 바꾸지 않아 생긴 '기술의 역설' 현상임. 단 두 개의 실린더가 하나의 크랭크축을 공유하고 이를 단순한 점화 플러그로 구동하면서 생긴 현상으로써 이 회사는 창사 이래 기술혁신을 하지 않고 이 디자인에 매달려 왔음. 이 회사는 이런 기술 열위의 결과인 '소음이 독특하다고 주장하면서 1994년 이를 상표로 출원했으나, 결국 경쟁사들의 강력한 항의에 당국이 등록을 주저하자 2000년 이 회사는 상표출원을 철회했음. 하지만 이 상표출원 자체가 큰 화제가 되어 소비자들의 구매욕을 더 크게 자극하는 요인이 됨.

및 성능 향상에 쏟아 붓는 노력도 게을리하지 않은 결과였다. 예컨대 1990년대 말에는 독일의 스포츠카 업체인 포르쉐Porche의 도움을 받아 지금까지의 모델과는 다른 최첨단 모델도 내놓은 것이 그 좋은 예이다.

하지만 이와 같은 성과는 무엇보다도 할리 데이비슨의 경영진이 독립 경영 이후 발상의 전환을 통해 선택한 전략에 기인했다고 할 것이다. 즉 일본 오토바이의 강점을 따라잡기보다는 이들 경쟁사가 가질 수 없는 자신만의 강점을 강화시키는 방향으로 회생 전략을 취한 것이 제대로 효과를 발휘했다는 말이다.

유능한 전략 스탭을
확보하라

『손자병법』을 쓴 손무孫武는 중국의 춘추시대에 태어나고 활동했다. 그는 원래 제齊나라 사람이었으나 전쟁 이론서인 병법을 만들어 그 당시 신흥 소국인 오吳나라로 가서 오왕 합려闔廬의 브레인이 되어 오나라를 강국으로 올려놓았다. 『손자병법』의 계計편에서 그는 "만일 나의 계책을 듣고 군대를 쓰면 반드시 승리하게 될 것이니 그(합려)에게 남을 것"이라고 천명하고 있다.[1] 합려가 손무를 만나지 못했다면 이런 결과를 얻지 못했을 것이다.

기업의 성쇠도 이와 비슷하다. CEO가 유능하여 회사가 나아갈 큰 방향을 잘 결정한다 하더라도 이를 뒷받침해 실행해줄 유능한 스탭이 없다면 회사의 발전을 기대하기 힘들 것이다. 능력 있는 스탭이 없다 하더라도 CEO가 일일운영(day-to-day operation)을 직접 맡아 소위 최고운영책임자(COO: Chief

---

1 손자, 김원중 역, 『손자병법』, 글항아리, 2011, 45쪽.

Operating Officer)의 업무까지 담당하면 별 문제가 없겠으나 이는 창업 초기 등 기업의 규모가 작을 때에만 해당되는 이야기이다. 기업의 규모가 어느 정도 이상으로 커지면 CEO가 이 기능까지 담당하며 전략의 큰 방향까지 결정하는 것은 거의 불가능해진다. 게다가 이런 상황이 지속되면 그 회사는 머지않아 성장 정체에 빠질 것이다. 실제로 필자는 경영 현장에서 소기업이 중견기업으로, 중견기업이 대기업으로 성장하는 데 CEO 산하 유능한 브레인의 부재가 발목을 잡은 사례를 상당수 보았다. 그러므로 기업은 성장과 함께 전략(기획)을 담당할 인재를 육성하거나 영입할 필요가 있다.

다음에 나오는 전쟁 사례와 경영 사례는 장군이나 CEO 등 리더에게 유능한 참모가 얼마나 중요한지를 시사한다. 설사 리더가 리더로서의 결점이 있더라도 그 스탭이 유능하면 얼마든지 좋은 결과를 낼 수 있되, 그 반대라면 최악의 결과가 초래될 수 있다는 것이다.

스탭의 도움을 받지 못한
채병덕 장군과 6.25 전쟁

1950년 6월 25일 일요일 새벽에 북한 인민군은 선전포고 등 아무런 예고도 없이 북위 38도 선을 넘어 전면적인 남침을 감행했다. 몇 년 동안이나 소련의 도움으로 철저한 남침 준비를 해왔던 인민군에게 국군은 분전했으나 상대가 될 수 없었다. 특히 국군에게는 한 대도 없었던 탱크(T-34)를 인민군은 200대 이상을 앞세우고 쳐들어오는 통에 제대로 된 대전차 무기가 별로 없고 병력 수도 절반이 안 되었던 국군은 중과부적으로 밀릴 수밖에 없었다. 인민군의 침공 개시 후 불과 3일 만에 수도 서울이 점령당하고 이후 국군은 패주를 거듭하며 7월 말경에는 낙동강까지 밀렸다.

이 개전 초기 패전의 책임이 누구에게 있느냐에 대해서는 지금도 여러 국가와 인물이 거론되고 있다. 먼저, 이승만 대통령과 신성모 국방장관을 들 수 있다. 그들은 계속 북진통일을 주장하여 이를 우려한 미국에게 탱크 등 국군의 기본 전력에 필수적인 장비들의 지원을 거부하는 빌미를 제공했다. 또한 이들은 북한의 남침 준비 움직임에 대한 보고를 묵살하고 국군의 방어력 강화를 위한 어떤 준비도 하지 않았다. 남침이 개시되자마자 신성모 국방장관은 곧바로 수원역사로 피신하여 전장 지휘를 회피한 책임도 있다. 장경근 국방차관은 상당

1950년 6월 25일 새벽에 기습 남침한 북한군

수 국군과 서울 시민이 대피하지 못한 상황에서 한강다리 폭파를 명령했다는 의심도 받고 있다.[2]

　미국도 책임에서 자유로울 수 없다. 전후 미국의 방위 범위를 설정한 '애치슨 라인Acheson Line'에서 일본을 포함시켰지만 한국을 제외해 소련 등으로 하여금 남침 시 미국이 도우러 오지 않을 것이라는 확신을 준 것은 가장 작은 책임일 뿐이다. 북한의 남침 징후에도 불구하고 도쿄의 맥아더 사령부도, CIA도 이를 무시했다. 게다가 한국정부의 거듭되는 무기 원조 요청에도 탱크 등은 산악 지형인 한반도에 맞지 않는다는 얼토당토아니한 핑계를 대며 공급을 거부해 개전 초기 국군이 큰 피해를 입었다.

　그런데 개전 초기 패전의 가장 큰 책임은 이구동성으로 당시 육군 총참모장이었던 채병덕 장군에게 돌아가는 것 같다. 채 장군은 평양 출신으로서 평양 제1중학교를 거쳐 1937년 일본 육사를 졸업하고 병기장교로서 일본군에서 경력을 쌓았다. 그러나 그에게는 야전장교로서의 경험을 할 기회가 주어지지 않았다. 1937년 6월 말 소위 임관 후 규슈九州 사세보佐世保에 있는 중포병 연대에 배속되기는 했지만 이 군항軍港을 지키는 보직이어서 전투 경험을 갖지 못했고 1940년에는 오사카에 있는 육군 조병창으로 발령을 받은 뒤부터 해방 전까지 줄곧 병기장교로 남았기 때문이다. 1943년 소령으로 승진한 후 그가 일본군으로서 받은 마지막 보직도 부평에 신설된 조병창의 공장장이었다. 즉 무기 만드는 공장의 책임자였던 것이다.

2　김행복, 『6.25 전쟁과 채병덕 장군』, 국방부군사편찬연구소, 2002, 252쪽.

그는 해방 후 새로 창설된 국군에 투신하여 고속 승진을 거듭한 끝에 1948년 8월 16일 별을 달고 대한민국 국방부의 초대 참모총장으로 취임했다. 이듬해 5월 국방부 참모총장이란 직책이 없어지고 채 장군은 제2대 육군 총참모장에 임명되었다. 그는 재임 시 국군 조직의 기틀을 잡아 건군에 큰 기여를 한 것으로 평가되고 있다. 8개 사단을 창설하고 군내에 침투한 좌익세력을 척결하는 등의 업적을 세웠기 때문이다. 그러나 해방 이후 38선을 두고 진행되어온 '남북 교역'과 군이 관련된 잡음이 발생하자 이에 대한 책임을 지고 총참모장에서 1949년 10월 1일 해임되었고 군에서도 예편되었다. 그러나 불과 두 달 만에 병기행정본부장으로 군에 복귀했다가 1950년 4월 10일 오뚝이처럼 제4대 총참모장으로서 육군 최고의 자리로 돌아왔다. 제2대 총참모장을 그만둔 지 약 6개월 만의 일이다. 인재도 귀하고 시스템도 갖추어지지 않은 건국 초기에 일어날 수 있는 일이기는 하나 이는 채 장군은 관운이 좋다고밖에 할 수 없겠다. 하지만 그의 행운은 곧 끝나가고 있었다.

1950년 6월 25일 일요일 새벽 북한의 기습 남침 직후의 패전 상황에 대해 지금까지도 그에게는 여러 면에서 책임이 추궁되어왔다. 먼저 북한의 남침 징후에 대한 정보를 무시하거나 관련 보고를 묵살한 점이다. 심지어는 정보부대가 목숨을 걸고 찍어온 북한의 T-34 탱크 사진도 묵살했다고 전해진다. 또 전쟁 직전 대규모 인사를 실시해 주요 지휘관들을 이동시킨 데다 전방 사단과 후방 사단의 위치를 맞바꾸는 등의 부대 이동 조치를 실시했다. 이는 지휘관들도, 부대도 새로운 위치에서 업무 및 지형을 충분히 파악하지 못한 상태에서 적의 공격을 당하도록 만들어 전쟁 초 국군이 지리멸렬하게 밀리게 된 원인이 되었다. 채 장군 책임으로 돌려지는 사건들은 또 있었다. 전쟁 발발 이틀 전인 6월 23일 자정을 기해 연초부터 북한의 잦은 도발 때문에 발효되었던 비상경계령이 해제되었고, 다음 날인 토요일부터 장병들의 외출, 외박이 허용되었다. 이 결과 이들이 복귀할 때까지 각급 부대가 제대로 된 전력을 발휘할 수 없었다. 모두 총참모장의 결단과 재가에 의해 이루어진 일이었다. 게다가 그 다음 날인 6월 24일 토요일 저녁 7시부터 육군회관에서 '장교구락부' 개관을 축하하는 파티가 열려 채병덕 총참모장과 사단장들을 포함한 50여 명의 육군 수뇌부 전체가 밤늦게까지 술에 취해 다음 날 새벽 적의 남침 보고 후 대응이 한참 늦어지는 상황으로 이어졌다.

그의 책임론은 여기서 끝나지 않는다. 바로 작전 지도 실패의 책임이다. 전쟁이 발발한 후에는 여러 가지 작전상의 큰 실수를 범했다. 외박, 외출 나간 장병의 귀대가 늦어지면서 제대로 된 전력을 갖추진 못한 채 후방에서 서울로 이동한 부대들을 전력이 완비되기까지 기다리지 않고 의정부 쪽 전선으로 축차 투입을 하여 적 앞에서 제대로 힘을 써보지도 못하고 차례차례 녹아내리게 만든 명령을 내린 사람이 바로 채 장군이다.

그러나 이렇듯 전쟁 초기 패전의 거의 모든 책임을 당시 36세에 불과했던 채 장군에게 묻는다는 것은 무리라는 주장이 있다.[3] 그에게 전쟁을 승리로 이끌 권한과 지원이 제대로 주어지지 않았다는 것이

3 김행복, 『6.25 전쟁과 채병덕 장군』, 국방부군사편찬연구소, 2002, 325쪽.

이유이다. 예를 들어 전쟁에 대비해서 전력을 강화하려 해도 대통령과 정부가 예산지원을 해주지도 않았으며, 미군 고문단도 거듭되는 무기지원 요청에 철저히 모르쇠로 일관한 것은 사실이다.

그런데 그가 제대로 된 지원을 받지 못했다는 '옹호론'에서 한 가지 크게 공감을 살 만한 대목이 있다. 그는 참모의 도움을 거의 받지 못했다는 것이다. 개전 초기 채병덕 총참모장 휘하에서 참모부장이라는 직책으로 사실상의 작전 지휘를 담당한 사람은 김백일 대령이었다. 전쟁이 터지기 불과 2개월 전에 이 직책은 후에 국무총리를 지낸 정일권 준장이 맡고 있었다. 당시 정 준장이 도미 유학을 떠나게 되어 있어 4월 22일 제 3사단장이던 김대령이 이 자리에 임명된 것이다. 전쟁이 터지자 채 총참모장은 거의 3일 동안 잠도 자지 않고 최전선은 물론 정부 및 국회가 소집한 회의 등을 쫓아다녔다. 채 참모장이 자리를 비우면 당시에는 통신 상태가 좋지 않아 연락이 두절되곤 했다. 또한 열악한 도로망으로 이동하는 시간도 길어 도로에서 시간을 허비하는 경우도 많았다. 이러다 보니 육군 본부를 지키면서 화급한 부대 이동 및 작전 지도에 대한 결정과 지시는 사실상 김백일 대령이 맡아 했다. 그런데 불과 2개월의 참모부장 경험이 그의 발목을 잡은 듯하다.

당시 작전교육국장이었던 장창국 대령은 훗날 김백일 대령에 대해 다음과 같은 언급을 했다. "차례차례 도착하는 남쪽의 연대에 대해서는 김 부장이 직접 명령을 부여하고 있었다. 그는 과거 만주에 있을 때 비적 토벌이나 국지전에서는 자타가 인정하는 제1인자였으며 용기 있고 강직한 사람이었으나, 유감스럽게도 전략을 논할 만한 인물은 아니었다. 그래서 그의 구상은 소규모 부대를 지휘하는 범위를 벗어나지 못해, 북상한 연대를 도착하는 내로 모조리 선선으로 투입하게 된 것이다. 요컨대, 대 게릴라 작전 방법을 정규전의 전장에 그대로 적용한 것이며, 그래서 병력을 축차 투입하는 폐단에 빠져들고만 것이다."[4]

이런 상황으로 말미암아 당시 채 총참모장이 전선이나 정부, 국회로 뛰어다니는 대신에 육군본부에서 작전을 총지휘했어야 했다는 훗날의 평가가 생기게 된 듯하다. 그러나 그가 육군본부를 지켰다 하더라도 김 대령을 비롯한 작전 참모진의 능력이 그를 제대로 보좌하지는 못했을 것이다. 만약 채 총참모장 취임 당시 참모부장이던 정일권 준장이 미국으로 유학을 떠나지 않고 그 자리를 지켰더라면 상황은 훨씬 나아졌을지도 모른다. 정 준장은 '6.25 전쟁' 전에도 지리산 공비 토벌 등에서 역량을 보였으며, 개전 5일 만에 채 장군의 뒤를 이어 총참모장에 임명된 후 낙동강까지의 지연 후퇴, 낙동강 전선에서의 적 저지 및 반격과 인천 상륙 작전 등에서 국군의 반격을 잘 이끌었다. 뛰어난 전략적 감각과 관련 능력이 없었다면 이는 불가능했을 것이다. 이런 그가 개전 초기 채 총참모장을 잘 보필하여 채 총참모장은 반격 전략의 큰 방향을 정하고 참모부장은 좀 더 세부적인 전략 수립 및 실행에 나섰다면 좋았을 것이다. 물론 개전 초기 전쟁의 양상을 근본적으로 바꿀 수는 없었겠으나 적어도 국군의 궤멸적 후퇴는 막을 수 있었을지 모른다. 그랬다면 채병덕 장군 자신의 불명예도 피할 수 있었을 것이다.

---

4 김행복, 『6.25 전쟁과 채병덕 장군』, 국방부군사편찬연구소, 2002, 232—233쪽.

6.25 전쟁 당시 T34 전차부대

혼다의 꿈을 실현시켜준 다케오

일본에서 가장 존경받는 경영자 둘을 꼽는다면 단연 마쓰시타 고노스케松下幸之助와 혼다 소이치로本田宗一郎가 될 것이다. 마쓰시타는 일본에서 '경영의 신'이라고 불릴 정도로 근대에서 현대까지 일본의 기업경영을 세계 최고 수준으로 올려놓았다는 평가를 받아왔다. 마쓰시타는 일찍이 기업이념을 제정하고 '산업보국産業報國' 등의 숭고한 경영철학을 전 임직원과 함께 하면서 소위 기업경영의 '정신 축' 강화를 통해 경영의 반석을 다져왔다. 그는 모든 것을 아랫사람들에게 맡기면서도 사업부제 등의 시스템을 통해 자신의 뜻대로 전체 경영을 관장했다. '맡기면서도 맡기지 않는다'는 소위 '임이불임任而不任의 비법'이다.5 이 경영기법은 결국 튼튼한 시스템, 좀 더 자세하게는 '관리' 시스템이 기반이 되어야만 한다. 이래야 이륙 후에 비행사가 직접 조종하지 않아도 비행기가 알아서 하늘을 날아가는 '자동항법(오토파일럿)' 경영이 가능해지는 것이다.

이에 비해 혼다는 무척 다른 스타일의 경영자였다. 그는 "애사심 따위는 필요 없다. 자기 자신을 위해 일하라!", "여러분들은 여러분 자신을 위해서 일하면 된다. 여러분 각자가 자신을 위해 일하고 각자

---

5 닛케이벤처 편, 권혁기 역, 『경영의 맞수』, 비즈니스북스, 2010, 131쪽.

가 자신의 일에서 즐거움을 느낄 때, 결국 회사도 커지고 우리 모두가 함께 성공하게 될 것이다"[6]라는 어록을 남길 만큼 종업원 개인의 창의와 열정을 기반으로 한 기술과 혁신 중심의 회사 경영을 지향했다. 그만큼 혼다는 '관리'라는 말을 극도로 싫어했다.[7] 관리가 종업원 개개인의 창의와 열정을 억제한다고 믿었기 때문이다.

하지만 그는 창업 초기부터 원대한 꿈을 품고 있었다. 바로 혼다를 세계적인 기업으로 만들겠다는 것이었다. 1937년 31세의 나이로 '토카이세이키東海精機'라는 피스톤 링 제조회사를 세워 토요타ㅏㅗㅋ 자동차에 납품하면서 종업원 수가 2,000명이나 되는 대기업으로 성장시켰다. 그러나 제2차 세계대전 중 미군 폭격기의 폭격(1944년)과 대지진(1945년 미카와 대지진)으로 종전 무렵 그에게 남아 있는 것은 별로 없었다. 종전 직후 그는 남아 있는 설비와 함께 회사를 토요타에 팔아 넘겼다. 매각대금은 그 당시 금액으로 45만 엔이었다.[8] 그는 이 돈으로 1946년 고향인 시즈오카현静岡縣 하마마쓰濱松에 혼다기술연구소本田技術研究所를 설립하고 재기에 나섰다. 여기에서 모터바이크 즉 오토바이를 개발하여 1948년부터 혼다기연本田技研工業을 설립하고 시판에 나선 것이 큰 성공을 거두어 훗날 자동차 기업 '혼다'의 기틀을 다지게 되었다.

창업 후 단 몇 년 만에 승승장구하면서 오토바이 업계의 주요 강자로 떠오르는 데 성공했으나 그의 회사는 창업 8년 만인 1954년 도산의 위기에 몰렸다. 개발했던 여러 오토바이 모델들이 경쟁사의 반

6 닛케이벤처 편, 권혁기 역, 『경영의 맞수』, 비즈니스북스, 2010, 172쪽.
7 닛케이벤처 편, 권혁기 역, 『경영의 맞수』, 비즈니스북스, 2010, 206쪽.
8 http://en.wikipedia.org/wiki/Soichiro_Honda.

격과 기술적 결함 등으로 극심한 판매 부진에 빠졌기 때문이다. 당시 이 회사는 직원들의 월급 지급도 밀린 상태였다. 그런데도 혼다는 이즈음에 영국에서 열리는 세계적인 오토바이 경주대회(Isle of Man Tourist Trophy Race)에 참가를 선언하고 글로벌화를 지향하는 경영이념을 발표했다. 그는 '우리 회사의 존립 목적과 운영의 기본방침'이라는 글을 사보를 통해 발표하면서 다음과 같은 표현을 했다. "세계로 시야를 넓힐 것: 기술이 세계로 통하는 한 우리들의 시야는 항상 세계를 향하고 있어야 한다."[9]

그러나 혼다는 뼛속까지 기술자였다. 단 원대한 비전을 가지고 있는 것이 다른 기술자들과는 달랐던 것이다. 그래서인지 기술을 제외한 경영 관련 일에 별 관심이 없었고 잘 알지도 못했던 것 같다. 제조업에 뛰어들기 전에 운영하던 자동차 정비 업소의 성공도 그의 수리 및 정비 기술이 워낙 뛰어나 손님이 몰린 탓이지 그가 경영 관리를 잘해서가 아니었다. 아마 이런 그의 성향과 배경 때문에 전술한 대로 '관리'란 말 자체를 싫어했던 것으로 보인다. 그런 그에게 그 비전을 실현해줄 유능한 대리인이나 스탭이 필요한 것은 자명해 보인다. 다시 말해 그는 리더로서 회사의 비전과 나아갈 큰 방향은 알고 있었으나 구체적인 방법까지는 잘 알지 못했기 때문에 그를 대신해 그 방법을 고안해내고 추진해 줄 브레인 및 '선량한 관리자'가 필요했던 것이다.

이런 그에게 후지사와 다케오藤澤武夫가 딱 그런 존재였다. 그는 1906년생으로 혼다보다 네 살 어렸다. 그는 20대 초부터 철재 제품

9 닛케이벤처 편, 권혁기 역, 『경영의 맞수』, 비즈니스북스, 2010, 71–74쪽.

도매상의 세일즈맨으로 일하다가 그 회사의 사장까지 승진했다. 그러다가 중간 상인의 한계를 느껴 1939년 선반의 바이트를 만드는 제조업체인 니폰 기코 겐큐조日本機工研究所를 차렸었다. 그러나 기술적인 문제를 해결하지 못해 많은 고생 끝에 1942년에야 양산 체제를 갖추고 항공기 제조업체인 나카지마 비행기中島飛行機 사에 납품을 시작했다. 그가 기술자가 아니어서 기술 문제를 손수 해결할 수 없었기 때문이다. 그는 이때 유능한 기술자의 필요성을 깊숙이 느꼈다. 그러던 차에 나카지마사의 품질 검사인이던 다케시마 히로시竹島廣를 알게 되었고 그로부터 "하마마쓰에 혼다 소이치로라는 훌륭한 기술자가 있다" 이야기를 들었다.[10] 당시 혼다도 나카지마 사에 피스톤 링을 납품하고 있었다. 그리고 다케시마는 혼다도 알고 있었기 때문이다.

제2차 세계대전 직후 후지사와는 전쟁 중 미군의 공습을 피해 공장설비로 이전해 두었던 후쿠시마로 내려갔으나 기존 사업을 정리하고 건축용 목재 제재업을 시작했다.[11] 하지만 항상 도쿄로 돌아갈 꿈을 버리지 않고 도쿄에 사업 기회를 찾아 자주 올라갔었다. 그런데 1948년 건축자재 설비제조용 기계에 쓰이는 부품을 살 겸 도쿄에 갔다가 한 기차역에서 다케시마를 다시 만났고 그가 혼다를 소개해주었다. 당시 혼다는 새로 설립한 오토바이 공장이 수요를 못 맞출 정도로 판매가 호조였으나 정작 수금은 잘 되지 않고 대리점주가 야반도주하는 등 정작 들어오는 돈이 없어 애를 먹고 있었다. 그래서 자

10 닛케이벤처 편, 권혁기 역, 『경영의 맞수』, 비즈니스북스, 2010, 105쪽.
11 'Takeo Fujisawa Joins Honda', http://world.honda.com/history/limitlessdreams/
    entrepreneur.

신이 잘 모르는 판매관리 등 재무를 맡아줄 사람을 찾고 있는 중이었다. 오래전부터 혼다와 친분이 있었던 다케시마는 혼다에게 곧바로 후지사와를 소개시켜주었다. 1948년 8월 이 둘은 혼다의 도쿄 자택에서 첫 만남을 가졌다. 첫 만남부터 의기투합한 이 두 사람은 제조 및 기술 부문은 혼다가, '돈' 문제는 후지사와가 맡기로 하되 서로 상대방의 영역은 침범하지 않기로 약속하고 다음 해 3월부터 도쿄의 판잣집 사무실에서 일을 시작했다. 두 사람은 처음 2년간은 행동을 같이 하며 많은 대화를 나누었는데 이런 오랜 대화를 통해 '세계의 혼다'라는 목표를 확고히 세웠다.[12]

이후 후지사와는 혼다를 도와 회사의 성장을 주도했다. 여러 번의 경영위기를 판매 드라이브와 수금 노력 강화, 은행 설득 등을 통해 벗어나는 한편, 혼다에게는 시장이 필요로 하는 제품을 만들어달라고 요청하여 시장의 수요에 대응토록 했다. 또한 혼다가 경영 일반에 관심을 끊고 소신껏 제품 개발에 매달릴 수 있도록 비싼 설비를 구매해주는 등 과감한 지원도 아끼지 않았다. 그는 규모가 날로 커지는 회사 내 재무는 물론 인사 시스템을 체계적으로 구축해나갔다. 예를 들어 기술자들이 승진 등의 스트레스에서 벗어나 연구에 전념할 수 있도록 만든 '전문직 제도' 등이 도입되었다.

이 밖에도 후지사와가 혼다의 그림자처럼 그의 비전을 뒷받침해준 좋은 예는 많다. 1963년 이 회사가 숙원사업인 사륜자동차 제조업에 진출하려 할 때 통산성에서 제동을 건 적이 있었다. 당시 통산성

---

12 닛케이벤처 편, 권혁기 역, 『경영의 맞수』, 비즈니스북스, 2010, 108쪽.

은 일본 국내의 자동차 시장이 포화 상태라고 판단하여 기존 자동차 회사들을 통폐합하려 했다. 이와 관련하여 '특정산업진흥 임시특별조치법'이라는 법안을 만들어, 이 법안의 의회 통과를 추진하면서 당연히 신규업체의 진입을 막고 있었다. 이에 혼다 자신이 통산성에 들어가 책상을 내치며 반발하기도 했다. 그런데 후지사와는 그해 6월 61개 일간신문에 전면광고 형태로 혼다의 첫 사륜차인 'S500'의 가격 맞추기 캠페인을 벌렸다. 총 응모자 수가 574명에 달하여 통산성 관료들도 이런 무형의 압박을 직면하게 되었고 이 법안은 얼마 지나지 않아 폐기되었다.

또한 두 사람은 손을 맞잡은 초기부터 의기투합을 했던 글로벌화에 대한 최초 약속을 잊지 않고 이 비전을 어떻게 해서든지 이어갔다. 심지어 경영이 어려움에 빠진 시기에도 오히려 이 비전을 위기탈출의 수단으로 삼기도 했다. 앞서 언급한 영국의 오토바이 레이스 참가도 후지사와가 혼다에게 권한 것이다. 땅에 떨어진 종업원들의 사기를 높이고 하나로 단결시키는 촉매제로 쓸 목적이었다.[13] 이에 그치지 않고 그는 혼다의 꿈인 세계화도 구체적으로 추진했다. 혼다기연은 이미 회사 설립 초기인 1950년대 초부터 자사의 오토바이 제품을 대만, 브라질, 중남미 등으로 수출하기 시작했다. 그러나 그 액수는 미미한 편이었다. 1950년대 중반 이후 이 회사는 본격적인 해외 진출에 나서는데 이 회사가 현지법인을 설립하고 첫 진출한 곳은 미국이었다. 당시 상식으로는 일본 오토바이 기술이 미국의 오토바이 기술

---

13 이 경주대회에서 혼다가 참가하기 시작한 것은 1959년(6위 입상)이고, 우승(250cc)한 것은 1961년임. 1961년 대회에서는 1위부터 5위까지 혼다 오토바이가 석권했음.

에 미치지 못하는 데다, 국토가 큰 미국에서는 오토바이보다는 사륜 자동차가 주요 운송 수단이 되므로 미국 진출은 무모하다는 견해가 많았다. 하지만 후지사와는 미국 진출을 밀어붙였다. 소비대국인 "미국에서 성공하지 못하는 상품은 국제상품이 될 수 없다는 신념을 갖고"[14] 있었기 때문이다. 과연 그의 판단대로 까다로운 미국 소비자의 수요를 맞추어 가다 보니 몇 년이 되지 않아 혼다기연의 제품은 기술뿐 아니라 소비자 니즈를 맞추는 능력 및 제품의 끝마무리 수준 등에서 세계 수준으로 올라서게 되었다. 이는 머지않아 탁월한 전략적 판단으로 판명될 것이었다. 혼다기연의 사륜차가 미국시장을 비롯한 세계에서 최고의 차로 인정받으며 이 회사가 세계적인 자동차 회사로 부상하는 밑거름이 되었기 때문이다.

이렇듯 혼다기연의 제2인자로 수십 년을 일했어도 후지사와는 혼다의 앞으로 나서지 않으며 철저히 혼다의 꿈을 이루어주는 조력자의 위치를 유지했다. 후지사와는 늘 "혼다 소이치로를 출세시키겠다"는 말을 하고 다녔다고 하며 회사 설립 초기에 자사 오토바이의 결함 문제가 크게 터지자 "혼다의 이름을 더럽히고 말았다"고 화를 내었다고 한다.[15]

혼다기연은 1970년대 들어 이미 '세계의 혼다'라는 말을 들었다. 품질이나 기술 면에서 미국과 유럽의 차를 능가하는 수준에 올라섰고, 판매망도 웬만한 나라에 다 깔린 것은 물론 현지공장도 북미, 남미, 유럽 및 오세아니아에 갖추어져 있었다. 1973년 이 둘은 동반퇴진의

---

14 후지사와 다케오, 김병순 역, 『경영에는 끝이 없다』, 지안사, 1993, 199쪽.
15 닛케이벤처 편, 권혁기 역, 『경영의 맞수』, 비즈니스북스, 2010, 223쪽.

혼다 소이치로(왼쪽)와 후지사와 다케오(오른쪽)
혼다의 첫 양산차 S500

길을 선택했다. 퇴진 결정 당시 후지사와는 혼다에게 '세계의 혼다'라는 꿈을 이제 이루었다고 이야기하면서 혼다에게 함께 은퇴하자는 신호를 보냈고 혼다가 이를 받아들여 후지사와와 동반퇴진하는 결정을 내렸다.[16] 혼다가 67세, 후지사와는 63세였다. 하지만 이후에도 혼다는 기술자로 남아 고문 자격으로 회사의 연구소에 자주 나와 혼자만의 연구에 몰두했다.

혼다는 자신의 꿈을 이루는 데 결정적인 도움을 준 후지사와에게 늘 감사한 마음이었다. "저 친구가 없었다면 혼다는 벌써 사라졌을 거야"라고 자주 말하곤 했다. 후지사와가 먼저 저세상으로 가자, 후지사와의 장례식에서 그는 "(정열을) 불태울 만큼 불태운 뒤 우리는 함께 혼다를 그만뒀다. 행복했던 인생에 감사하네!"라고 추도사를 했다.[17] 그는 임종 직전에도 정신이 혼미한 상태에서 후지사와를 찾았다.

혼다 자신은 큰 비전을 가지고 있었으나 이 비전 이외에는 잘 모른다는 큰 약점을 지녔다. 특히 경영 일반에 대해서는 더욱 그랬다. 후지사와는 이 리더의 약점을 완전히 보완하고 자신의 꿈까지도 리더의 꿈에 실어 같이 실현시켰다. 단순한 관리를 넘어서 구체적인 전략을 세우고 실행하여 세계의 혼다로 키워냈다. 이런 그가 있었기에 혼다는 '큰 방향'만 결정하면 되었던 것이다.

16 후지사와 다케오, 김병순 역, 『경영에는 끝이 없다』, 지안사, 1993, 254쪽.
17 조양욱, '소니 전 명예회장 오가 노리오, 혼다 창업주 혼다 소이치로', 《신동아》, 2008. 6, 518–529쪽.

03

전쟁 승리의 궁극적인 요인은
사람임을 명심하라

미국 벤틀리대학교에서 마케팅 교수이자 『위대한 기업을 넘어 사랑받는 기업으로』 등의 여러 저술로 명성이 높은 라젠드라 시소디어Rajendra Sisodia는 사람 중시의 경영을 강조해 왔다. 그는 한 국내 신문과의 인터뷰에서 이렇게 말했다. "직원을 자원(resource)으로 생각하는 것부터 중단해야 한다. 인간은 자원이 아닌 원천(source)이다. 자원은 석탄처럼 한 번 사용하면 없어지지만 원천은 계속 에너지와 아이디어, 혁신을 생산한다."[1] 그는 이어 또 다른 매체와의 인터뷰에서 "궁극적으로 모든 기업의 성공은 구성원이 기꺼이 회사에 제공하려고 하는 재능과 에너지에 달려 있다"고 말했다.[2] 결국 기업의 성패는 사람에 달려 있다는 말이다.

---

1 '시소디어 美벤클리대 교수 "인재가 세계경제를 수렁에서 건질 유일한 에너지"', 《한국경제》, 2011. 10. 9.
2 '"한국기업들 착하지 않으면 미래 없다", 세계석학들이 말하는 굿 컴퍼니' 《시사저널》, 2013. 6. 5.

『손자병법』의 계_計편에서 언급하는 전쟁의 승패를 가늠하기 위해 전쟁 전 따져 보아야 할 일곱 가지 계책은 사실상 모두 사람에 관한 것이다.[3] 사람이 승리의 결정적인 요인이라는 것이다. 기업도 마찬가지다. 그러므로 기업경영이 잘 될 때는 물론이고 어려울 때도 삼성의 고 이병철 선대회장이 주창한 '인재제일'의 원칙이 가장 중요하다. 그런데 재무적 어려움에 빠진 회사가 회생전략 수립 단계에서 기획 담당자들이 자주 범하게 되는 실수는 감원 등으로 인건비를 절약하면 머지않아 실적이 크게 개선될 것이라는 가정하에 인력 구조조정을 밀어붙이는 것이다. 문제는 명예퇴직 등을 통해 감원 목표를 세우고 인력을 줄이면 남아 있는 직원들의 사기가 떨어지는 것은 물론 '나갈 수 있는 사람들의 순'으로 회사의 존립에 꼭 필요한 핵심인재들이 대거 이탈하면서 결과적으로 비용절감은커녕 실적이 더 나빠지는 경우가 다반사라는 것이다.

---

3 손자, 김원중 역, 『손자병법』, 글항아리, 2011. 45쪽. "칠계(七計)란 주숙유도主孰有道, 장숙유능將孰有能, 천지숙득天地孰得, 법령숙행法令孰行, 병중숙강兵衆孰强, 사졸숙련士卒孰練, 상벌숙명賞罰孰明임." 그 뜻은 군주 중 누가 도를 지키는가, 장수 중 누가 유능한가, 천시와 지리는 누가 얻었는가, 법령은 누가 잘 시행하는가, 병력은 누가 강한가, 병사들은 어느 쪽이 더 훈련되어 있는가, 상벌은 누가 분명한가의 뜻임.

사람 없이 이기는 전쟁은 없다, 가미카제

1944년 9~10월경 태평양 전쟁에서 일본은 패색이 짙어갔다. 막강한 미국 함대가 남태평양의 섬을 하나하나 점령해 가면서 북상해 오고 있었던 것이다. 바다에서의 몇 번의 큰 해전에서 패한 일본 해군은 항공모함이나 전함이 별로 남아 있지 않아 미 해군에 변변한 반격조차 꾀하지 못하는 상태였다.

이때쯤이었다. 일본군 수뇌부는 폭탄을 실은 비행기를 직접 적함에 돌진시키는 자살 공격을 생각해냈다. 그전에도 전투 손상을 받은 전투기나 폭격기의 조종사가 탈출하지 않고, 그대로 적의 함정이나 기지에다 자신의 항공기를 들이받는 자살 공격은 있었다. 그러나 이번에는 아예 처음부터 자살 공격을 목적으로 비행기를 출격시키는 것이었다.

원래 '가미카제神風'란 1274년에서 1281년 사이에 몇 차례 일본을 정벌하러 온 고려, 몽골의 연합군이 탄 함대를 그때마다 수장시켜 쿠빌라이의 일본 정복을 좌절시킨 태풍을 가리키는 말이다. 일본 해군은 이런 자살공격을 수행할 부대에 '가미카제 특별공격대'라는 이름을 붙여 주었고 이후 일본 내에서는 모든 형태의 자살 공격을 가미카제라고 통칭했다.

가미카제에 대한 구상은 1944년 여름 들어 본격적으로 논의되었고 이후 몇 번의 실험적인 가미카제 공격 시도가 있었다.[4] 그리고 첫 번째 공식적인 가미카제 부대는 1944년 10월 19일 조직되었고 세키 유키오關行男 대위가 지휘를 맡았다.[5] 그가 이끄는 5대의 제로센 전투기는 10월 25일 오전 10시 50분에 미 해병대의 필리핀 레이테 섬Leyte Island 상륙을 엄호하던 미 해군의 태피 3Taffy 3[6] 함대에 공격을 가해 호위 항공모함 세인트 로St. Lo를 격침시키고 다른 함정 몇 척도 손상을 입혔다.

처음에는 제로센 같은 해군 항공대 소속의 전투기에 250kg짜리 폭탄을 두 개 달고서 조종사가 자신의 비행기와 함께 적의 함정에 돌진하는 것이 일반적인 형태였다. 연료도 적진에 도달할 만큼만 주어졌다. 돌아올 필요가 없었기 때문이다. 조금 지나지 않아 전투기보다 훨씬 무거운 폭격기들도 자살 공격에 동원되었다. 또한 적 함정뿐 아니라 미군의 대형 폭격기인 B-29에다 조종사들이 기관총 사격 대신 자신의 비행기를 직접 들이받는 방식도 쓰였다. 유럽에서도 독일의 전투기 조종사들이 미군 폭격기들을 상대로 자신의 비행기를 충돌시키는 방법을 쓴 경우는 있으나 이는 드문 경우에 속했다.

---

4 http://en.wikipedia.org/wiki/Kamikaze. 가미카제의 아이디어를 최초로 제안한 사람은 오카무라 모토하루(岡村 基春) 대위였다고 전해짐. 이후 아리마 마사후미(有馬 正文)라는 대령이 1944년 10월 15일 자살특공대를 이끌고 미국 항공모함 프랭클린Franklin에 대한 공격을 감행한 것이 첫 가미카제 공격 시도로 알려져 있으나 이것이 의도된 것인지에 대해 모호함이 있어 공식적인 기록으로 인정받지 못함.
5 오니시 타키지로大西瀧治郎 중장이 이 공격대를 조직함.
6 일종의 별동대로서 공식명칭은 'Task Unit 77.4.3'이며 클립튼 스프라그Clifton Sprague 중장이 지휘함.

가미카제의 공격을 받고 불타오르는 세인트 로 항공모함

전쟁이 막바지로 치달을수록 가미카제의 공격수단도 다양해졌다. 폭격기에 실려가다 적의 함대 근처 상공에 이르면 분리되어 조종사가 적 함정으로 조종해 들이받는 오카櫻花라는 로켓추진 폭탄, 잠수함에서 발사된 후 인간이 조종하여 적함으로 돌진하는 유인 어뢰인 카이텐回天, 쾌속보트에다 폭탄을 가득 싣고 적함으로 돌진시키는 신요震洋 등도 개발되었다. 모두 인명 경시의 산물들이다. 마침내는 자살특공 전용 비행기도 개발되었다. 나카지마中島飛行機 사에서 만든 쓰루기劍라는 비행기이다. 나무로 뼈대를 만든 후 기존 기체에서 엔진을 떼어다 만든 기체로서 바퀴는 이륙 후 떨어져서 다른 비행기에 재활용되게 만들었다. 처음부터 조종사가 아예 돌아올 수 없게 만든 것이다.[7]

그러나 가미카제 공격의 성과는 일본 군부의 당초 기대보다는 훨씬 못 미쳤다. 미 공군 홈페이지의 한 자료에 적힌 바에 의하면 총 2,800여 건의 가미카제 공격이 행해져서 함정 34척 침몰에 368척 손상, 4,900명의 해군이 전사한 것으로 나온다.[8] 가미카제 공격을 시도하러 온 비행기 중 중간에 미 해군기에 의한 요격 및 미 함정의 대공포화로 대부분이 격추되고 단 14퍼센트만이 이를 뚫고 해군 함정에 실제 돌격을 할 수 있었다. 언뜻 보면 미군의 피해도 상당한 것으로 보인다. 그러나 이 자살공격을 시도하는 과정에서 일본군의 최고급 인재인 조종사가 4,000명 이상 목숨을 잃었다. 적의 일반수병과 아군의

---

7 하지만 이 비행기가 첫 자살 공격에 나서기 전에 전쟁이 끝나 실전에 사용된 예는 없었음.
8 Richard P. Hallion, 'Precision Weapons, Power Projection, and The Revolution In Military Affairs', USAF Historical Studies Office, 1999.

가미카제 공격기 오카

파일럿은 양성비용과 기간이 극명하게 다르다는 것은 누구나 다 알 것이다.

사실 일본군의 인명 경시풍조는 러일전쟁 시 적의 기관총 앞으로 의미 없는 돌진을 수없이 반복시켜 전사자 1만 4,000여 명을 포함해 6만 여 명의 사상자가 나온 '여순' 요새 공방전에서 극명하게 나타난 이후 태평양 전쟁에도 지속되었다. 문제는 미국과의 전쟁 이전에는 이렇게 해서 최후의 승리를 쟁취한 적이 많았다는 것이다. 일본군 수뇌부, 나아가 일본 국가 전체는 천황을 위해서 목숨을 바치는 것을 더없는 영광이라 세뇌시켜서 숙련된 인력들까지도 전쟁터로 내몰아 희생시켰다. 전투기나 폭격기를 개발할 시에도 무게를 절감한다는 명목으로 연료통이 적탄에 맞을 경우 이를 보호할 장치를 생략해 수많은 조종사가 연료탱크에 딱 한 발을 맞고 폭발한 기체 속에서 목숨을 잃었다.

태평양 전쟁의 전세가 기울자 일본군 수뇌부는 심지어 군수공장에서 일하던 기술자, 숙련공들을 빼내어 전투병으로 전장에 보내는 것을 서슴지 않았다. 이는 일본의 항공기 생산에도 그대로 반영되었다. 숙련공이 없는 공장은 비숙련 부녀자가 채웠고 이를 감독해서 품질을 유지해주어야 할 기술자마저 없으니 전투기 등 항공기의 품질이 갈수록 떨어졌다. 여기에다 전쟁 막바지에는 미군 폭격기의 밤낮 없는 폭격도 가세했다. 최전선에서도 일선 정비병들에게 총을 들려 전장에 투입시키다 보니 적탄에 떨어지는 비행기보다 기체결함으로 떨어지는 비행기 수가 훨씬 많아지는 일도 생겼다. 이 결과 전쟁 끝 무렵에는 조종사를 훈련시킬 인력도, 정비병을 훈련시킬 인력도, 기술자를 훈련시킬 인력도 태부족이어서 일본은 자멸의 길을 가고 있었다.

제2차 세계대전 중 총 60기 이상을 격추하며 일본군 조종사 중 최고의 에이스 중 하나로 꼽히던 사카이 사부로坂井三郎라는 사람은 전후에 자신의 태평양 전쟁 참전 경험을 『대공의 사무라이』라는 책으로 펴냈다. 1956년 발간된 이 책에서는 사카이 사부로는 가미카제에 대해 긍정적으로 평가했다.[9] 일본의 불굴 정신을 보여주었다는 것이다. 하지만 이 시기는 종전 후 10년이 갓 넘은 상태에서 일본인들의 자존심이 한없이 꺾여 있었던 때였다. 그러나 사실 이 책의 다른 부분에서는 일본군 수뇌부의 인명경시 풍조에 대해 비판을 여기저기 써놓았다. 자신도 부하 2명을 이끌고 가미카제 특공을 수행하도록 명령받았으나 결국 이 명령을 거부하고 부하 2명과 함께 귀환했다.[10]

그는 노년에 진심을 드러내어 여러 언론과의 인터뷰에서 천황과 태평양 전쟁 당시의 일본군 수뇌부에 대해서 신랄한 비판을 가했다. 천황과 군 수뇌부가 수많은 젊은이들의 소중한 목숨을 사지로 몰아넣고 그 책임을 지지 않았다는 것이 주 내용이었다.[11] 그는 또 한 인터뷰에서 일본이 패전한 원인은 "좋은 기술 인력과 숙련된 전사를 가볍게 여긴 탓"이라고 단언했다. 맞는 말이다. 물론 한국과 다른 아시아 국가들에게는 이보다 더 다행스러운 바보짓이 없었을 것이다.

9 사카이 사부로, 이동훈 역, 『대공의 사무라이』, 가람기획, 2007, 416-390쪽.
10 사카이 사부로, 이동훈 역, 『대공의 사무라이』, 가람기획, 2007, 368-390쪽.
11 'An Interview with Saburo Sakai' http://www.microsoft.com/games/combatfs2/ articles_sakai.asp, 2000, http://www.danford.net/sakai.htm, 'Saburo Sakai Is Dead at 84; War Pilot Embraced Foes', 《New York Times》, 2000. 10. 8.

사카이 사부로

상반된 사람관리가 성패를 가르다, 델타와 사우스웨스트

미국의 항공운항산업은 1938년 설립된 민간항공위원회(Civil Aeronautics Board)가 항공사들의 노선과 운임, 신규 진입을 결정하는 규제 환경 하에서 1970년대까지 꾸준한 성장을 지속해왔다. 그런데 카터Carter 정부 시기인 1978년 항공운항산업 규제완화 법(Airline Deregulation Act)이 의회를 통과하면서 이 산업은 구조적인 변화를 맞이했다. 이 법안 통과 이후 노선, 운임, 신규 진입에 관한 규제가 없어지면서 저비용 항공사들이 대거 진입하는 등의 압력으로 항공사 간 가격경쟁이 격화됨에 따라 여객운임이 크게 떨어졌고 이런 변화에 적응하지 못하는 항공사들이 다른 항공사들에 의해 인수되거나 도태되기 시작한 것이다. 이미 1980년대 초에 15개의 기존 항공사들이 한계 상황으로 몰리거나 피인수되는 상황이 전개되었다. 그 결과 1984년에 15개 항공사가 전체 매출의 90퍼센트를 올리던 것이 1988년에는 8개사가 그 만큼의 매출 점유율을 차지하는 등[12] 산업이 과점화되는 조짐이 나타났다.

---

[12] 이병훈 외, '항공업종 노사관계 실태분석 및 평가', 노동부(한국노동연구원), 2006. 12. 165쪽.

그런데 엎친 데 덮친 격으로 1990년대 초 이라크가 쿠웨이트를 침공하고 이에 미국이 다국적군을 이끌고 개입하면서 걸프전이 발발하자 유가가 폭등하는 상황이 발생했다. 이 여파로 미국경제가 큰 불황으로 들어가면서 유가 폭등과 수요 감소라는 이중고가 항공운항산업을 엄습했다. 이 결과 1980년대 이미 부실화가 지속적으로 진행되던 팬앰Pan American, 이스턴Eastern, 미드웨이Midway 등의 대형항공사들이 파산하면서 자산과 노선이 타 항공사로 흡수되어 업계의 구조조정이 다시 한 번 진행되었다.

항공운항 산업이 이렇듯 큰 어려움을 겪는 와중에서 기존 업체 중 대형업체인 델타항공Delta Air Lines과 규제완화 이후 신생항공사 중 두각을 나타내던 사우스웨스트항공Southwest Airlines도 어려움에 직면하기는 마찬가지였으나 인력관리 면에서 상반된 전략을 취했고 그 결과는 향후 10년간 두 회사의 상반된 경영성과로 나타났다.

항공운항 산업은 기술과 사람이 융합된 산업이다. 그런데 기술적인 측면은 세계 항공기 제조업을 양분하고 있는 보잉Boeing이나 에어버스Airbus에서 생산되는 거의 같은 기종을 쓰기 때문에 각 항공사 간에 큰 차이가 날 수 없다. 하지만 사람, 즉 고객에게 서비스를 제공하는 직원의 능력과 태도는 항공사마다 큰 차이가 있을 수 있다. 가령 조종사의 숙련도는 안정적인 비행 환경과 편안한 이착륙 여부를 좌우할 것이고, 고객 접점에서 서비스를 제공하는 승무원의 마음가짐과 태도는 정시 이착륙 여부 및 전반적인 서비스 품질을 결정할 것이다. 또한 이러한 서비스 품질은 그대로 항공운항사의 평판이 되어 매출에 큰 영향을 미치게 된다.

1970년대 말의 규제완화 당시, 델타항공은 메이저 항공운항 회사로서 단단한 입지를 굳히고 있었다. 1925년 창립된 이 회사는 여러 번의 인수합병M&A을 통해 덩치를 키우면서 규제환경을 잘 이용하여 성장해왔다. 이 회사도 '사람이 항공운항 비즈니스의 기본'이라는 사실을 충분히 인지하고 우수한 인재 유출을 막고 서비스 품질을 유지하기 위해 상대적으로 높은 임금과 고용안정을 제공했다. 물론 이에는 노조의 출현을 막으려는 이 회사 경영진의 의도도 있었다.[13] 이렇게 좋은 대우는 노선과 요금이 규제됨에 따라 생기는 수익으로 뒷받침할 수 있었다. 1980년대 초 규제완화의 파고에 대응하여 항공사들이 앞다투어 인력 구조조정과 임금삭감을 단행할 때에도 이 회사는 정리해고를 전혀 하지 않았고 오히려 당시 상대적으로 양호했던 경영실적에 근거해서 상당히 높은 수준의 임금인상을 해주었다. 이에 종업원들은 우수한 고객서비스로 회사에 보답했고 이는 다시 회사 성장의 큰 동력으로 작용했다. 경영이론의 대가 톰 피터스Tom Peters의 한 저서에서 델타항공의 고객서비스를 크게 칭찬할 정도였다.[14]

하지만 1990년 이후 불황과 고유가의 이중고로 인해 4년간 적자가 지속되자 당시 경영진은 기존의 인력관리 정책을 바꾸기로 결정했다. 1990년대 중반, 델타항공은 약 1만 5,000명(직원의 약 17퍼센트)가량의 인원을 정리해고하고 임금삭감을 단행했다. 그 결과 델타항공의 서비스 질은 크게 악화되고, 이에 따라 고객불만도 산업 평균 수준 이

---

13 이병훈 외, '항공업종 노사관계 실태분석 및 평가', 노동부(한국노동연구원), 2006. 12. 180쪽.
14 톰 피터스, 로버트 워터먼, 이동현 역, 『초우량 기업의 조건』, 2005, 333쪽.

상으로 증가했다. 그 후 1990년대 중·후반에 세계경제의 호황에 따라 흑자로 전환된 이 회사는 예전의 인력관리 정책 기조로 회귀하여 임금인상과 복지확충 등을 실시했다. 이를 통해 델타항공의 전통적인 서비스 품질 우위를 되찾으려 노력한 것이었다. 그러나 2001년 9.11 테러사태 후 항공 산업이 다시 침체에 빠지자 델타항공의 경영진은 1990년대 초에 이어 두 번째로 대대적인 구조조정을 단행하기에 이르렀다. 2004년 사측은 노조와 구조조정합의서(Restructuring Agreement 46)를 체결하며 30퍼센트 이상의 임금 삭감, 퇴직연금 및 복지혜택 축소 등을 통해 총 10억 달러 상당의 인건비를 감축하는 데 성공했다.

그런데 이런 과감한 구조조정에도 불구하고 회사의 경영은 회복될 기미가 없이 악화일로를 걸었다. 급기야 2005년에는 법원에 파산보호 신청을 냈다. 그 이유는 무엇일까? 가장 근본적인 이유로는 두 차례에 걸친 인력 구조조정의 과정에서 수많은 숙련된 조종사과 승무원들이 회사를 떠난 것을 들 수 있다. 심지어 회사가 붙잡고 싶은 핵심인력들도 자발적으로 나갔던 것이다. 이들은 시장에서도 인정받는 인력이라 그만큼 이직도 쉬웠기 때문이다. 예를 들어 두 2000년대 초반의 구조조정의 와중에서 근속연수가 많은 숙련된 조종사 1,200명 (전체의 약 16.6퍼센트 수준)이 자발적으로 이직했다.[15] 그런데 이런 핵심인재의 이탈은 그들에게 체화되어 있는 기술, 지식, 세부적인 업무 노하우 등 무형의 자원까지 회사를 떠나게 된 것을 의미한다. 구조조정이 한 번도 없었던 1980년대까지 델타항공은 '정확한 이착륙 시간

---

15 이병훈 외, '항공업종 노사관계 실태분석 및 평가', 노동부(한국노동연구원), 2006. 12, 181쪽.

과 고품격 서비스'의 강점을 보유한 회사였다. 하지만 두 차례 구조조
정 이후 비행기 연착과 결항률이 치솟았고 수하물 분실 등 소비자 불
만 비율이 두 번째로 높은 항공사[16]로 꼽히는 신세로 전락했다. 이에
따라 항공회사의 서비스품질 측정지수인 AQR[17]지수는 1990년대 초
까지 업계 최상위권을 유지했으나 2003년 이후 10위권 밖[18]으로 추
락했다. 결국 무리한 구조조정은 '고품격 서비스'라는 기업의 경험과
기억마저 상실하게 만드는 소위 '기업 치매증'을 초래했고[19] 이에 많은
고객들이 등을 돌리자 이 회사는 파산신청의 길로 갈 수밖에 없었던
것이다.

　인사 정책 면에서 처음에는 델타항공과 비슷한 길을 걷다가 델
타항공이 다른 길을 가자 원래의 길을 고수한 항공운항사가 있다.
1967년 텍사스 주의 지역 항공사로 출범한 사우스웨스트항공은 델
타항공과 달리 창립 이후 40년이 넘는 세월 동안 단 한 명의 직원도
해고하지 않았다. 특히 1990년 걸프전쟁, 2001년 9.11 테러 이후 항
공 산업의 침체에도 불구하고 '무해고 정책'을 고수하며 전 직원의 힘
을 결집시켰다. 창업주 허브 켈러Herb Kelleher 회장은 WOBI(World of
Business Ideas)가 주체한 세미나[20]에서 "비즈니스에서 가장 중요한 비
즈니스는 사람이다(The Business of Business is People.)…… 내가 항상

---

16 'The Airline That Loses Bags, Cancels Flights', 《THE WALL STREET JOURNAL》
　2012. 1. 5.
17 Airline Quality Rating. 이 지표는 퍼듀대학교에서 매년 발표하는 것으로서 75만 명 이
　상의 승객들을 조사하여 미국 국적 항공사들의 서비스 수준을 평가하는 것임.
18 총 조사대상 14개사 중 12위.
19 공선표, '기업치매증', 《교차로신문》 2000. 10. 18.
20 www.youtube.com/watch?v=oxTFA1kh1m8.

관심을 가지고 있는 것은 바로 경쟁업체들이 도저히 모방할 수 없는 눈에 보이지 않는 무형의 자산이다. 경쟁업체들이 우리 비행기 등의 하드웨어는 얼마든지 모방할 수 있지만 우리 직원들을 결코 복제해 갈 수는 없다"며 무엇보다 직원의 중요성을 강조했다. 그에게는 직원이 만족하고 열심히 일한다면 고객에게도 최선을 다하고 이는 결국 회사의 이익으로 돌아간다는 굳건한 신념이 있었던 것이다.

그는 추수감사절 직원들과 함께 수하물 적재를 하거나 직원들과 파티를 함께 즐기는 등 권위의식을 버리고 '직원도 즐겁고, 고객도 즐거운 회사'를 만드는 데 솔선수범했다. 이러한 창업주의 의지에 따라 자연스럽게 경영자부터 말단 직원까지 두터운 신뢰와 밀접한 관계를 형성할 수 있었으며 이를 바탕으로 사우스웨스트항공의 모든 구성원들은 목표와 지식을 공유하고 긴밀한 의사소통을 통해 문제를 해결[21]하는 프로세스를 체질화하여 서비스의 품질과 효율을 향상시킬 수 있었던 것이다.

실제로 사우스웨스트항공은 델타항공 등 타 항공사들이 어려움을 겪던 2000년대 중반에 승객이 다음 비행기를 기다려야 되는 시간인 '비행기 운항 간격'이 15분 정도[22]로 가장 짧기로 유명했고, 항공기 한 대당 종사하는 종업원 수도 71명(2005년 기준)으로 업계 최저수준이었다. 이로 인해 고객서비스 분야에서도 미국 항공업계의 품질대상인 '트리플 크라운(Triple Crown: 운항지연, 고객 불만, 수하물 분실률을

21 Gittell, J, 'The Southwest Airlines Way: using the power of relationships to achieve high performance', www.summaries.com, 2003, p 1.
22 위키백과, 사우스웨스트항공.

최저로 달성하는 항공사 선정)'을 가장 많이 수상했으며 항공안전에 있어서도 최소의 노선이탈률을 기록[23]했었다. 이처럼 높은 서비스 품질과 효율에 힘입어 이 회사는 창립 초기를 갓 지난 1972년 회계연도부터 최근 회계연도(2013년)까지 한 번도 적자를 내지 않은 기록을 유지해왔다. 이 회사는 또한 AQR 조사에서도 항공사에 대한 고객의 불만제기 비율이 매년 업계 최저를 기록해온 것으로 유명한데 2013년 조사에서도 업계 최저의 기록을 고수했다.[24] 그뿐만 아니라 2014년까지 《포춘Fortune》지의 '세계에서 가장 존경받는 기업 리스트(List of World's Most Admired Companies)'에 20년 연속 선정되기도 했다. 특히 2014년에는 그 순위가 9위로서 항공사로는 유일하게 10위 안에 선정되었다.

이와 관련하여 켈러 회장은 한 매체와의 인터뷰에서 "사우스웨스트항공의 종업원들은 우리 회사 성공의 비밀 요소이며, 지속적으로 가장 존경받는 회사로 선정되는 이유이다"라고 말하며 직원들에 대한 높은 신뢰를 과시했다.[25] 현재 4만 5,000명의 종업원들을 고용하고 한 해 1억 명의 승객을 수송하는 사우스웨스트항공의 이런 성과는 '직원을 귀하게 대하는' 인력관리 방침이 종업원들의 만족도 제고로 이어지고 이것이 다시 고객 서비스의 질을 높여 업계 최고수준으로 유지되게 만들었기 때문에 가능했던 것이다.

그런데 파산의 길목에 서 있던 델타항공도 이후 다시 '사람'에게

23 이병훈 외, '항공업종 노사관계 실태분석 및 평가', 노동부(한국노동연구원), 2006. 12, 190쪽.
24 Bown, B.D., Headley D.E., 〈Airline Quality Rating 2014〉, commons.erau.edu/aqrr/1, 2014. 4.
25 'Southwest Airlines named to Fortune's 2014 List of World's Most Admired Companies' www.marketwatch.com, 2014. 2. 27.

사우스웨스트항공의 창업주 허브 켈러

서 해법을 찾아 회생의 길로 들어섰다. 2005년 3월, 파산보호 신청 후 직원 감축과 연금 폐지 등의 자구책으로 2007년 파산 보호를 가까스로 탈출했다. 파산 보호에서 벗어난 이 회사는 재도약을 위해 2008년 당시 미국 내 5대 항공사인 노스웨스트항공Northwest Airlines 과 합병을 하게 된다. 노스웨스트항공은 아시아와 미국 북부에 노선이 집중되어 있고 델타항공은 남미와 미국 동부를 중심으로 하고 있어 합병을 통해 시너지 효과를 노린 것이다. 그런데 위기 때마다 구조조정→인재 유출→서비스 질 저하→고객 이탈의 악순환을 반복했던 이 회사는 이 합병과정에서 전혀 다른 접근방식을 보였다.

통상적으로 합병과정에서 인건비 절감을 위해 중복되는 기능을 통합하며 대대적인 구조조정이 단행되는 것이 업계의 관행이다. 하지만 델타항공의 새 경영진은 그간의 경험을 통해 핵심인재 유출이 얼마나 조직에 타격을 입히는지 뼈저리게 느꼈던 것 같다. 2007년 델타항공의 새 CEO로 취임하여 당시 합병을 주도했던 리처드 앤더슨 Richard Anderson은 이러한 통념을 깨고 감원을 최소화하고 조종사 급여를 30퍼센트 올려주었다. 직원들에게 이익의 15퍼센트를 공유하겠다고 약속했다. 그는 "고객을 상대로 하는 직원에게는 최고 대우를 해줘야 한다"는 철학으로 조종사와 직원들의 연봉을 인상[26]했던 것이다. 이는 핵심인재 및 서비스 DNA 유출 등 무리한 구조조정의 부작용을 20년간 경험하고 얻은 교훈일 것이다. 그 결과 델타항공은 합병 2년 만에 흑자로 전환되며 세계 최대 규모의 항공사로 재도약하는

---

26 '망한 항공사끼리 극적인 합병…세계 1위로', 《조선비즈》, 2012. 6. 2.

데 성공했다. 최근엔 항공 전문지 《에어 트랜스포트 월드_ATW_》[27]로부터 미국 항공사로는 10년 만에 처음으로 '2014년 올해의 항공사(2014 Airline of the Year)'로 선정되는 영광도 안았다. 또한 AQR도 2012년과 2013년 연속 업계 4위(총 15개 항공사 중)에 랭크되는 등 서비스의 질도 근 20년 만에 상위권으로 복귀했다.

델타항공이나 사우스웨스트항공 양 항공사의 사례는 기업경영의 요소 중 인적 자원이 얼마나 중요한 것인지를 잘 보여주고 있다. 결국 기업경영의 성공은 무엇보다도 우수한 직원들을 얼마나 잘 유지하며 이들이 의욕을 가지고 일하게 만드는 것에 달려 있다고 해도 과언이 아닐 것이다.

---

27 1974년부터 시행하고 있는 ATW 연례 수상 행사는 항공 업계에서 가장 권위 있고 영광스러운 상 중 하나로 꼽힘.

04

점령 목표의
전략적 가치는 따로 보아야 한다

『손자병법』에서 땅의 형세와 전쟁과의 관계를 다룬 제10편 지형地形편에서는 여섯 가지 땅의 모습이 나온다. 그중 '통형通形'이란 아군이 먼저 높고 양지 바른 곳을 점령하여 식량의 보급로를 확보하면 유리하게 전쟁을 이끌어 갈 수 있는 지형을 말한다.[1] 물론 이런 지형을 점령하려면 어느 정도 이상의 대가가 필요할 것이다.

실제 경영현장에서 기업이 다른 기업을 인수할 때 치러야 할 피인수 기업의 가치를 산정해야 할 때가 왕왕 있다. 가장 흔히 쓰이는 산정 방법으로는 이 기업이 향후 매년 창출해낼 미래의 '현금흐름'을 모두 현재의 가치로 환산한 후 더하는 방식인 순현가 방식(NPV: Net Present Value)이 쓰인다. 만약 이보다 더 가격을 쳐주면 인수기업의 주가가 떨어지는 사례도 많다. 필자가 최고전략책임

---

1 손자, 김원중 역, 『손자병법』, 글항아리, 2011, 248쪽. 여섯 지형은 통형, 괘형(挂形), 지형(支形), 애형(隘形), 험형(險形), 원형(遠形)임.

자cso로 일했던 적이 있던 국내 모 그룹은 국내 최대의 물류기업을 인수한 적이 있었다. 그런데 인수 발표 후 과다한 가격을 써냈다는 비판과 함께 주가가 떨어졌다. 하지만 그룹의 총수가 큰 의지를 가지고 추진한 이 M&A는 그 그룹이 글로벌화를 가속화시키고 한층 더 성장하기 위해서는 반드시 실행되어야 하는 것이었다. 즉 단순한 '현금흐름의 가치'보다 이 그룹이 고성장을 위해 꼭 필요한 교두보로서의 '전략적 가치'를 따져 볼 필요가 있었던 것이다.

다음의 전쟁과 경영의 사례는 목표 자체의 가치보다 '전략적 가치'를 봐서 대가 지불을 불사했던 것들이다. 목표 자체의 가치보다 훨씬 더 많은 희생이나 금전적인 비용을 치렀으나 얼마 지나지 않아 그 이상의 보상이 돌아온 경우이다.

큰 희생을 무릅쓴 미군의
사이판·이오지마(유황도) 점령

1944년 6월 초 유럽에서 연합군은 노르망디 상륙 작전을 성공시켜 독일 본토에 대한 공격 거점을 마련했다. 이보다 조금 뒤인 1944년 6월 15일, 미군은 유럽과 마찬가지로 일본 본토에 대한 공격 거점인 마리아나 제도Mariana Islands를 공격하기 시작했다. 사이판Saipan, 괌Guam, 티니안Tinian 섬 등으로 이루어진 이 제도를 겨냥하여 6월 5일 하와이 진주만을 출발한 미군 상륙부대는 해병대 제 2사단과 제 4사단, 그리고 육군 제 27사단으로 이루어졌으며 해병대의 홀랜드 스미스Holland Smith 중장이 그 지휘를 맡았다. 마리아나 제도를 지키던 일본군은 총 3만 1,000명으로서 사이토 요시쓰구斉藤吉継 중장이 지휘를 맡고 있었다. 상륙 며칠 전부터 15척의 전함이 지원 사격을 실시한 후 이날 아침 9시에 이 제도의 주된 섬인 사이판Saipan에 8,000명의 미 해병대 병력이 서쪽 해안으로 상륙했다. 그 다음 날에는 미 육군 제 27사단이 상륙했다.

  미군이 뉴기니 북쪽의 캐롤라인 제도Caroline Islands부터 공격한 후 북상할 것으로 예상했던 대본영 등 일본군 수뇌부는 미군이 캐롤라인 제도를 건너뛰어 사이판으로 쳐들어오자 당황했다.[2] 캐롤라인 제

---

2 http://militaryhistory.about.com/od/worldwarii/p/World-War-Ii-Battle-Of-Saipan.htm.

마리아나 제도에 상륙하는 미 해병대

도 방어에 집중하여 병력과 자원을 집중했기에 허를 찔린 것이다. 하지만 일본군의 저항은 거셌다. 사이판 섬 특유의 수많은 동굴을 효과적으로 활용하며 최후의 1인까지 항전하라는 지휘부의 명령에 자살 공격을 서슴지 않았다. 이에 미군은 혹독한 대가를 치러야 했다. 미군이 상륙한 지 3주 정도가 지난 7월 7일에는 마지막 궁지에 몰린 일본군은 민간인, 부상병까지 끌어들여 3,000명 정도가 '반자이(만세)' 돌격을 감행했다. 미군은 700명 이상의 사상자를 내면서 이들의 공격을 간신히 물리치고 7월 9일에서야 이 섬을 완전히 장악했다. 수비하던 일본군 병력의 100퍼센트에 가까운 3만 명 이상이 전사한 후였다.[3] 총사령관인 사이토도 자살했다. 또한 미군에 잡히면 큰 수치를 당하고 죽는다는 일본군 수뇌부의 선전에 속아 수천 명의 민간인도 절벽에서 뛰어내리는 등 자살로 생을 마감했다.[4] 하지만 미군의 희생도 결코 가볍지 않았다. 이 섬에 상륙한 총 7만 1,000명의 병력 중 3,500여 명이 전사하고 1만 3,000명 이상이 부상을 당했다. 미군은 사이판에 이어 7월 21일 괌, 7월 24일에는 티니안 섬을 점령하여 마리아나 제도를 완전히 장악할 수 있었다.

그런데 이들 섬에 상륙하자마자 미군이 제일 먼저 점령하고자 한 것은 비행장이었다. 마리아나 제도 점령 직후 미군은 이들 섬에서 총 6개의 비행장을 확보하고 활주로를 정비하며 제반 시설도 갖추어 나갔다. 이후 네 달 만인 그해 11월에 100대 이상의 B−29 전략 폭격기를 배치하고 필리핀은 물론 일본 본토의 폭격에 나섰다. 이것이 바로

---

3 921명이 포로로 잡힘.
4 이 전투에서 사망한 민간인 2만 5천 명 중 2만 명 이상이 이렇게 죽음.

미국이 이 섬들을 점령하려 했던 이유였다. 이 신형 폭격기의 작전 반경[5]은 2,400km였는데 마리아나 제도는 일본 본토로부터 2,100km 떨어져 있어 이 폭격기가 도쿄를 폭격하고 귀환할 수 있는 거리에 기지를 둘 수 있었기 때문이다.

그러나 처음에는 이곳에서 발진하는 B-29의 일본 본토 폭격이 별 효과를 거두지 못했다. 고공 폭격과 일본의 기후 때문이었다. 이 비행기는 지상에서 10km 떨어진 고공을 날아가며 폭격하도록 설계되었고 이를 뒷받침할 정밀조준 장치가 붙어 있었다. 이 고공 폭격은 최고 고도가 훨씬 낮은 일본 전투기들의 요격으로부터 보호받을 수 있어 폭격기 승무원들은 이를 선호했다. 그러나 편서풍이 많은 일본의 기후 때문에 고공에서 떨어뜨린 폭탄이 낙하 중에 거센 바람의 영향으로 엉뚱한 곳에 떨어지는 경우가 많았다. 또한 4면이 바다인 해양 기후의 특성으로 짙은 구름도 자주 껴 정밀조준 장치도 무용지물이 되는 경우가 많았다.[6]

이러던 중 일본 폭격을 담당하던 제 21 폭격기 사령부에 새로운 사령관이 부임했다. 1944년 12월 이 사령부의 새 수장이 된 커티스 르메이Curtis LeMay 소장은 유럽 전장에서 '전략 폭격'이라는 개념을 도입해 독일 도시들에 대한 무차별 폭격으로 적의 전쟁의지를 꺾어 놓는 데 결정적인 역할을 수행한 사람이었다. 그는 비행기 공장 등 전략적 가치가 큰 목표에 대한 고공 정밀 폭격이 일본 전장에는 맞지 않다고 판단했다. 어차피 폭격의 정확성이 떨어졌기 때문이다. 그는 대신 유

---

5 임무를 마치고 기지로 돌아올 수 있는 거리를 의미함.
6 http://en.wikipedia.org/wiki/Air_raids_on_Japan.

럽에서처럼 주요 도시에 대한 무차별 폭격을 하는 방향으로 공격 전술을 수정하고, 목조건물이 많은 일본 도시의 특성상 소이탄을 이용한 공격이 효과적이라 판단했다. 이를 위해 그는 소이탄을 잔뜩 실은 B-29가 최고 고도보다 훨씬 낮은 고도로 비행하면서 폭격을 실시하도록 했다. 그의 전술 수정은 효과가 바로 나타났다. 1945년 2월 도쿄를 대상으로 B-29 172기를 동원하여 시험적으로 실시한 소이탄 폭격은 도쿄 도심의 상당 부분을 태워버렸다.[7]

그런데 고도를 낮추자 폭격의 정확성과 효과는 높아졌지만, 대공포나 적 전투기의 공격에 그대로 노출되어 희생도 갈수록 커지는 문제가 생겼다. 야간 폭격을 실시하여 대공포에 의한 피해는 줄여 나갈 수 있었지만 이 거대한 폭격기를 잡기 위해 중무장을 하고 요격 나오는 일본 전투기에 의한 피해는 갈수록 심각해졌다. 유럽에서도 초기 이런 문제가 있었으나 미국이 항속거리가 긴 전투기들을 개발하여 이를 폭격기 호위에 붙이자 해결되었다. 그러나 그때까지도 마리아나 제도의 비행장에서 B-29와 같이 출격하여 일본 본토까지 호위해주고 같이 돌아와 줄 만큼 긴 항속거리를 가진 전투기는 존재하지 않았다.

미군은 1945년 2월 19일 아침 9시경, 마리아나 제도와 일본 본토 사이의 딱 중간쯤에 위치한 화산섬인 이오지마Iwo Jima 섬(유황도)에 상륙했다. 7만 명의 해병대 병력을 동원하여 2만 2,000여 명의 일본군 수비병력이 지키고 있는 이 섬을 공격한 것이다. 상륙작전을 지휘한 미군 사령부는 상륙 전에 열흘간에 걸쳐 전개한 전함들의 엄청난

7 http://en.wikipedia.org/wiki/Boeing_B-29_Superfortress.

도쿄를 공습하는 B-29

함포 사격으로 적을 충분히 제거했을 것이라고 믿었다. 그러나 이는 오판이었다.

　방어의 책임을 맡은 쿠리바야시 다다미치栗林忠道 중장은 미국 하버드대 등에 유학한 적이 있는 합리주의자로서 전형적인 일본 장군과 다른 전술 사상을 가진 사람이었다. 그는 철저한 방어전략을 짜고 1년여 동안 준비한 끝에 섬 전체를 지하 요새화한 채 미군을 기다리고 있었다. 지하 동굴들을 통로로 연결시키고 이를 이용한 '치고 빠지는' 게릴라 전술로 진격해오는 미군들을 부단히 괴롭혔다. 이 지하 통로의 길이는 총 18km에 달했다. 이 섬에서는 사령관의 지시로 일본군 특유의 '반자이' 돌격도 감행하지 않아 쓸모없는 병력소모도 없었다. 다른 섬에서는 미군이 상륙한 지 며칠 내에 야음을 틈타 기습을 감행하다 미군의 강력한 화력에 일본 수비대 병력의 대부분이 소모되어 완전 점령 시기가 예상보다 빨라지는 경우가 대부분이었으나 이번에는 달랐던 것이다. 이에 따라 미군은 동굴 하나하나를 수색하고 화염 방사기와 수류탄으로 적을 제압하고 전진할 수밖에 없어 예상보다 아군의 희생도 커지고 점령 기간도 훨씬 더 소요되었다. 원래 미군 정보부는 기존의 작전보다 아군의 희생은 훨씬 클 것이라는 예상은 제대로 했으나 이 섬의 점령 기간은 일주일이면 될 것으로 보았다. 하지만 실제는 달랐다. 2월 23일 일본 수비대 사령부가 있던 수리바치 산을 점령하고 승리의 상징으로서 그 꼭대기에 성조기를 게양했지만 그 후에도 한참 동안이나 전투는 계속되었다.[8]

---

8 http://en.wikipedia.org/wiki/Battle_of_Iwo_Jima.

수리바치 산 정상에 성조기를 게양한 미 해병대

마침내 미군은 그때까지 뉴질랜드 북쪽의 섬부터 점령해오던 작전 중 최고로 많은 사상자를 내면서 상륙 후 한 달 일주일이 지난 3월 26일에서야 이 섬을 장악했다. 수비대장인 쿠리바야시 중장은 마지막 돌격을 이끌다 전사한 것으로 알려졌다. 수비대 병력 2만 2,000명 중 포로로 잡힌 사람들은 오직 216명뿐이었다. 미군의 희생도 그때까지의 태평양 섬들에 대한 상륙작전 중 가장 컸다. 일본군에 비해 전사자 수는 훨씬 작았지만 부상자까지 합한 미군의 사상자 수는 일본의 총 사상자 수보다 클 정도였다. 미군 전사자 수는 총 6,800명이 넘었으며 부상자 수도 1만 9,000명을 크게 상회했다. 이는 상륙한 병력 중 반에 가까운 병력이 죽거나 부상당한 것이며 사이판 상륙작전에서 미군이 입은 피해의 두 배에 가까운 것이었다.

그런데 이 섬의 점령으로 미군의 큰 고민이 해결되었다. 도쿄 등 일본 본토 폭격에 나서는 B-29기들을 호위할 전투기를 운용할 기지를 확보하게 된 것이다. 유럽 전장에서 맹활약을 펼쳤던 P-51 머스탱Mustang 전투기의 작전 거리 안에 일본 본토가 들어오게 된 것이다. 이 전투기의 작전 반경은 1,500km를 상회하여 도쿄로부터 남쪽으로 1,200km 떨어진 이 섬의 비행장에서 이륙하면 대부분의 일본 대도시에 대한 B-29 폭격기의 임무 수행을 지원하고 돌아올 수 있었다. 당연히 이때부터 미군 폭격기의 피해는 크게 줄어들었다. 마리아나 제도 점령과 마찬가지로 이것이 바로 미군이 필사적으로 이 작은 섬을 점령하려는 이유였다. 일본군도 이를 알기에 전원 옥쇄를 감행하면서까지 미군을 저지하려고 했던 것이다.

그런데 제2차 세계대전 중 미군 전사자의 총수는 30여만 명이었다. 이는 700여만 명의 병사가 전사한 소련이나 독일(400여만 명), 일본 (200여만 명)에 비해서는 훨씬 작은 숫자이긴 하나, 막강한 화력 투입으로 병사의 희생을 줄이자는 전술 개념을 가진 미군의 입장에서는 작은 희생은 아니었다. 지역별로는 유럽 전장에서 20만 명이, 태평양 전장에서 10만 여명이 전사했다.[9] 태평양 전장에서 전사한 10만여 명 중 10분의 일이 넘는 전사자 수가 마리아나 제도와 이오지마 상륙작전에서 나왔다. 이 때문에 후세에도 마리아나 제도와 이오지마 섬에 대한 상륙작전에서 입은 미군의 피해의 규모가 적절했는지에 대해서 논쟁이 계속되었다.

마리아나 제도나 이오지마는 작은 섬들이다. 이 자체로는 일견 큰 전략적 가치가 없어 보인다. 따라서 이들을 점령하기 위해 수반된 미군의 희생은 과다해 보이긴 하다. 그러나 전술했다시피 일본 본토 공격을 위한 교두보 마련을 위해서는 어떤 희생을 치르고도 꼭 점령해야만 했던 지역이었다. 결국 1945년 8월 6일 마리아나 제도에서 이륙한 한 대의 B-29 폭격기가 히로시마廣島에 원자폭탄을 떨어뜨렸고, 8월 9일에는 같은 곳에서 이륙한 또 한 대의 B-29 폭격기가 나가사키長崎에 원자폭탄을 떨어뜨렸다. 그리고 며칠 후 미국은 일본의 무조건 항복을 받아내었다. 이것으로 그전까지의 희생은 충분히 보상받았다고 할 것이다.

---

9 http://www.world-war-2.info/casualties.

'값 비싼' M&A를 통해
세계로 도약한 레노버

2004년 12월, 중국의 실질적인 국영기업[10]인 레노버Lenovo 사는 대표적인 글로벌 IT기업인 IBM으로부터 PC사업부를 인수하는 데 최종 합의하고 다음 해 5월에 인수계약을 마무리 지었다. 이 거래를 통해 중국의 로컬 브랜드에 불과하던 레노버는 일약 세계 PC 시장점유율 3위의 글로벌 기업으로 도약하게 되었다. 이 회사는 인수를 위해 상당한 매각 금액을 지불하는 것은 물론, 중국 국영 기업으로는 이례적으로 18.9퍼센트의 자사 지분을 IBM에 넘겨주기까지 했다. 그런데 매각이 성사되던 해인 2005년은 미국 주택버블이 정점으로 향하던 시기로서 주택 및 주식시장 등 대부분의 자산가격이 고공행진을 하던 시기였다. 이와 같은 외부적인 상황도 인수가격을 크게 높이는 데 일조했다.

하지만 인수 당시 PC 산업은 사양 산업으로 치부되며 IBM PC사업부마저 적자를 기록하던 때라 레노버의 행보에 대한 시장의 반응은 냉담했다. 여러 전문가들은 레노버가 '바가지를 쓴 데다 결국은 이

---

10 레노버의 지주회사인 '레전드 홀딩스'(Legend Holdings)의 지배주주가 중국 정부기관인 중국과학원(Chinese Academy of Sciences)임.

사업에서 재미를 보지 못할 것'이라는 취지의 전망을 했다.[11] 그러나 그로부터 10년이 채 지나지 않아 이 회사는 델Dell, HP 등 주요 글로벌 회사를 제치고 PC부문에서 세계 1등 기업으로 올라섰다.

레노버는 1984년 중국과학기술원 산하 계산기연구소에서 근무하던 11명의 연구원들이 창업한 일종의 사내 벤처였다. 1990년 초반까지 중국의 PC 시장은 IBM, HP, 컴팩Compaq, 델Dell 등 글로벌 업체가 장악하고 있었다. 당시 레노버는 이들 글로벌 브랜드 컴퓨터의 유통을 담당했다. 글로벌 업체는 공통적으로 중국 내 유통망 관리 능력이 자국 기업인 레노버와 비교하여 현저히 떨어질 수밖에 없었다. 그들은 관리 능력 부족으로 중국 내 유통구조를 최대한 단순화했으나 레노버는 기업용과 가정용으로 판매 채널을 분리하고 소매점과 대리점, 전문점 등의 유통망을 자유자재로 이용하여 PC 유통을 전개했다. 글로벌 기업이 자국 내 유통망을 잠식하기 전, 중국 유통망 장악에 성공한 것이다.

그러나 레노버는 이 PC 유통업에 만족하지 않았다. PC 산업의 발전 가능성을 보고 얼마 지나지 않아 메인보드 생산에 뛰어들었다. 이를 통해 점차 외국의 선진 기술 등을 습득하고 자체적인 연구 개발을 통해 386, 486급 PC를 출시했으며, 1990년 중반 펜티엄Pentium급 PC를 시장에 선보이며 중국의 주요 컴퓨터 생산업체로 성장했다. 동시에 저가격을 무기로 유럽 및 미국 시장에 메인보드를 위주로 수출을 시도했다. 물론 진출초기엔 저가정책에도 불구하고 약한 브랜드 파

---

11 '레노버의 IBM PC 인수', 《LG주간경제》 2005. 5. 25.

워와 낮은 인지도로 부진을 면치 못했다. 그러나 메인보드 수출에서 생긴 적자를 중국 국내에서의 유명 브랜드 PC 유통으로 얻은 이익으로 충당하며 저가 전략을 지속했다. 그 결과 세계 시장에서 메인보드 메이커라는 이미지는 구축할 수 있었다.[12]

사업 개시 후 20년의 짧은 시간 동안 레노버는 중국 국내의 PC 산업을 장악했다. 중국의 10억 명이 넘는 인구에 기반한 폭발적인 컴퓨터 수요를 뒤에 업고 자사의 제조 역량에 힘입어 2005년 IBM 인수전, 세계 PC 시장 10위, 중국 내 1위까지 올라서는 데 성공한 것이다. 당연히 레노버의 다음 목표는 '글로벌 기업'이 되는 것이었다. 레노버의 창업자 중 한 명이자 당시 회장인 류추안지柳传志는 이렇게 말했다. "창업 이래 우리의 변함없는 목표는 진짜 국제적인 기업이 되는 것이다."[13] 그러나 글로벌 기업으로 도약하기에는 브랜드 파워와 세계 시장 유통망이 턱없이 부족했다.

2005년 당시 IBM은 20년의 짧은 기업 역사를 가진 레노버와 달리 1911년 창립되어 90년이 넘는 역사를 자랑하는 세계 최대의 IT 제조업체였다. 이 회사는 미국에서 특허 등록을 가장 많이 한 기업으로 11년 연속 선정되기도 했으며, 컴퓨터 기술의 발전 공로로 연구원 가운데 5명이 노벨상을 받는 등 컴퓨터의 발전을 선도해왔다. 계산기 등 사무 기계를 제작하는 회사에서 출발하여 1946년 IBM 603이라는 진공관 컴퓨터를 선보이며 본격적인 전자식 컴퓨터 시대를 이

---

12 '레노버 벤처기업에서 세계 3위 PC 생산업체로', 《POSRI China Review》 2007. 11, 51-52쪽.
13 레노버 홈페이지 기사에서 인용, www.lenovo.com/news/us, 2004. 12. 7.

끌었다. 이어 1948년에는 큰 인기를 얻은 604모델이 나왔고, 이 모델은 10년간 5,600대가 생산되었다. 이로써 IBM은 에니악ENIAC, 유니백Univac 등과 함께 진공관을 쓰는 1세대 컴퓨터 시대의 성공적인 막을 열었다. 그 후 지속적인 연구 개발을 통해 1952년에는 더욱 복잡하고 정교한 모습의 컴퓨터인 IBM 701을 선보였다.[14] 1954년에 IBM은 민간기업 최초로 순수과학연구소를 설립하고 오늘날 컴퓨터 시스템에서 일반적으로 쓰이는 하드디스크 시스템, 플로피디스크, DRAM 등의 하드웨어를 개발했다. 또한 C언어와 함께 대표적인 프로그래밍 언어 포트란FORTRAN, 컴퓨터 운영체제 OS/360 등의 소프트웨어까지 성공적으로 개발하며 컴퓨터와 관련된 전방위 사업체계를 구축했다.

이 회사는 1981년 드디어 각 가정에서 쓸 수 있는 개인용 컴퓨터 IBM PC 5150을 출시했다. 이는 산업용 대형 컴퓨터에서 개인용 컴퓨터로 전환되는 컴퓨터 산업의 패러다임 변화였다. 그 이전까지 컴퓨터는 개인이 가질 수 없는 고가의 복잡한 장비로 인식되고 있었다. 따라서 출시 직후 선풍적인 인기를 끈 IBM PC 5150은 출시 4개월 만에 5만 대 이상 판매되었고, 이듬해인 1982년, 타임지는 '올해의 인물'에 이례적으로 사람이 아닌 이 컴퓨터를 선정하기도 했다.[15] 그뿐만 아니라 IBM이 모델명으로 사용했던 'PCPersonal Computer'라는 용어는 이후 컴퓨터를 통칭하는 대명사로 자리매김하게 되었다. 이후 이 회사는 PC 산업의 호조까지 가세해주어 IT솔루션, 컨설팅 등 지식 기반 고부가가치 산업까지 IT 산업을 총괄하는 글로벌 기업으로 한층

---

14 이정일, 『그래서 그들은 디지털 리더가 되었다』, 길벗, 2008, 142~155쪽.
15 '나무로 만든 최초 PC 보고, 로봇용 프로그램 만들고', 《중앙일보》, 2014. 5. 12.

더 올라서게 되었다.

그러나 영원할 것만 같았던 IBM의 컴퓨터 제국은 1990년대 들어서면서 델, HP, 컴팩 등 강력한 후발주자들의 추격으로 부동의 시장 점유율 1위 자리를 위협받기 시작했다. 결국 1994년까지 전 세계 1위를 지키던 IBM은 왕좌자리를 후발주자들에게 양보해야 했다. 또한 소프트웨어 사업마저 마이크로소프트Microsoft에 밀리며 큰 손해를 보기도 했다. 이렇게 거듭되는 악재는 경영 악화와 생산성 하락 등을 초래하여 결국 IBM은 1992년 49억 7,000만 달러의 손실을 내며 경영난에 직면하게 되었다. 1993년 새로운 CEO로 취임한 루이스 거스트너Louis Gerstner는 이러한 위기 상황을 극복하기 위해 대대적인 사업 구조조정을 단행했다. IT제조업 위주에서 고부가가치의 지식 서비스업으로 사업의 중심을 옮기자는 것이었다. 이러한 노력이 효과를 보기 시작하면서 이 회사는 서서히 손실을 줄여가면서, 1997년 모든 사업이 흑자로 전환되었고 그해에 약 80억 달러에 달하는 순이익을 기록하는 데 성공했다. 2000년에 거스트너의 후임 CEO가 된 샘 팔미사노Sam Palmisano는 전임자의 경영노선을 그대로 승계하고 강화하며 IT 솔루션 개발 및 구축, IT 업무 프로세스 개선과 컨설팅 등을 제공하는 통합 서비스 제공업체로의 변신을 지속해갔다. 그는 IT 서비스 기업으로의 사업구조 변화를 성공적으로 실행하며 한때 IBM의 상징이었던 PC사업부까지 매각하기로 결정했다.[16]

이처럼 레노버의 IBM PC사업부 인수는 중국 로컬 기업을 넘어 세

---

16 김종년 외, 『변신력, 살아남을 기업들의 비밀』, 삼성경제연구소, 2012, 57-69쪽.

계적인 컴퓨터 생산업체로 도약하고자 했던 레노버와, IT제조업체에서 IT기반 지식서비스 업체로 변신하고자 했던 IBM의 전략적인 이해관계가 맞아떨어지면서 시작되었다. 그러나 객관적으로 당시 IBM PC사업부는 그리 매력적인 인수 대상은 아니었다. 이미 1990년대 중반 이후 델 등 경쟁사들에 의한 시장잠식이 가속화되면서 2003년 IBM PC사업의 세계 시장점유율은 5.6퍼센트에 불과할 정도로 떨어졌다. 저조한 시장점유율과 더불어 수익성도 날로 악화되어 이 회사의 PC사업부문은 3년 연속 거액의 적자(2001년 3.97억 달러, 2002년 1.71억 달러, 2003년 2.58억 달러)를 내고 있던 상황이었기 때문이다.

IBM의 사업 포트폴리오 조정이 한창 진행되던 2001년 이 회사의 최고재무책임자(CFO: Chief Financial Officer) 존 조이스John Joyce는 처음으로 레노버에 PC사업부 매각을 제안했다. 당초 레노버의 경영진들은 이 제안을 그리 심각하게 받아들이지 않았다. IBM 같은 글로벌 회사가 자신의 정체성과 같은 사업부를 넘길 리 없으리라 생각했다는 것이다.[17] 그런데 IBM은 이후에도 3년 동안이나 레노버의 경영진에게 매각 의사를 전달했다. 이에 레노버의 경영진은 이 제안을 진지하게 검토한 후에 11억 달러의 인수가격을 제시했다. 레노버의 경영진은 IBM PC사업부의 심각한 적자 상태를 정확히 인지하고 있었다. M&A 시 일반적으로 가치산정에 쓰는 '순현가 방식'[18]으로 계산한다면 이는 도저히 나올 수 없는 가격이었으나, 이 회사의 160여 개국에

---

17 Ling Zhijun, translated by Martha Avery, 『The Lenovo Affair』, John Wiley & Sons (Asia), 2006, p 362.
18 이 사업이 매년 창출할 미래 현금흐름을 현시세로 환산하고 합산하는 방식임.

달하는 전 세계 유통망과 브랜드 가치를 높게 평가해서 나름 후하게 가격을 쳐주었던 것이다.

하지만 2004년 여름부터 2005년 초까지 긴 협상 과정을 거쳐 최종 결정된 가격은 6억 달러의 현금과 6.5억 달러의 자사 주식(18.5퍼센트), 5억 달러의 채무 승계까지 포함하여 총 17.5억 달러였다. 이는 레노버가 애초에 제시한 가격에서 약 60퍼센트나 할증된 것이다. 더구나 당시 레노버의 PC사업 매출이 연간 30억 달러였으나 IBM PC사업의 연간 매출은 120억 달러로서 이는 일견 '배보다 배꼽이 큰' 무리한 인수였다. 게다가 누가 보아도 IBM PC사업부의 적자가 심화된다면 합병 후 덩치가 훨씬 커진 상황에서 레노버 전체가 위험해질 가능성도 충분히 있었다. 또한 이 경우 IBM이 인수해간 주식을 손절매 목적으로 대량 매도하게 될 경우 주가가 폭락할 상황이 생길 수도 있었다. 실제로 시장도 그런 우려를 반영했다. 인수발표 이후 한 애널리스트는 레노버의 주가가 30퍼센트 이상 하락할 것이라 예상했다.[19] 레노버가 상장되어 있는 홍콩증시에서는 인수 발표 전인 2004년 12월 초에 비해 인수작업이 마무리된 다음 해 5월 말 사이에 항생 주가지수는 2퍼센트 조금 넘게 떨어진 반면 이 회사의 주가는 같은 기간 9퍼센트 가까이 떨어졌다.

이러한 '출혈'에도 불구하고 레노버의 경영진은 인수결정을 밀고 나갔다. 인수결정 발표 후 레노버의 CEO인 양유안킹杨元庆은 그 이유에

---

19 online.wsj.com 기사 인용, 'Lenovo Agrees to Purchase IBM PC Unit Amid Doubts', http://online.wsj.com, 2004. 12. 9.

IBM의 샘 팔미사노와 레노버의 양유안킹

대해 이렇게 말했다. "(이로써) 레노버는 글로벌 브랜드의 인지도[20], 국제적이며 다변화된 고객기반, 세계 곳곳을 망라하는 전 세계 유통망, 보다 다양화된 상품구성, 향상된 운용역량, 첨단기술 등을 확보하게 될 것이다."[21] 즉 레노버의 최고 경영진은 글로벌 회사로 도약하기 위한 전략적 목표를 위해서 IBM PC사업부의 인수는 꼭 필요한 발판이라고 판단했던 것이다. 그래서 실제 가치보다 훨씬 비싼 가격을 치를 용의가 있었다.

결과적으로 이 회사 최고 경영진의 판단은 주효했다. 2003년 세계 PC 시장점유율이 2.2퍼센트에 불과했던 레노버는 인수 직후 PC 생산량 약 1,200만 대, 매출액 120억 달러의 세계 3위 글로벌 기업으로 도약하게 된다. 인수 후 '승자의 저주'의 우려에도 불구하고 가파른 성장을 거듭한 결과 마침내 2012년 3분기 PC 판매고와 세계 시장점유율은 각각 1,377만 대, 15.7퍼센트를 기록[22]하며 HP를 제치고 글로벌 PC업계 정상을 차지하여 '진짜 글로벌 기업'이 되겠다는 그들의 당초 목표를 완성시켰다. 만약 레노버가 IBM PC사업부의 미래현금 흐름 등에만 기초하여 끝끝내 애초에 제시한 인수가격 11억 달러를 고집해서 해당 거래가 무산되었다면 이런 성과는 없었을 것이다.

---

20 인수 후 5년간 레노버는 IBM 브랜드를 무료로 쓸 수 있는 권리를 확보함.
21 www.lenovo.com/news/us, 2004. 12. 7.
22 같은 기간 HP의 판매 대수와 시장 점유율은 각각 1,355만 대, 15.5퍼센트였음.

05

과거의 성공 전략을
그냥 답습해서는 안 된다

『손자병법』의 허실虛實편에 '기전승불복其戰勝不復'이라는 어구가 나온다. "전쟁에서 한 번 승리한 방법은 되풀이하지 말아야 한다"는 뜻이다.[1] 이는 기업에서 경영전략을 수립할 때도 필요한 말이다. 전략을 수립하는 기획부서 담당자들은 애써 새로운 성공 방법을 생각해내기보다는 기존에 효과가 검증되었던 방법을 다시 쓰려는 예가 다반사이다. 문제는 경쟁사의 대응 등 사업 환경이 예전과 크게 달라짐에 따라 과거의 성공 공식이 더 이상 통하지 않을 상황이 되었음에도 이를 답습할 경우 경영 실패로까지 이어질 수 있다는 점이다.

다음에 나오는 전쟁과 경영 사례는 이를 잘 보여주고 있다. 한번 효과를 크게 본 전술을 계속 쓰다가 적의 대응으로 아주 쓴 맛을 본 이스라엘군의 탱크 운용술 사례는 전장에서도 이와 같은 일이 일어난다는 것을 잘 보여주고 있다. 또한 이는 실제 경영 현장에서도 얼마든지 벌어지는 일이라는 것을 코닥Kodak과 노키아Nokia의 사례가 증명하고 있다.

---

1 손자, 김원중 역, 『손자병법』, 글항아리, 2011, 172쪽.

과거 성공을 답습했다 큰코다친 이스라엘군의 탱크 전술

1967년 6월 5일 이스라엘은 주위를 둘러싸고 있는 아랍 국가들을 기습했다. 이로써 '6일 전쟁(Six-day War)'이 시작되었다. 이스라엘은 제일 먼저 공습을 통해 이집트 및 다른 아랍 국가들이 가진 공군력의 대부분을 지상에서 격파하여 제공권을 확보했다. 이렇게 확보된 제공권을 바탕으로 한 강력한 항공지원을 등에 업고 이스라엘 육군은 파죽지세로 진격하여 서쪽으로는 이집트 영토인 시나이Sinai 반도, 동쪽으로는 시리아 영토인 골란Golan 고원을 단 6일 만에 점령하고 전쟁을 끝냈다.

그런데 이스라엘군이 이렇듯 빠른 진격 속도를 보인 것은 제2차 세계대전 중에 독일군이 썼던 전격전(Blitzkrieg)의 전술을 차용했기 때문이다. 전격전은 영국의 전략이론가인 B. H. 리델 하트B. H. Liddell Hart가 그의 '간접접근 전략(The Strategy of Indirect Approach)'이라는 이론에서 주창한 것을 구데리안 장군이 이론화했고 이를 구데리안의 육군대학 동기생인 만슈타인 장군이 실전에 적용한 것이었다.[2] 독일군은 탱크와 기계화 보병[3]의 합동 대형을 갖추고 공군력의 지원을 받아

---

2 김문, 『공격 마케팅』, 진한엠앤비, 2012, 12쪽, 274쪽.
3 장갑차나 트럭에 의해 운반되는 보병을 의미함.

가며, 적이 예상치 못한 속도와 전력 투입으로 단숨에 적진을 돌파하는 작전을 구사했다.[4] 이 작전의 큰 효과에 힘입어 독일군은 개전 후 단 시일 내에 전 유럽을 석권한 바 있었다. 이스라엘도 이 전술을 받아들이기는 했으나 실제 실행 단계에서는 독일군의 전격전 형태와 다른 형식을 취했다.

이에는 그럴 만한 이유가 있었다. 신생국인 이스라엘은 국내에서 변변한 산업도 없어 국가예산의 상당량을 해외 유대인들이 보내주는 원조금에 의존하고 있었다. 당연히 가난한 이 국가의 국방예산도 넉넉할 수 없었다. 그리고 이스라엘군은 적은 국방예산의 상당 부분을 주력무기인 탱크 확보에 쏟아 부었다. 이것도 서방 각국이 아랍 국가들의 눈치를 보느라 최신식 탱크는 팔지 않아 대부분 제2차 세계대전 중에 사용된 구식 탱크들이었다. 이스라엘군은 이를 들여와 엔진과 변속기 등 동력 계통을 교체하고 전차포도 좀 더 강력한 것으로 바꾸는 등 '눈물겨운' 개조를 통해 아랍 국가들의 최신식 탱크에 대적하려 했다. 이에도 상당한 예산이 투입되었다. 이 여파로 정작 기계화 보병을 운반할 장갑차는커녕 트럭조차 충분한 수량을 확보할 수 없었다. 게다가 확보해놓은 장비도 너무 노후하여 제대로 기동력을 발휘할 수 있는 장비는 소수였다.[5] 실제로 전쟁이 시작되고 보니 전격전에서 기계화 보병을 실어 나를 장갑차나 트럭의 수가 너무 적어 충분한 수의 보병이 탱크를 수행할 수가 없었다. 또한 전차부대를 수행한

---

4 http://www.conservapedia.com/Blitzkrieg.
5 Edward G. Gibbons, Jr., 'Why Johnny Can't Dismount: The Decline of America's Mechanized Infantry Force', School of Advanced Military Studies, United States Army Command and General Staff College, 1995. 12, p 12.

몇 안 되는 장갑차나 트럭마저도 노후화되어 고장이 많이 나 탱크의 진격 속도를 따라잡을 수도 없었다.

이에 이스라엘 탱크부대는 기계화 보병의 수행 없이 탱크로만 대형을 짜서 진격했다. 소위 '올—탱크 공격All-Tank Attacks'이다. 보병이 따라붙지 않은 것은 적의 대전차 보병에 대한 방어가 취약해질 수 있다는 약점 이외에도 적의 진지를 점령하고, 남은 적을 소탕하는 데에 필요한 인원이 모자란다는 문제점이 있었다. 하지만 탱크의 기동력을 최대로 살릴 수 있는 장점이 있었다. 기계화 보병의 수행이 없는 약점을 탱크 간의 협조 기동과 장거리 사격술로 메웠다. 즉 이스라엘군의 탱크 하나하나가 마치 각개 전투하는 보병처럼 서로 유기적인 관계를 유지하고 전진하며 적진을 유린했던 것이다. 당시 기갑군단장이었던 이스라엘 탈Israel Tal이라는 장군이 이 방법을 창안한 후, 혹독한 훈련을 통해 전차병들이 이에 숙달되도록 했다. 또한 장거리 포격술을 집중적으로 연마시켜 시야가 훤히 트여 있는 사막 지형에서 적 탱크는 물론 대전차포까지 격파시키도록 하여 대전차 보병에 대한 취약점을 해결했다.[6] 이렇듯 탱크의 기동력을 극대화시킨 것은 6일 전쟁에서 이스라엘군이 일주일도 채 안 되는 시간 안에 시나이 반도 전체를 점령하게 된 결정적 요인이 되었다. 전쟁이 끝난 후 세계의 군사전문가들 사이에서는 이스라엘의 이 '변형된 전격전'을 높게 평가하면서 향후의 전장에서 탱크로만 이루어진 진격대형이 많이 나타날 것이라고

6 Abraham Rabinovich, 『The Yom Kippur War: The Epic Encounter That Transformed the Middle East』, Schocken Books, 2004, p 34–35. 탈은 후에 이스라엘 기갑부대의 '대부'(Godfather)라 불린 사람으로서 탱크로서 모든 작전을 수행할 수 있다는 소위 '탱크의 만능성'(Totality of Tank)에 기초하여 이 전술을 개발했음.

예상하는 목소리가 높았다.

그로부터 몇 년이 흘렀다. 1973년 10월 6일 오후에 그간 절치부심하며 설욕의 칼날을 갈아온 아랍 국가들이 이번에는 선제공격으로 이스라엘로 쳐들어갔다. 바로 '욤 키푸르Yom Kippur 전쟁', 또는 '4차 중동전'이라고 불리는 전쟁이 발발한 것이다. 이날은 이스라엘의 종교적 휴일인 '욤 키푸르' 즉 '속죄의 날'이었다. 시리아 군 수뇌부는 이날에 많은 병사들이 병영을 떠나 있을 것이라 예상하고 공격을 개시한 것이다. 이집트는 서쪽에서, 시리아는 동쪽에서 동시에 공격해 들어가며 이스라엘군을 압박했다. 시나이 전선에서는 이집트군이 6일 전쟁 후 이스라엘군이 수에즈 운하 변을 따라 세운 높은 방벽을 기발한 방법으로 간단히 돌파하고 상륙했다.[7]

허를 찔렸지만 이스라엘군은 전열을 가다듬고 곧바로 반격에 나섰다. 6일 전쟁 당시 탱크로만 진격하는 전술로 큰 재미를 본 이스라엘군은 이번에도 이를 답습했다. 보병만으로 수에즈 운하를 도하한 직후여서 이집트군이 아직 탱크를 가져오지 못한 것을 발견한 이스라엘군은 자신만만했다.[8] 그때까지도 탱크전의 교리는 '탱크를 잡는 것은 탱크'라는 것이어서 탱크 없는 보병들의 방어진은 '별것 아닌' 것이었다. 이스라엘군은 상륙 후 바로 참호를 파고 진지를 구축한 이집트군을 상대로 보병 호위 없이 탱크부대로만 돌격을 감행했다. 이스라엘

---

7 이스라엘이 이집트군의 도하를 막을 목적으로 수에즈 운하 변을 따라 사막의 모래를 높게 쌓아 만든 방벽인 '바레브 라인'을 이집트군은 고압 물 펌프를 사용하여 간단하게 돌파함.

8 Spencer C. Tucker, 『*The Encyclopedia of the Arab-Israel Conflict*』, ABC-CLIO, 2008, p 31.

이스라엘 탈(위), 6일 전쟁 당시 진격하는 이스라엘 탱크부대(아래)

군도 이때쯤에는 충분한 수의 장갑차와 트럭을 확보하고 있었고 이에 탑승할 기계화 보병도 있었지만 군 수뇌부는 전번 전쟁에서 큰 성공을 거두었던 탱크 운용술에 매달려 이를 활용할 생각을 하지 못했다.[9] 이들 운송수단의 대부분은 예비군용 보관 물자로 돌려져 있었다.

하지만 이번에는 달랐다. 지난 전쟁에서 이스라엘의 올-탱크 공격 전술의 스피드와 화력에 놀라 변변한 대응도 못하고 철저히 당했던 이집트군은 이에 대한 방비를 확실히 하고 쳐들어왔다. 소련으로부터 RPG-7과 같은 대전차 로켓 등을 대량으로 사오는 것은 물론 당시로서는 최신식 무기였던 보병용 대전차 미사일인 AT-3 새거 Sagger[10]를 상당량 도입하여 병사들에게 그 조작법을 집중 훈련시켰다.[11] 상륙한 이집트 병사들 사이사이에는 대전차 로켓을 휴대한 병사나 대전차 미사일과 이를 운용하는 병사가 촘촘히 끼어 있었다.[12] 또 이들 중 상당수는 6일 전쟁을 치른 경험이 있어 이스라엘 탱크들이 보병의 호위 없이 진격해올 것을 예상하고 기다렸다.

이스라엘 탱크들이 나타나자 이집트 병사들의 일제 사격이 이루어

---

9 Edward G. Gibbons, Jr., 'Why Johnny Can't Dismount: The Decline of America's Mechanized Infantry Force', School of Advanced Military Studies, United States Army Command and General Staff College, 1995. 12, p 12. 개전 초기 그나마 있던 대부분의 기계화 보병과 운송장비들은 예비군으로 돌려져 있는 상태였음.

10 나토에서 붙여준 암호명, 소련의 원래 이름은 9M14M Matlyutka임.

11 Edward G. Gibbons, Jr., 'Why Johnny Can't Dismount: The Decline of America's Mechanized Infantry Force', School of Advanced Military Studies, United States Army Command and General Staff College, 1995. 12, p 13.

12 'The Yom Kippur War's 14th Armored Brigade is finally starting to get the recognition it deserves', 《The Jerusalem Post》, 2014. 9. 14. 이스라엘 정보부가 이집트 등의 대전차 미사일 도입 및 성능에 대한 첩보를 입수하여 군 수뇌부에 이를 알려주었으나 이들은 이를 과소평가해서 대비책 수립을 하지 않은 것은 물론 산하부대에 이를 알려주지 않아 일선 병사와 지휘관들은 개전 초 미사일의 존재 자체를 몰랐음.

졌다. 대전차 로켓과 대전차 미사일이 날아가자 폭발하는 이스라엘 탱크가 속출했다. 이 결과 전쟁 첫날인 10월 6일 이집트군의 선봉에 맞섰던 이스라엘군 제14기갑여단은 궤멸적인 손실을 입었다. 암논 레세프Amnon Reshef 대령이 지휘하는 이 여단은 개전 후 단 하루 동안의 교전으로 보유 중이던 56대의 탱크 중 42대를 잃었다.[13] 이런 식으로 개전 후 48시간 만에 이스라엘군은 시나이에 배치되었던 탱크 700여 대 중 3분의 1일 이상을 손실당하는 타격을 입었다. 원래 보병은 없어도 공군력의 충분한 지원을 받았던 이스라엘 탱크부대는 이번에는 공군력의 지원도 제대로 받지 못했다. 이집트군이 6일 전쟁의 교훈으로서 SA-6와 같은 차량이동식 대공 미사일과 함께 보병 한 명이 휴대할 수 있는 SA-7 같은 대공 미사일을 상당량 가지고 들어와 탱크부대를 지원하기 위해 날라 온 이스라엘 공군기를 많이 격추시켰기 때문이다. 이렇다 보니 이스라엘의 우방인 미국도 이런 피해에 크게 놀라 유럽에 배치 중이던 자국의 탱크 중 상당수를 소속을 표시하는 페인트도 지우지 못한 채 원조할 정도였다.

이에 이스라엘군은 뒤늦게 탱크의 운용 방식을 바꾸게 된다. 트럭과 장갑차에 탑승한 기계화 보병을 이용하기 시작한 것이다. 독일 전격전의 원형처럼 보병을 태운 장갑차나 트럭이 탱크부대를 수행하면서 이집트 대전차 보병의 매복이 의심되는 곳은 박격포로 사격한 후, 기계화 보병이 진격하여 대전차 무기 제거 확인 및 잔적 소탕을 하는 방식을 택한 것이다. 이때부터 이스라엘 탱크의 손실 대수가 크게 줄

---

13 'The Yom Kippur War's 14th Armored Brigade is finally starting to get the recognition it deserves', 《The Jerusalem Post》, 2014. 9. 14.

소련으로부터 들여온 AT-3 새거 미사일

어들었다.

　이스라엘군은 과거에 성공했던 탱크 운용술을 적의 철저한 준비와 대전차 미사일의 출현이란 상황 변화를 감안하지 않고 그대로 반복했던 것이다. 나중에 이를 변화시키기는 했지만 이미 국가의 존망이 위협될 만큼 장비와 병사들을 잃은 후였다.

기존 사업 모델에 안주하다 몰락한
세계 기업 코닥과 노키아

1880년 조지 이스트먼George Eastman에 의해 창립된 코닥Kodak은 1세기가 넘는 긴 세월 동안 사진산업의 명가로서 전 세계 시장을 리드했다. 이 회사는 혁신적인 기술로 쉽게 들고 다닐 수도 있고 사용도 편리한 필름 카메라를 개발하여, 1900년 2월 브라우니Brownie라는 카메라 모델을 단 1달러에 출시했다.[14] 이로써 상류층의 전유물이었던 카메라는 전 국민의 친숙한 소비재로 발돋움하며 '사진의 대중화 시대'가 도래했다. 당시 코닥의 광고 카피는 "버튼만 누르시면 나머지는 우리가 합니다(You press the button, we do the rest)"였다. 이처럼 코닥은 일단 저렴한 카메라로 시장점유율을 높인 다음, 카메라에 수반되는 필름, 인화지, 약품 등으로 수익성을 확보하는 전략을 지속적으로 추진하면서 사진산업 전반의 체인을 장악했다.

이후에도 코닥은 기술개발을 게을리하지 않고 1935년에는 '코다크롬KodaChrome'이라는 이름의 컬러필름을 내놓으며 컬러 사진의 대중화도 주도했다.[15] 이처럼 코닥은 시대를 주도하는 혁신적인 아이디

---

14 'List of Brownie Cameras', http://www.brownie-camera.com.
15 http://en.wikipedia.org/wiki/Color_photography에서 인용. 사실 컬러필름의 기술은 1800년대 말에 개발되어 주로 전문가들 사이에서 쓰이고 있었으나 아마추어, 가정용으로 대중화되기 시작한 것은 코닥의 이 제품군이 나오면서부터임.

어와 기술을 통해 사진산업의 독보적인 위치를 고수할 수 있었다. 마침내 1970년 후반에는 필름과 카메라 시장에서 코닥 제품의 시장점유율이 90퍼센트에 육박할 정도였다. 또한 1980년대 들어 일본의 후지필름Fujifilm이 맹추격을 했음에도 불구하고 과반이 훌쩍 넘는 시장점유율을 유지할 정도로 코닥의 아성은 견고했다.

그러나 영원할 것 같았던 코닥의 아성도 20세기 말부터 가속도가 붙기 시작한 '디지털 혁명'에 적절하게 대처하지 못해 점차 금이 가기 시작했다. 전 산업에 불어 닥친 디지털 혁명의 회오리 앞에 사진산업도 예외가 되지 못했다. 디지털 카메라는 필름 카메라를 빠르게 대체하기 시작한 것이다. 필름 사업을 주력으로 하는 코닥으로서는 큰 위기에 직면한 상황이었으나 이 회사의 대응은 늦었고 그 방향도 잘못되었다. 가장 큰 이유는 다름 아닌 과거 성공에 대한 '미련'이었다. 1990년대 초 디지털 시대로 빠르게 전환되는 시기에도 이 회사의 전략은 필름과의 공존이었다. 1990년 CEO로 취임한 케이 위트모어Kay Whitmore는 '포토CD'를 출시했다. 이는 필름으로 찍은 사진을 스캔한 후 CD에 저장하여 전용 플레이어를 통해 PC나 TV로 감상하고 인화지에 출력할 수도 있는 장치였다. 코닥은 스캐너 및 이미지 처리장치를 자사의 필름 현상소 망에 배치했다. 필름을 가지고 찾아온 소비자가 원한다면 필름을 사진으로 인화하지 않고 스캔만 해서 포토CD에 담아주었고 이런 식으로 소비자는 큰 비용 없이 디지털 사진을 즐길 수 있었다. 당시만 해도 디지털 카메라의 화질은 필름 카메라와 비교하여 한참 뒤쳐졌다. 반면 PC와 컬러TV는 널리 보급된 상태로 코닥의 입장에서는 디지털 시장과 필름 시장 모두를 석권할 수 있다고 생각했을 것이다. 하지만 디지털 카메라의 기술 발전은 상당히 빨랐고 경쟁자들이 코닥과 비슷한 스캐너를 훨씬 싼값에 출시하자 소비자들은 코닥의 이 제품을 외면했다.[16] 이로써 코닥의 디지털 시대에 대한 첫 대응은 실패로 돌아갔다.

그런데 코닥은 전 세계에서 제일 먼저 디지털 카메라를 개발한 회사였다. 1975년 이 회사의 엔지니어 스티븐 새슨Steven J. Sasson은 1만 화소의 디지털 카메라를 개발했다. 이는 개인용 컴퓨터가 널리 보급되기 이전으로 시대를 앞선 혁신적인 발명이었다. 아마도 투자와 연구를 집중하여 디지털 카메라를 생산하는 기업으로 변신했다면 코닥은 디지털 시대에도 사진산업의 최강자로 남아 있었을 것이다. 하지만 이 회사의 최고 경영진은 필름이 필요 없는 디지털 카메라를 주력 사업으로 채택할 경우 기존의 주력 사업인 필름 비즈니스를 포기해야 되는 자가당착에 빠지게 되는 문제를 극복하지 못했다. 아마도 디지털 카메라가 필름을 완전히 몰아낼 수도 있다는 극단적이지만 정확한 주장을 코닥이 받아들이기에는 당시 주도권을 쥐고 있는 필름 사업부의 입김이 너무 컸을 것이다.[17]

이후 디지털 카메라가 급속히 보급되면서 사진 시장의 주력제품으로 떠오르는 순간에도, 코닥은 일본 제품에 한참 못 미치는 구색 갖추기 정도의 디지털 카메라를 출시하는 데 그치며 급격한 쇠락의 길을 자초했다. 과거 '필름' 사업의 성공에 도취되어 급변하고 있는 주변 상황에 능동적으로 대처하지 못한 것이다. 마치 겨울에 눈밭에서 사

---

16 김종년 외, 『변신력』, 삼성경제연구소. 2012, p 197-199쪽.
17 김종년 외, 『변신력』, 삼성경제연구소. 2012, p 200-201쪽.

냥개들에게 갑자기 쫓긴 꿩이 날아가지 못하면 결국 눈 속에 머리를 처박고 최후를 맞는 것처럼 말이다.[18] 결국 디지털 혁명이 가속화되기 시작한 1990년대 초로부터 20여년이 지난 2012년 1월 19일, 131년의 역사를 자랑하던 이 회사는 파산 보호 신청과 함께 뉴욕증권거래소에서도 상장 폐지되는 신세로 전락했다.

코닥처럼 과거의 성공에 취해 급속한 쇠퇴의 길을 걷게 된 회사는 또 있다. 1865년에 핀란드의 노키아라는 작은 도시에서 제재소로 출발한 노키아Nokia는 이후 M&A를 통한 사업 다각화로 케이블, 타이어, 전자, 통신제조업 등의 폭넓은 사업을 영위하는 기업으로 성장했다. 1990년대 초 핀란드에서 GSM방식[19]의 최초 상용화를 통해 휴대전화 제조업체로서 부각되기 시작했다.

1992년에는 시티뱅크 출신의 요르마 올릴라Jorma Ollila가 CEO로 취임하며 휴대전화 사업을 핵심사업으로 선정하고 기존의 제지, 고무, 케이블 등의 사업을 정리했다. 그 후 세계적으로 이동전화 시장이 급속히 커짐에 따라 기술적으로 앞섰던 이 회사의 휴대전화의 판매가 급증하면서 마침내 1998년 모토롤라Motorola를 제치고 세계 1위의 휴대폰 기업으로 올라섰다. 매출은 이후에도 고성장을 거듭하며 2007년 말에는 세계 휴대전화시장의 40퍼센트 이상을 점유하게 되었

---

18 필자가 어릴 때 사냥꾼들에게서 들은 이야기임. 눈에 머리를 처박은 꿩은 사냥개가 보이지 않으므로 잠깐이나마 문제가 해결된 것으로 착각하고 마음의 안정을 찾다가 개에게 잡힌다는 것임. 이처럼 당시 코닥도 '내가 필름을 포기하지 않으면 시장도 필름을 버리지 않을 것이다'라는 착각에 빠진 것처럼 보임.
19 GSM(Global System for Mobile Communications)은 한때 전 세계에서 가장 널리 사용되었던 휴대폰 통신 시스템. 1980년대 유럽 내 여러 국가가 공통으로 개발한 기준으로서 노키아도 그 일원이었음.

다. 이는 당시 그 매출이 핀란드 국내총생산GDP의 약 25퍼센트에 해당하는 액수였다. 또한 핀란드 증시에서도 노키아의 시가총액이 모든 상장사 시가총액의 3분의 2 정도를 차지하는 등 압도적인 위상을 차지했다. 이 때문에 "노키아가 망하면 핀란드가 망한다"는 말까지 있을 정도였다.[20] 하지만 휴대전화 세계 1위의 기업으로 발돋움한 지 채 20년이 지나지 않아 스마트폰Smart Phone이 피처폰Feature Phone[21]을 밀어내고 시장의 주도권을 장악하기 시작한 순간부터 노키아는 무너지기 시작했다.

사실 노키아는 곧 불어닥칠 스마트폰 열풍을 정확히 인지하고 기민하게 움직였다. 올릴라는 취임 초기부터 통화기능 외에 별다른 기능이 없는 휴대전화가 2000년 즈음에는 수익성을 잃게 될 것이라고 정확하게 예측하고 연구개발에 적극적으로 투자했다. 1996년 노키아는 자사 최초의 스마트폰인 1996년 'Nokia 9000'를 출시한 후 파생 모델들을 지속적으로 출시했다. 그뿐만 아니라 애플Apple의 아이패드iPad가 나오기 한참 전인 1990년대 후반 무선 인터넷과 터치스크린이 탑재된 태블릿 컴퓨터까지 개발했다. 경쟁사들보다 훨씬 빠른 시장 진입에 따른 경쟁 우위로 초기 스마트폰 시장에서 높은 판매고를 기록했다. 실제로 아이폰iPhone이 출시되기 직전인 2006년 노키아의 스마트폰 판매대수는 3,900만 대를 기록했다.

2007년 6월 출시된 아이폰이 2010년이 되어서야 판매대수가

---

20 '[글로벌리더] M&A '먹잇감' 전락한 노키아…엘롭 CEO 부활 가능할까?' 《이투데이》, 2013. 6. 21.
21 피처폰(feature phone)이란 스마트폰 이전의 모든 기존 휴대전화를 가리키는 말임. 스마트폰이 가지고 있는 다양한 기능(feature)의 일부만을 구현할 수 있음.

코닥의 첫 디지털카메라(위), 노키아의 첫 스마트폰(아래)

3,900만 대를 넘어선 것을 보더라도 이 회사는 초기 스마트폰 시장에서 이렇듯 큰 활약을 보인 것이다. 하지만 애플이 아이폰이라는 공전의 히트상품을 출시하기 전까지 전 세계 스마트폰 시장의 규모는 기존의 피처폰 시장에 비해 매우 작은 편이었다. 노키아의 스마트폰은 일반소비자, 통신사, 애플리케이션 개발 등에 관련된 시장환경이 갖춰지기 전에 너무 일찍 출시된 것이었다.[22] 하지만 좀 더 인내심을 가지고 꾸준한 기술 투자와 스마트폰 체제로 변신을 시도했더라면 노키아는 여전히 스마트폰의 글로벌 리더로 군림하고 있었을 것이다.

그런데 노키아의 스마트폰이 한창 시장에 나오던 시기인 2004년, 모토로라는 'RAZR'라는 휴대폰 모델을 출시하며 세계적으로 큰 히트를 기록했다. 당시 이 제품은 스마트폰이 태동하기 전 마지막으로 세계적인 인기를 끌었던 피처폰이었다. 경쟁사의 선전으로 노키아의 투자자들은 "경쟁 회사가 기능이 별로 없는 휴대전화로 시장을 잠식하고 있는데 노키아가 하이엔드High End(최고급) 스마트폰에 집착한다"고 비난했다. 이런 와중에서 2006년 올릴라가 일선에서 물러나고 이 회사의 CFO였던 올리페카 칼라스부오Olli-Pekka Kallasvuo가 그의 뒤를 이어 CEO로 취임했다. 수익에 민감한 '재무쟁이'였던 그는 투자자들의 비판을 의식해서인지 피처폰 사업을 강화시키는 전략을 취했고, 이의 일환으로 스마트폰 사업부를 피처폰 사업부문으로 통합시키는 조치를 취했다.[23] 불행하게도 이는 당시에 매출 등 재무성과가 훨씬

22 '노키아 '선발자의 불이익' 당한 셈… 스마트폰 가장 먼저 만들고도 아이폰 좋은 일만 시켜줘', 《조선비즈》, 2012. 5. 19.
23 'Nokia's Bad Call on Smartphones', 《The Wall Street Journal》, 2012. 7. 19.

더 좋았던 피처폰 사업부의 목소리에 스마트폰 사업부가 눌리는 결과로 나타났다. 휴대폰 패러다임의 전환 시기에 피처폰 생산라인을 늘리며 구체제를 강화시키는 치명적인 전략적 오류를 범한 것이다.

또한 새 CEO 밑에서 노키아는 스마트폰 제조 방식도 피처폰 제조 시스템인 '플랫폼 전략'을 고수했다. '플랫폼 전략'은 휴대폰의 기본 뼈대를 유지하면서 부품, SW, 디자인을 조금씩 바꿈으로써 다양한 모델을 내놓는 방식이다. 이는 기능과 디자인이 조금씩 다른 여러 모델의 피처폰을 만드는 데 적합한 기술로서 '규모의 경제' 효과가 극대화되어 생산 단가를 낮추고 시장 트렌드 변화에 빠르게 대처할 수 있는 장점이 있다. 하지만 이는 주력 모델이 몇 개 되지 않는 스마트폰 시장에서는 어울리지 않았다. 스마트폰 시장은 기술 발전에 따라 급격하게 변화해야 하는데 플랫폼 전략은 빠른 기술 변화에 대응하기가 쉽지 않았다. 초기 애플의 약진에 대해 노키아가 늦게 대응한 것도 이 때문이라고 볼 수 있다.

노키아의 입장에서 더 뼈아픈 것은 스마트폰과 피처폰 사업부의 통합으로 소프트웨어의 개발 역시 더뎌질 수밖에 없었다는 점이다. 아이폰 출시 전 노키아는 자사의 스마트폰을 뒷받침할 만한 소프트웨어가 부족했었는데 이 문제를 해결할 타이밍을 놓친 것이다. 당시 노키아는 심비안Symbian이라는 자체 운용체계(OS: Operation System)를 사용하고 있었다. 하지만 이 회사는 이를 기반으로 스마트폰 시장이 형성되는 초기 애플리케이션 생태계 구축을 주도하지 못했다. 이에 반해 비슷한 시기 애플은 아이팟 터치를 통해 울창한 애플리케이션 생태계를 구축하고 있었다. 아이폰이 나오기 전부터 수많은 개발자들이 자유롭게 활동하며 혁신적인 애플리케이션을 쏟아내고 있었던 것이다. 하지만 노키아는 심비안을 애플처럼 소프트웨어 플랫폼으로 활성화시키는 노력을 충분히 기울이지 못했다. 이는 사업부 통합으로 회사 내에서 스마트폰 사업부가 힘을 잃었기 때문일 것이다. 결국 심비안은 애플의 iOS, 구글의 안드로이드Android처럼 OS시장을 장악하는 데 실패했고 애플리케이션 개발자들도 외면하는 운영체제로 전락했다.

그럼에도 불구하고 노키아는 뒤늦게 추격에 나서면서 스마트폰 라인업을 확대할 때에도 심비안을 고집했다. 하지만 이미 전 세계 스마트폰 사용자가 안드로이드 혹은 iOS에 익숙해진 상태였기 때문에 소비자들에게 외면받았다. 이것은 이후에도 노키아가 경쟁사들을 따라잡을 수 없었던 주요 원인 중 하나가 되었다. 결국 이 회사는 2011년 2월 뒤늦게서야 심비안을 포기하고 윈도우를 채택하겠다고 발표했으나 시장의 반응은 냉담했다. 노키아가 전략적인 오류를 범하면서 고전하는 동안 애플과 삼성은 글로벌 스마트폰 시장을 장악했다. 그 결과 1998년 이래로 14년간 세계 휴대전화업계 1위 자리를 유지하며 한때 3,030억 달러 수준의 천문학적인 시가총액 규모를 자랑하던 거대 기업은 2013년 9월 휴대전화 사업 부분을 마이크로소프트에 단 72억 달러(약 7조 9,092억 원)에 매각하는 신세가 되었다.

코닥과 노키아의 사례는 모두 '과거의 성공에 대한 미련'이 시장 대응에 필요한 변신을 가로막은 경우이다. 두 기업 다 디지털 카메라나 스마트폰 등 혁신적인 제품을 경쟁기업보다 빨리 개발하고도, 기존의 성공공식에서 탈피하는 '자기부정'을 하지 못했고, 이것이 두 기업의 몰락 또는 몰락에 가까운 쇠퇴로 이어진 것이다.

06
•

전략의 성격에 따라
그에 맞는 사람을 기용하라

•

『손자병법』의 구변九變편에는 '장수가 경계해야 할 다섯 가지 위태로움'이 언급되고 있다.[1] 하지만 이는 사실상 장수의 다섯 가지 성향을 언급하는 듯하다. '필사(必死: 만용을 가진 장수)', '필생(必生: 나만 살겠다는 비겁한 장수)', '분속(忿速: 화를 잘 내고 성급한 장수)', '청렴(淸廉: 너무 깨끗하게 정도를 추구하는 장수)', '애민(愛民: 너무 인정이 많아 부하들을 내몰지 못하는 장수)'이 바로 그것이다. 전쟁의 상황에 따라 이들 유형의 장수 중 가장 맞는 사람이 있을 것이다. 예를 들어 적에 대한 강한 공격이 필요할 때에는 '필사'형을, 민과 군이 똘똘 뭉쳐 성을 방어할 때에는 '애민'형 장수가 필요할 것이다.

기업의 전략 수립 단계에서도 수립된 전략을 누가 실행할지를 염두에 둘 필요가 있다. 예를 들어 공격적인 전략을 지나치게 신중한 리더에 맡기면 전략 수행

---

1 손자, 김원중 역, 『손자병법』, 글항아리, 2011, 214쪽.

의 진도가 전혀 안 나갈 가능성이 크며, 마켓셰어 등을 지키는 전략을 공격적인 리더에게 맡기면 전략의 목적인 수비 자체가 아예 안 될 가능성도 있다. 그러므로 기업전략 수립 시에는 이후 누가 그 전략을 수행할 것인지를 기획안企劃案에서부터 정할 필요가 있다. 다음은 전쟁이나 기업 현장에서 상황이 맞지 않는 리더 선정으로 조직 전체가 큰 피해를 입은 사례이다.

결정적인 승리와 패배를
모두 주도한 몽고메리 장군

제2차 세계대전 중 미국의 대표적인 장군인 아이젠하워Eisenhower나 맥 아더MacArthur, 패튼Patton처럼 영국을 대표할 만한 명장이라고 하면 버나드 L. 몽고메리Bernard L. Montgomery를 들 수 있다. 그는 제1차 세계대전에서 전공을 세워 훈장을 받았고 종전 후 제2차 세계대전이 터지기 전까지 군 경력을 차근차근 쌓아 올려 소장의 계급을 달고 두 번째 세계대전을 맞았다. 그는 개전 초 벨지움에 주둔하는 영국군 제3사단의 지휘를 맡아 독일의 맹렬한 침공으로 연합군이 '됭 케르크Dunkirk(영어 이름은 던커크)'까지 몰리자 사단을 잘 지휘해서 질서 있는 후퇴에 성공했고 이 결과 이 사단은 전투력을 거의 완벽하게 보존하여 훗날을 기약할 수 있었다. 하지만 그는 성격이 곧고 말도 직설적이어서 상관들과 그리 좋은 관계를 유지하지는 못했다. 이 때문에 영국으로 철수해서는 후방 부대 지휘 등 한직으로 밀려 전전했으나 그는 항상 장교를 포함한 휘하 부대원들을 혹독하게 훈련시키며 언제라도 전투가 가능한 상태로 유지하려 애를 썼다. 그러나 부대원들과의 끊임없는 스킨십을 통해 사기 진작에 노력하여 그에 대한 병사들의 신뢰와 인기

는 높았다.[2]

그러던 중 그에게도 다시 실전에서 능력을 증명할 기회가 왔다. 1942년 아프리카에서도 독일의 위세는 지속되고 있었다. '사막의 여우'라는 별명이 붙을 정도로 탁월한 작전을 구사한 에르빈 롬멜Erwin Rommel 장군 휘하의 아프리카 전차군단Panzerarmee Afrika은 영국군을 연파하여 아프리카 대륙의 한 구석으로 몰고 있었다. 리비아에서 영국군을 쫓아낸 후 이제는 영국군이 장악한 이집트 카이로에서 불과 200km 정도밖에 떨어져 있지 않은 엘 알라메인El Alamein까지 쇄도해 들어왔다. 영국 입장에서는 만약 이대로 이집트가 독일의 수중에 떨어지고 나아가 수에즈 운하까지 점령당한다면 인도, 아시아 등으로부터 영국으로 가는 군수물자의 수송이 어려워지고 독일은 중동으로부터 전쟁 수행에 필요한 기름을 무한대로 갖다 쓸 수 있게 되는 것이었다.[3]

당시 아프리카에 있는 영국군을 총지휘한 클로드 오킨렉Claude Auchinleck 대장은 1942년 7월 엘 알라메인에서 독일군의 공세를 일단 저지하는 데에 성공했다. 그러나 그의 군대는 탈진해 있었고 병사들의 사기는 땅에 떨어져 있었다. 특히 장교, 병사 모두 연전연패의 영향으로 롬멜이라는 이름 자체를 두려워하는 상태였다. 이런 상황에서 롬멜의 군대가 재차 쳐들어오면 이를 다시 막아낼 수 있을지가 의문시되었다. 그런데 이 무렵 영국의 처칠 수상은 불리하게 돌아가는

---

2 http://en.wikipedia.org/wiki/Bernard_Montgomery,_1st_Viscount_Montgomery_of_Alamein.

3 http://www.historylearningsite.co.uk/battle_of_el_alamein.htm.

138

전선을 지휘 중인 롬멜 장군

전황 때문에 의회에서 불신임을 받을 가능성에 직면해 있었다. 이 때문에 승리에 목말라하던 그는 1942년 8월 아프리카 전선을 시찰하고 나서 롬멜과의 싸움에서 계속 밀려 지쳐버린 오킨렉 대장을 전격 교체했다. 이 후임으로 몽고메리가 선택된 것이다.[4]

이 결정으로 제8군의 지휘를 맡게 된 몽고메리는 부임하자마자 전선이 제1차 세계대전의 참호전처럼 적군과 아군 모두 참호를 깊게 파고 일진일퇴하는 교착 상태에 빠진 것을 발견했다. 그는 이 교착 상태를 뚫고 반격에 나설 채비에 나섰다. 그는 무엇보다도 먼저 특유의 스킨십으로 장교와 병사들의 사기를 높이는 데 주력했다. 예를 들어 제일 먼저 그는 이미 작성되어 있었던 후퇴 작전 계획을 모두 폐기했다. 또한 그는 저격의 위협을 무릅쓰고 최전선에 자주 나타나 병사들을 격려하고 직접 담배를 나누어 주곤 했다.[5] 또한 그는 향후 반격에 대비해 전력을 비축하는 한편, 적이 공격할 때마다 강한 수비로 적의 힘을 쑥 빼놓는 것이 필요하다고 판단했다. 이를 위해 그는 자기 진영의 수비 및 반격을 위한 전력을 강화시키기 위해 적의 공격 가능성까지 고려한 정교한 계획을 수립하여 실행에 옮겼다.

이에 따라 그의 군대는 계속 본국 정부에 조르고 졸라 받은 탄약, 식량 등 보급품을 계속 비축해갔으며 병력의 수를 늘려갔다.[6] 영국의 강한 해군력이 지중해를 장악하고 있었고 수에즈 운하도 영국의 수

---

4 http://www.historylearningsite.co.uk/battle_of_el_alamein.htm.
5 http://en.wikipedia.org/wiki/Bernard_Montgomery,_1st_Viscount_Montgomery_of_Alamein.
6 I.S.O. Playfair, 『*The Mediterranean and Middle East: Vol*』, Naval & Military Press Ltd, 2004.

중에 있어 이런 병력과 보급품은 별 어려움 없이 착착 그의 진영으로 들어왔다. 그는 여기에다 병사들의 전투력이 질병에 의해 감소되지 않도록 야전 화장실 관리 등 위생관리에도 힘썼다. 만성적인 물 부족으로 식수의 질이 나쁜 북아프리카에서 이질 같은 수인성 전염병이 병사들의 전투력을 심하게 갉아먹는 것을 잘 알았기 때문이다.

과연 그의 예상과 계획대로 독일군은 몇 차례 대공세에 나섰다가 몽고메리군의 강한 저항에 걸려들어 점점 힘이 빠져갔다. 하지만 공격을 물리칠 뿐 몽고메리는 적을 추격하여 반격하는 것은 철저히 자제했다. 자신이 추진한 전력 강화가 아프리카 전차군단이라는 강한 적을 몰아세울 정도로 충분히 이루어지지 않았다고 판단했기 때문이다.

그해 10월 말 철저한 준비를 마쳤다고 판단한 몽고메리는 10월 23일에 독일군에 대한 대공세에 나섰다. 그의 휘하에는 이미 20만 명이 넘는 병력과 1,000대가 넘는 탱크가 있었다. 이런 전력은 수치상으로도 이미 롬멜군이 가진 병력 11만 명, 탱크 500여 대의 두 배에 해당하는 것이었다. 그런데 내용상으로는 더 압도적이었다. 몽고메리군이 가진 탱크 전력에는 미국이 새로 공급해준 신형 탱크인 M4 셔먼Sherman이 300대가량 있었다. 이 탱크는 당시 독일 아프리카 전차군단이 가진 모든 탱크보다도 화력과 성능이 우수했다. 이에 반해 아프리카 전차군단의 탱크 전력은 그 상당수가 성능이 떨어지는 구형전차나 이탈리아제 전차였다. 또한 제해권을 장악하지 못해 지중해를 통해 오는 수송선단도 영국해군에게 속속 격침되어감에 따라 당시 아프리카 전차군단의 보급 상황은 갈수록 나빠졌다. 탄약, 식량 등이 턱없이 부족한 가운데 연료도 떨어져가고 있었다. 더구나 신선한 식수를 구하지 못한 병사들이 대거 수인성 질병에 걸려 사실상 문제없이 작전할 수 있는 병력은 총 병사 숫자보다 훨씬 적었다. 당연히 병사들의 사기도 예전에 비해서는 크게 떨어진 상태였다.[7]

이런 상황에서 몽고메리의 제8군이 대공세에 나서자 아프리카 전차군단은 큰 타격을 입고 패주하기 시작했다. 그때 마침 수술을 받으러 베를린에 가 있던 롬멜이 10월 25일 급거 전선으로 복귀했지만 상황을 되돌릴 수는 없었다. 아프리카 전차군단은 그때부터 패배를 거듭하다가 마침내 이듬해인 1943년 3월 튀니지아에서 항복하고 이로써 독일은 아프리카에서 완전히 패퇴당했다. 이 전투를 시작으로 제2차 세계대전에서 연합군은 결정적인 승기를 잡기 시작했다. 처칠은 "엘 알라메인 전에는 우리는 승리를 한 번도 가진 적이 없었다. 엘 알라메인 이후에는 우리는 단 한 번의 패배도 가진 적이 없었다"라고 말할 정도였다.[8] 이 전공으로 몽고메리는 독일 최고의 명장을 물리친 영웅이라고 칭송받았다. 그는 이후에도 이탈리아 상륙작전을 짜고 주도하는 등 화려한 전공을 쌓아 가면서 1944년 6월 감행된 연합군의 노르망디 상륙작전을 입안했다.

그런데 노르망디 상륙작전 이후 연합군의 지상군 총사령관의 지위는 미국의 아이젠하워 대장에게 맡겨졌다. 노르망디에 상륙한 연합군 10개 사단 중 5개 사단이 미군이었고 다음해인 1945년에는 총 85개 사단 중 72개 사단이 미군일 정도로 갈수록 연합군 내에서 미

---

7 http://www.historylearningsite.co.uk/battle_of_el_alamein.htm.
8 http://en.wikipedia.org/wiki/Second_Battle_of_El_Alamein.

엘 알라메인 전투 승리 후, 윈스턴 처칠과 버나드 몽고메리

군의 비중이 커졌기 때문이다. 노르망디 상륙작전 이전에도 직설적인 언행 등으로 아이젠하워와 갈등 관계였던 몽고메리는 자존심이 상했지만 아이젠하워의 명령을 받을 수밖에 없었다.

그런데 노르망디 상륙작전 이후 단숨에 파리까지 점령했던 연합군의 공격 속도가 벨지움에 다다르자 현저히 지체되기 시작했다. 프랑스 내 대부분의 항구는 연합군이 폭격하고, 후퇴한 독일군들이 파괴한 상태였기 때문에, 연합군은 원래 상륙지점인 노르망디 해안과 부근의 쉘부르Cherbourg 항을 통해서만 보급을 받을 수 있었다. 하지만 연합군이 진격해 나감에 따라 주력부대가 이들 지점으로부터 갈수록 멀어지면서 보급선이 길어지고, 독일군점령 당시 레지스탕스(프랑스 저항군)가 철도망을 철저히 파괴한 결과 기차 수송도 여의치 않게 되어 일선 부대 보급에 문제가 생겼기 때문이었다. 이렇듯 독일 본토 공격을 앞두고 답보 상태에 빠지자 그해 9월 몽고메리는 아이젠하워를 설득하여 독일 본토로 곧바로 진격할 수 있는 작전 수립에 나섰다. 이 작전의 요체는 영국군이 공격의 선봉에 서고 미군은 보조자 역할을 하는 것이었다. 몽고메리는 이 작전이 성공할 경우 그해 크리스마스 전까지 전쟁을 끝낼 수 있다고 주장했다. 또한 그는 아마도 아이젠하워 및 미군에게 크게 체면을 차리면서 최후의 승리까지 연합군 내에서 영국군이 미군 못지않은 주도권을 쥘 수 있다는 점을 염두에 두었을 것이다. 이것이 바로 마켓 가든 작전Operation Market Garden이었다.

작전 주된 내용은 이랬다. 네덜란드 내의 독일로 향하는 좁은 도로(Highway 69)를 먼저 공수부대를 통해 장악하고 이를 통해 주력군인 영국 30군단이 탱크를 앞세우고 네덜란드 내의 항구를 확보해 연합군의 새 보급항을 확보하며 독일 산업의 심장인 루르Ruhr로 진격해 들어간다는 것이었다. 이 모든 작전은 3일 이내에 끝낸다는 계획이 세워졌다.

그러나 이 작전은 입안 단계부터 무리가 많은 작전이었다. 이 도로에는 7개의 다리가 있었는데 주력부대의 진격을 위해서는 이 다리들을 적이 파괴하지 못하도록 확보하는 것이 공수부대의 주 임무가 될 수밖에 없었다. 그리고 이 공수부대의 특성상 야포 등 중화기를 휴대할 수 없어 적의 탱크부대가 나타나면 전멸당할 수 있었다. 또한 100km에 달하는 이 도로는 매우 좁아 탱크 하나만 파괴되거나 고장이 나서 서버리면 모든 대열의 행진이 멈추고 이럴 경우 시간이 크게 지체될 수밖에 없었다. 이들 다리 중 하나라도 적이 파괴하거나 아군 공수부대가 확보하지 못할 경우도 마찬가지였다. 몽고메리는 이 모든 가능성을 가벼이 여겼다. 심지어 독일로 넘어가는 아른헴Arnhem 다리 근처에 탱크부대가 있다는 정찰기의 보고도 그럴 리 없다며 무시했다. 그는 독일 본토 방어를 위해 모든 탱크가 독일로 가 있을 것이라고 판단했다.[9]

9월 17일 일요일 오전에 영국 및 미국의 공수부대 병력 3만 5,000천 명이 수송기와 글라이더에 실려 작전 지역에 투입되었다. 이에 맞추어 그날 오후 영국군 30군단도 네덜란드로 진격을 개시했다. 작전 첫날 영국군 제1공수사단이 독일로 가는 아른헴 다리 입구를

---

9 http://en.wikipedia.org/wiki/Operation_Market_Garden.

확보하는 등 다른 공수 부대들도 대체적으로 다리 확보에 성공하는 듯 보였다. 그런데 미군 공수부대(제101공수사단)이 확보하기로 한 다리는 미국이 장악하기 전 독일군이 폭파했고 다른 미군 공수부대(제82공수사단)가 목표로 한 다리는 독일군의 강력한 저항에 부딪쳐 장악에 실패했다. 주공격 세력인 영국군 30군단은 진격 도중 독일군의 강력한 저항으로 선두전차가 파괴되어, 오도 가도 못하는 상황을 만나 계획보다 진격 속도가 현저히 떨어졌다. 게다가 파괴된 다리를 만나면 부교 등으로 임시 다리를 만들어 진격하다 보니 진격은 더더욱 늦어졌다. 그런 상태에서 아른헴 다리 입구를 지키던 영국군 제1공수사단의 제2대대(지휘관 존 프로스트John Frost 중령)에 독일군 탱크부대(10 친위대 기갑사단)이 들이닥쳤다. 탱크부대의 강력한 공격으로 이 대대가 무너진 데 이어 그 후방에 있던 제1공수사단도 궤멸 위기에 몰렸으나 이들이 합류하기로 한 영국군 30군단은 예정보다 훨씬 늦게 진격 중이어서 도움을 받을 수 없었다. 결국 제1공수사단과 이들을 돕기 위해 증파된 폴란드 공수여단의 남은 병력들은 9월 25일 새벽 6시에 부상병을 남겨 놓고 철수하기 시작했다. 이로서 결국 이 작전은 대실패로 마감했다. 연합군은 1만 7,000명이 전사했고, 특히 1만 명의 병력으로 투입되었던 영국군 제1공수사단은 7,842명이 전사해 80퍼센트 가량의 손실률을 기록했다.

아프리카 전선에서 뛰어난 전과를 올리던 몽고메리는 왜 이와 같이 무모한 작전을 감행하여 대실패를 보게 되었을까? 그는 본인이 직접 전선을 확인할 수 있고 적의 공격로 등 전황의 전개를 예상할 수 있는 수비전에서 발군의 실력을 보여준 수비형 장군이었다. 보급품

마켓 가든 작전 당시 강하 중인 미 해병대

및 무기의 확보 등 철저한 준비에다 치밀한 반격 계획까지 흠 잡을 데 없는 리더였다. 이런 사람이 공격에 투입되자 상황이 달라졌다. 본인이 직접 전장을 볼 수 없는 상황에서 막연한 가정에 기초하여 수비전에나 알맞을 너무 정교한 계획을 세우고 밀고 나간 것이다. 공격전에 임하는 지휘관은 예상보다 훨씬 강한 적의 저항 등 시시각각의 전황 변화에 따라 작전 계획도 몇 단계의 백업 플랜을 가지고 있거나 유연하게 즉시 대응할 수 있는 순발력을 갖추어야 된다. 그러나 몽고메리의 작전 계획은 이런 백업 플랜도 없었고, 탱크부대의 존재 등 자신의 전략 목표 달성에 차질을 줄 정보는 과소평가하거나 아예 무시했다. 아마도 그때까지의 성공에 취해 과잉 자신감에 사로잡힌 상태에서 미군과의 관계에서 상처받은 자존심까지 가세하여 이런 무모한 작전을 이끌었다고도 할 수 있다. 그러나 그를 위한 이런 변명이 그가 공격전에 알맞은 리더가 아니었다는 결론을 쉽게 바꿀 수는 없어 보인다.

그의 패배로 영국군의 체면도 크게 떨어졌고 종전까지 미군이 전쟁을 주도하는 양상은 갈수록 더 심화되었다. 그리고 아마도 이 패배는 정치적으로도 전후 세계 질서도 완벽하게 미국이 주도하는 상황을 만드는 데 큰 기여를 했을 것이다. 만약 처칠이 이 단계에서 공격전에 맞는 다른 장군을 기용했더라면 전후 영국의 목소리가 훨씬 커지는 등 전후 국제정치의 판도는 크게 바뀌었을지도 모른다.

크라이슬러 회생과 위기의 배후에 선 아이어코카

1970년대 말 미국 자동차 업계의 빅 쓰리Big 3 중 하나인 크라이슬러 Chrysler사는 심각한 위기에 빠져 있었다. 이 회사는 창사 이래 타사보다 뛰어난 기계적 성능을 소비자들에게 어필하며 닷지Dodge, 플리머스Plymouth, 크라이슬러의 3개 사업부 이름으로 다양한 차종을 팔아 왔다.[10] 그러나 1970년 들어 이런 강점이 무디어진 데다 디자인도 너무 혁신적인 것을 추구한 나머지 소비자들의 외면을 받아 어려움에 빠지기 시작했다. 1970년대 말에는 닷지 아스펜Aspen, 플리머스 볼라레Volare의 두 차종이 제품 불량으로 대량의 리콜을 당해 큰 손실을 입고 파산 직전의 지경까지 몰린 것이다. 이런 와중에 1978년 외부에서 새로운 CEO가 부임했다. 포드Ford사에서 공전의 히트를 쳤던 머스탱 개발을 총괄하는 등 탄탄한 경력을 쌓아 사장의 자리까지 올라간 리 아이어코카Lee lacocca가 구원투수로서 영입되어 온 것이다. 그는 창업자의 손자인 헨리 포드 2세Henry Ford II와의 충돌로 포드 사에서 막 해임당한 상태였다.

그는 1979년 의회를 설득하여 파산 지경에 다다른 크라이슬러의

---

10 http://scripophily.net/chrycor.html.

부채 15억 달러를 미국 정부가 보증토록 하는 데 성공했다. 크라이슬러가 망할 경우 수많은 일자리가 날아가 버릴 것이라고 의회를 압박해서 이루어낸 성과이나 이는 전례가 없던 일이어서 미국 내에서 많은 비판에 직면했었다.[11] 의회의 도움으로 시간을 번 그는 대량의 인력 구조조정을 단행하고 손실이 커지는 유럽 사업을 접는 한편, 자사 제품에 대한 소비자들의 실추된 신뢰를 회복시키고 판매 제품의 수익성을 회복시킬 방안을 실천에 옮겼다. 마침 당시는 제2차 석유파동이 닥쳐 연비가 좋은 차종에 대한 수요가 높았던 시기였다. 이는 아이어코카가 부임한 첫해 크라이슬러가 출시한 두 소형차종인 닷지 옴니Omni 및 플리머스 호라이즌Horizon이 큰 성공을 거둔 것이 바로 그 증거였다. 이 모델들은 크라이슬러 유럽사업부가 개발한 것으로서 미국 최초로 전륜구동 방식(앞바퀴 굴림 방식)을 택해 연비가 뛰어났다. 이런 상황에서 아이어코카가 택한 제품 전략은 기본적으로 연비가 뛰어난 신차 개발을 통해 소비자들의 수요를 충족시키면서도 생산 비용은 크게 줄이자는 것이었다.

1981년 크라이슬러는 통칭 K-카K-Car라고 불리는 신차종들을 출시했다. 닷지 에어리스Aries와 플리머스 릴라이언트Reliant 등이었다. 이를 필두로 크라이슬러는 이후 외관을 조금씩 차별화한 여러 차종의 승용차를 내놓았다. 이는 한 개의 차대(Platform)를 이용하여 여러 차종을 생산하는 것이었다. 이를 통해 소비자의 다양한 기호를 맞추되 생산비와 가격을 크게 낮출 수 있었다. 또한 이들 차종은 준중형

---

11 James K., 'The Chrysler Bail-Out Bust', http://www.heritage.org/research/reports/1983/07/the-chrysler-bail-out-bust, 1983. 7. 13.

미니밴 출시 기자회견을 하는 리 아이어코카

급으로서 전륜구동 방식을 택해 연비가 모두 뛰어났다.

이 '공통 플랫폼' 방식은 사실 아이어코카가 포드 사장 시절 포드 2세에게 제안했다가 퇴짜를 맞았던 것을 되살려서 발전시킨 것이었다.[12] 시장의 반응은 뜨거웠다. 이 K-카들은 날개 돋친 듯 팔렸고 크라이슬러의 재무상황은 곧바로 안정을 찾기 시작했다. 한 걸음 더 나아가 1983년에는 이 차대를 기초로 밴Van(승합차) 모델을 만들었다. 바로 미니밴Minivan의 탄생이다. 닷지 캐러번Caravan, 플리머스 보이저 Voyager라는 모델명을 달고 나온 이 소형 밴들은 미국 내에서는 최초였다. 그때까지 미국에는 한국의 봉고와 비슷한 크기의 미니밴과 같은 차종은 없었으며 크라이슬러는 이를 통해 아예 시장을 새로 만드는 성과를 달성했다. 이 미니밴도 판매 돌풍을 일으키며 이 K-카 패밀리의 판매는 매년 26만 대에서 36만 대에 달했고, 그 덕에 크라이슬러는 재무 위기에서 완전히 벗어나는 기반을 마련했다.

그는 이 크라이슬러의 턴어라운드Turnaround(회생) 기간 동안 쇼맨십도 잘 발휘해서 TV 광고에도 자주 나오곤 했다. 예를 들어 "만약 저희 차보다 나은 차를 발견하신다면 그걸 사세요(If you can find a better car, buy it)"라는 광고 카피를 자신 있게 외치며 소비자들의 신뢰를 쌓아가는 데 성공했다.[13]

그런데 1980년대 후반 크라이슬러가 회생에 성공해 이제는 본격적으로 성장의 궤도로 들어서야 할 시점에 달했을 때 아이어코카의 리더십이 성장을 저해하는 요인으로 작용하기 시작했다. 회사를 회생

---

12 http://en.wikipedia.org/wiki/Lee_Iacocca.
13 http://en.wikipedia.org/wiki/Lee_Iacocca.

시켜 미국 제조업의 아이콘으로 등장하게 된 그는 미국 내에서도 스타와 같은 인기를 얻었고 회사 안에서도 절대적인 카리스마를 확보하게 되었다. 이 무렵 그는 '자유의 여신상' 복원 위원장을 맡는 등 대외활동도 활발히 하면서 회사 내부에서는 자동차의 디자인까지 직접 챙기는 등 회사 경영 전반에 깊숙이 관여하고 있었다. 회사 내에서 그의 지시는 곧 법처럼 통했다. 문제는 그가 자신감이 점점 높아질수록 아랫사람들의 이야기를 듣지 않고 독선의 길로 나아갔다는 것이다.

그는 회사가 정상화되면서 보유 현금이 쌓여 가자 회사 덩치를 키우기 위해 이를 이용해 의욕적으로 기업 인수에 나섰다. M&A의 대상기업 리스트에는 8억 달러에 사들인 미국 내 4위 자동차 업체인 AMCAmerican Motors Corporation나 이탈리아 스포츠카 메이커 람보르기니Lamborghini 등 자동차 업체들도 있었다. 그러나 걸프스트림Gulfstream이라는 자가용 제트기 메이커를 위시하여 렌트카 회사, 금융회사 등 자동차 제조업과는 직접적인 관련이 없는 회사들이 많았다. 소위 비관련 다각화를 추진한 것이다. 당연히 이는 신차 개발에 투입되어야 할 재원이 모자라게 되는 결과로 이어져 자동차 제조업체로서 크라이슬러의 핵심 역량이 경쟁사들에 비해 떨어지게 만드는 결정적 요인으로 작용했다.[14]

설상가상으로 아이어코카의 독선이 신차 개발에서도 적용되면서 신차의 경쟁력은 더 떨어지게 되었다. 그 무렵 크라이슬러는 공전의 히트작인 K-카의 후속 플랫폼(차대)을 개발하고 이를 공유하는 자동

---

14 http://www.encyclopedia.com/topic/Lee_A._Iacocca.aspx.

차 모델들을 디자인하고 있었다. 이것이 바로 C-카이다. 그러나 완전히 새로운 차대를 개발하기에는 재원이 부족해 기존의 K-카 차대를 연장하는 형태에서 그쳐 근본적으로 경쟁력이 떨어졌다.

그런데 그 당시 자동차 시장의 메인 트렌드는 '에어로다이내믹Aerodynamic' 즉 '공기역학'이었다. 1986년 포드사는 공기역학을 반영하여 혁신적인 디자인의 신차를 출시했다. 포드 토러스Ford Taurus, 머큐리 세이블Mercury Sable이라는 이 중형차 모델들은 연비나 성능 이외에 디자인 자체만으로도 소비자들 사이에 폭발적인 인기를 얻었다. 이 차종들의 성공으로 포드는 1930년대 이후 최초로 이익 면에서 GM을 앞서는 성과도 거두었다. 이에 자극받은 GM도 공기역학을 반영한 신차들을 속속 내놓았다. 하지만 크라이슬러는 이런 경향과 반대로 나갔다. 아이어코카 때문이었다. 그는 신차 디자인에 개입하며 신모델들을 '각이 진' 형태로 만들게 했으며, 당시 경쟁사들이 공기역학적인 이유로 크롬을 이용한 은색 장식을 최소화하고 있을 때는 그는 "나는 더 많은 크롬을 원해(I want more chromes)"라고 말하면서 크롬을 많이 써서 차의 외양을 더 화려하게 만들도록 지시했다.[15] 회사에서는 그의 말이 법이 되어 버린 터라 디자이너들은 순종할 수밖에 없었고 이렇게 나온 모델들이 닷지 다이내스티Dynasty, 크라이슬러 뉴요커New Yorker와 피프스애비뉴Fifth Avenue, 그리고 크라이슬러 임페리얼Imperial이다.[16]

그러나 1988년 발매된 이 차종들은 소비자들의 외면을 받아 이 회

---

15 http://hotrod205.wordpress.com/2008/01/07/1988-93-dodge-dynasty.
16 http://en.wikipedia.org/wiki/Dodge_Dynasty.

사의 재무상태는 다시 곤경으로 치달았다. AMC를 인수하면서 따라온 지프Jeep 차종과 전통적으로 인기가 좋았던 미니밴은 인기를 유지하고 있었으나 새로운 주력차종인 C-카 모델들은 대폭의 할인이 아니면 잘 팔리지 않아 회사의 수익성을 갉아먹었기 때문이다. 1984년 24억 달러의 순이익을 자랑하던 크라이슬러사는 이후 순이익이 계속 떨어지더니 1989년 4/4분기에는 6억 6,000억 달러의 손실을 내기 시작하여 1991년에는 7억 9,500만 달러의 순손실을 기록했다. 언론에서는 크라이슬러가 1970년대 말의 존립 위기 당시로 되돌아가서 결국 파산할 수도 있다고 언급하기 시작했다. 그해 걸프전의 여파로 미국의 경기가 크게 나빠진 탓도 있지만 주력 차종의 경쟁력이 모자란 것이 더 근본적인 원인이었다.

아이어코카는 1991년 말인 임기를 마치고도 회사에 더 남겠다고 공언했으나 나빠진 실적 탓에 이사회의 압력으로 1992년을 끝으로 은퇴의 길로 가게 되었다. 만약 크라이슬러가 1980년대 후반 아이어코카라는 수비에 능한 리더 대신에 성장기에 맞는 새로운 리더를 택했더라면 1980년대 말 1990년 초의 위기는 맞지 않았을 것이다.

07

최악의 상황을 버틸 수 있는
나의 리소스 한계를 고려하라

『손자병법』의 작전作戰편에서는 전쟁에 들어가는 비용을 충분히 고려하여 전쟁을 시작하라는 말이 나온다.[1] 그런데 전쟁의 기간이 생각보다 길어지거나 적의 항전 의지가 예상보다 커서 당초 추산한 금액보다 훨씬 많은 비용이 들어갈 경우에는 그 나라는 큰 위기에 처하게 된다.

기업에서 전략을 수립할 시에 입안자들이 저지르기 쉬운 잘못이나 실수 중 하나가 바로 낙관적인 시나리오에 입각해서 전략 실행에 소요될 최대 자원의 양을 과소 책정하는 것이다. 특히 CEO가 특정 전략 방향에 대한 관심이나 의지가 클 경우 관련 전략을 수립하는 실무자들은 CEO의 비위를 맞추려 이런 잘못을 범하기가 더욱 쉽다. 이런 전략이 그대로 실행되고 나서 예상보다 나쁜 상황이 전개되어 당초 계획보다 훨씬 많은 비용이 소요될 경우 회사는 존망의 위기까지

---

1 손자, 김원중 역, 『손자병법』, 글항아리, 2011, 70쪽.

몰릴 수 있다.

다음의 전쟁 사례나 경영 사례 모두 이런 위험성을 잘 보여주고 있다. 1980년대 아르헨티나는 막연히 영국이 반격하지 않을 것이라는 전제하에 포클랜드를 침공해서 점령했으나 영국의 강한 반격으로 대가를 톡톡히 치렀다. 우리나라 기업계에서는 금호그룹이 2000년대 중반 그룹 전체의 잠재적 자원 동원 역량을 훨씬 넘긴 상태에서 대형건설사를 인수했다가, 이후 최악의 상황이 닥치면서 그룹 전체가 존립 위기에 빠진 것이 대표적인 사례이다.

아르헨티나의 실패한 도박,
포클랜드 전쟁

1982년 4월 2일 아르헨티나의 군대가 남대서양의 영국 영토인 포클랜드 제도Falkland Islands에 상륙했다. 그 다음 날 역시 이 제도에서 동남쪽으로 1400km 떨어진 사우스조지아South Georgia 섬에도 아르헨티나 군대가 들이닥쳤다. 이 섬도 영국 영토였다. 포클랜드 제도는 아르헨티나 군대가 상륙한 지 이틀 만에 주둔 중이던 소수의 영국 군대가 항복을 하면서 아르헨티나의 수중에 떨어졌다. 포클랜드 제도의 섬들보다 훨씬 작고 인구도 적은 사우스조지아 섬은 상륙과 거의 동시에 아르헨티나 차지가 되었다. 지상군 병력만 1만 명 이상이 동원된 작전이었다.

아르헨티나는 자국으로부터 동쪽으로 480km 떨어진 이 제도를 말비나스Islas Malvinas라고 부르면서 이 섬들을 침공하기 오래 전부터 영유권을 주장해왔다. 이 제도는 동서의 두 큰 섬과 770여 개의 작은 섬으로 이루어진 군도群島이다. 면적은 약 1만 2,000㎢로서 수도는 동쪽 섬에 위치한 포트 스탠리Port Stanley였다. 16세기 스페인의 마젤란 탐험대가 이 제도를 발견한 이후 1764년에는 프랑스인들이, 그 다음 해에는 영국인들이 이 섬들에 들어와 정착하기 시작했다. 하지만 프랑스인들은 자기들의 정착촌을 스페인인들에게 물려주고 떠났고 영국인들도 1774년 이 제도를 떠나갔다. 마지막까지 남은 스페인인들도 여러 이유로 1811년 이 제도에서 철수했다. 그런데 1816년 아르헨티나가 스페인으로부터 독립하자 문제가 생겼다. 스페인인들이 그 얼마 전까지 점유했다는 이유로 포클랜드 제도에 대한 영유권을 선포한 것이다. 그러나 몇십 년 지난 1832년 영국도 영국인들이 한때 거주했다는 이유로 이 섬들에 대한 소유권을 주장하면서 쳐들어와 아르헨티나인들을 쫓아내었다. 그 다음 해부터는 아예 자국민들을 이주시켜 점유를 공고히 했다. 그러나 당시 대영제국으로서 세계의 패권을 쥐고 있던 영국에게 아르헨티나는 단지 반환 요청만을 할 뿐 감히 이를 무력으로 해결할 생각은 하지 못했다.

영국이 점유권을 확보한 지 150여 년이 지난 1982년 초에 아르헨티나 군부의 수장이자 국가의 수반인 레오폴도 갈티에리Leopoldo Galtieri[2] 대통령은 포클랜드 제도 문제에 대한 '무력적 해결' 진행을 허가했다. 당시 아르헨티나 군벌은 어려운 상황에 처해 있었다. 1976년 쿠데타를 통해 정권을 장악한 이래 여러 장군이 대통령직을 승계해왔던 군부는 미국 중앙은행의 고금리 정책에 의한 충격 등으로 심각한 경제난과 이에 따른 민심 이반에 직면해 있었다.[3] 더구나 오랜 독재에 항거하는 인사들을 납치, 고문, 살해하는 등의 인권탄압을 저질러온 결과 국민의 지지도는 바닥까지 떨어진 상태였다. 군부는 이를 새 얼

---

2 군사평의회 의장 겸 대통령 직무대행이 공식 직함임.
3 1970년대 말 심각한 인플레를 잡기 위해 당시 미국의 중앙은행인 연방준비위원회(Fed)의 총재인 '폴 볼커'(Paul Volcker)는 통화량 공급량 자체를 통제하기 시작하여 금리가 급등하는 상황이 벌어짐. 미국 은행들로부터 막대한 규모의 차입을 해온 남미 국가들은 금리가 급등하지 이자 부담이 급등하면서 국가부도의 위기에 몰렸음.

굴을 내세워 타개해보려 했고, 이 결과 1980년 3월 말 대통령직은 비올라Roberto Eduardo Viola라는 장군이 승계받았다. 그러나 상황이 더욱 나빠져 가기만 하자 불과 2년도 안 되어 1981년 12월에 대통령직은 다시 갈티에리에게로 넘어간 것이었다.

새로 대통령직을 승계한 갈티에리는 돌파구가 필요했다. 이에 정권의 수뇌부에서 해군을 대표하는 호르헤 아나야Jorge Anaya 제독은 바로 포클랜드 침공을 제안한다. 오랫동안 말비나스를 빼앗긴 영토로 생각해온 아르헨티나 국민들의 애국심을 부추겨 관심을 밖으로 돌리는 동시에 정권에 대한 지지도를 높이고, 침공 성공 후 정권의 기반을 더욱 확실히 다질 수 있다고 본 것이다.[4] 그러나 이 제안은 리스크를 안고 있었다. 만약 영국이 반격해 온다면 침공 시도는 수포로 돌아가고 군사정권의 입지는 위태로워질 것이 명약관화했다.

아나야 제독은 나름 정교한 전략을 짜서 대통령에게 보고하면서 무력 점령을 하더라도 영국 본토에서 수천 킬로미터 떨어진 이 제도에 영국은 반격하지 않을 것이라고 주장했다. 전체적인 경제력, 군사력은 영국이 아르헨티나보다 훨씬 크다고 하더라도 제2차 세계대전 이후 식민지 영토를 모두 잃고 '이빨 빠진 호랑이'로 전락한 영국은 그럴 의지가 없을 것이라는 판단이었다. 만에 하나 영국이 반격을 해온다 하더라도 수천 킬로미터 떨어진 곳으로 수송할 병력의 숫자는 물론 전투기 등 무기의 양도 한정적일 수밖에 없어 실제 전장에서의 무력은 아르헨티나가 앞설 것이기 때문에 충분히 승산이 있다는 것이었다.[5]

---

4 http://en.wikipedia.org/wiki/Falklands_War.
5 http://en.wikipedia.org/wiki/Falklands_War.

아나야 제독이 전략 수립 시에 했던 계산은 곧 틀린 것으로 판명되기 시작했다. 우선 적국의 수상이자 '철의 여인'이라 불리는 마거릿 대처Margaret Thatcher를 과소평가한 것이다. 그녀는 과잉 복지 등으로 장기침체에 빠진 영국경제를 과감한 개혁 드라이브로 활력을 찾게 만드는 등 강한 의지를 가진 리더였다. 대처 수상은 아르헨티나군의 침공 사건이 발생하자 즉시 긴급 각료 회의를 소집하여 포클랜드 제도를 수복하기 위한 태스크 포스Task Force의 조직을 지시했다. 영국군에게 반격을 명한 것이다. 이틀 후인 4월 6일에는 '전시내각戰時內閣(War Cabinet)'을 만들고 그로부터 전쟁이 끝날 때까지 매일 회의를 주재하며 전쟁 수행을 총지휘했다.

아르헨티나 군부를 당혹스럽게 만드는 영국의 단호한 반격 의지에 더해서 세계의 여론도 아르헨티나에게는 좋지 않게 흘러가기 시작했다. 침공 이틀 만에 UN의 안전보장이사회는 아르헨티나군의 즉각적인 철수를 요구하는 결의안을 소련, 중국 등 일부 국가가 기권한 가운데 만장일치로 채택했다. 미국도 분쟁 초기에는 양국 간 중재를 시도하는 등 중립적인 입장을 취했으나 아르헨티나가 미국의 중재안을 거부한 후에는 영국에 대한 지지 입장으로 돌아섰다. 그러고 나서 곧바로 영국에 신형 공대공 미사일, 잠수함 탐지기 등 최첨단 무기들을 지원해주기 시작했다. 영국은 나아가 캐나다, 호주, 뉴질랜드 등 영연방 국가들뿐만 아니라 프랑스 등 대다수 서유럽 국가들의 지지까지 확보했다. 아르헨티나 편에 선 것은 페루, 베네수엘라, 과테말라 등 일부 남미국가들뿐이었다. 소련도 미국과 맞서게 된 아르헨티나를 비밀리에 지원하기는 했으나 미국과 여타 서방국가들의 눈치를 보느라

영국의 반격 결정을 다룬 《뉴스위크》의 표지

그 지원의 정도는 전세에 영향을 줄 정도로 크지 않았다.

영국의 반격 태스크 포스는 인빈서블Invincible과 허미즈Hermes 등 항공모함 2척을 필두로 75척의 전투함 및 지원함, 그리고 민간에서 징발한 62척의 상선을 포함하여 총 127척의 함정으로 이루어졌다. 그러나 아르헨티나의 계산대로 이들이 동원할 수 있는 무력은 한계가 있어 보였다. 우선 제공권이 가장 큰 문제였다. 항공모함이 싣고 갈 수 있는 비행기의 수가 한정되다 보니 이들이 동원할 수 있는 전투기의 수는 총 42기였다. 이에 비해, 포클랜드 제도에서 훨씬 가까이에 있어 위치적인 이점이 있는 아르헨티나가 동원할 수 있는 전투기, 공격기 수는 총 122기였으며 이 중 영국 전투기를 전문적으로 상대할 제공전투기의 수만 해도 50기였다. 이 때문에 미 해군도 영국군의 반격이 성공할 가능성을 '매우 낮게(a military impossibility)' 보았다고 한다.[6]

영국군은 이렇듯 장거리 원정에서 오는 약점을 최대한 보완하고자 대서양 한가운데 적도 근처에 위치한 어센션Ascencion 섬에 중간 기지를 마련했다. 19세기부터 영국 영토가 되어 2차 세계대전에도 활주로 등을 갖추고 연합군의 대서양 작전의 발진 기지로 활용한 적이 있는 섬이었다. 그러나 이 섬도 포클랜드에서 7,500km 정도가 떨어져 있었다. 영국군은 본격적인 반격의 시작을 이 섬에서 5월 1일 벌컨Vulcan 폭격기를 발진시켜 포트 스탠리에 있는 활주로를 폭격하는 것으로 삼았다. 워낙 장거리이다 보니 여러 번의 공중급유를 통해 힘들게 실시한 공습의 결과 자체는 그다지 성공적이지 못했다. 그러나 이 때문

---

6 Sandy Woodward, 『One Hundred Days』, Naval Institute Press, 1992, p 72.

에 아르헨티나는 전략적 가치가 높은 제트 전투기를 포클랜드 제도에 주둔시키지 못하게 되었다.[7] 이로 인해 이들 전투기는 아르헨티나 본토에서 멀리 날아와야 되기 때문에 정작 포클랜드 상공에서는 연료 부족으로 인해 머물 수 있는 시간이 극히 제한되었다.

그 다음 날인 5월 2일 바다에서도 영국군의 핵잠수함 콘커러 Conquerer가 아르헨티나가 가진 유일한 순양함인 제너럴 벨그라노 General Belgrano(만재배수량 1만 2,242톤)를 단 두 발의 어뢰로 격침시켰다. 323명의 아르헨티나 해군이 격침된 군함과 운명을 함께했다. 이 사건은 제공권 장악이 관건이었던 이 전쟁에서 아르헨티나가 가진 유일한 항공모함(1968년 네덜란드에서 구입)인 2만 톤 크기의 베인티친코 데 마요Veinticinco de Mayo를 전쟁 내내 항구에 꽁꽁 묶어놓는 결과를 낳았다. 아르헨티나 군부가 자신들의 전략 자산인 이 항공모함이 영국 잠수함에 의해 격침될 것을 크게 우려했기 때문이다. 이렇듯 전투기, 공격기들을 전장 가까이 실어다 줄 항공모함도 제 역할을 못하게 되어 이들 비행기가 본토에서 발진해서 먼 전장까지 직접 날아가서 연료 부족에 시달리게 되는 문제는 계속되었다.

이런 악조건들에도 불구하고 아르헨티나 전투기 및 공격기들의 조종사들은 투지를 가지고 선전했다. 강력한 대공 미사일 시스템으로 무장한 영국 함대에 대해 공대함 미사일뿐만 아니라 직접 함정의 머리 위에서 떨어뜨려야 하는 재래식 폭탄 공격도 서슴지 않았다. 아르헨티나 공군의 첫 주요 전과는 벨그라노가 격침된 지 단 이틀 후 영

---

7 폭격이 없었더라도 활주로 길이가 제트 전투기가 이착륙하기에는 너무 짧아 전투기를 주둔시키기가 어려웠다는 주장도 있음.

국의 신형 구축함 셰필드Sheffield(만재배수량 4,820톤)를 프랑스제 엑소세Exocet 공대함 미사일로 격침시킨 것이다. 프랑스제 공격기인 슈페르 에땅다르Super Etendard에서 발사한 미사일이었다. 이후에도 재래식 폭탄 등을 이용하여 구축함 1척, 호위함 2척 등을 더 격침시켰다.

그러나 아르헨티나 공군의 희생도 컸다. 아르헨티나 공군은 프랑스제 미라쥐Mirage 등 상당수의 초음속 전투기를 운용했으나 영국 함대에 발사한 미사일뿐만 아니라 운동성이 뛰어난 영국의 해리어Harrier 전투기에게 많은 희생을 당했다. 미라쥐 전투기는 해리어 전투기에 비해 최고 속도가 두 배 이상 빨랐으나, 적 함대 근처에서 정확한 폭탄 투하를 위해 최대한 속도를 늦출 수밖에 없어 속도의 이점을 살릴 수 없었기 때문이다. 게다가 영국 전투기는 포클랜드 전쟁 발발 전까지 미국이 외국에는 판매한 적이 없는 최신형 미사일로 무장하고 있었다. 그 최신형 열추적 공대공 미사일(Sidewinder AIM-9L)은 적기의 정면에서도 공격할 수 있어, 적기의 후방에서만 발사할 수 있었던 구형미사일로 무장한 아르헨티나 공군기의 열세는 더욱 심해졌다. 결국 전쟁 내내 격추된 영국 공군기 수는 10기 안팎인 데 비해 아르헨티나 공군은 35기의 전투기를 포함해 총 66기의 기체를 상실했다. 영국군 전투기의 피해는 모두 대공포화에 의한 것으로서 아르헨티나 공군기와의 공중전에서는 한 기도 격추되지 않았던 것이다.

영국군은 포클랜드 근처 바다에서 머물며 아르헨티나 공군기들의 줄기찬 공격을 받으면서도 상륙을 위한 전력을 축적해 나갔다. 아르헨티나가 포클랜드 제도를 점령한 지 약 50일 정도가 지난 1982년 5월 21일 드디어 영국군 4,000여 명이 줄리언 톰슨Julian Thompson 준

슈페르 에땅다르 전투기의 공격을 받고 격침된 셰필드 구축함

장의 지휘하에 동 포클랜드 섬의 북동쪽 해안에 상륙했다. 이들은 아르헨티나 군의 치열한 저항을 헤쳐가며 더딘 전진을 이어갔다. 5,000명의 추가 병력을 투입한 끝에 6월 11일에는 수도 포트 스탠리를 완전히 포위하는 데 성공했다. 이후 3일 동안 이어진 격렬한 전투 끝에 아르헨티나군의 사령관인 마리오 메넨데즈Mario Menendez 장군으로부터 항복을 받아내었다.[8] 이로서 74일 간 이어졌던 포클랜드 전쟁의 막이 내렸다. 아르헨티나 군 649명(부상 1,657명), 영국군 225명(부상 775명)이 목숨을 잃은 후였다.

항복 3일 후 아르헨티나에서는 갈리에리가 하야하고 군부정권이 무너졌다. 이를 계기로 이 나라는 민주화의 길로 들어섰고 이후 군부는 여러 차례의 경제위기와 사회혼란에도 불구하고 다시는 권력을 넘보지 못했다. 이에 반해 영국의 대처 수상은 전쟁 승리로 정치적 입지가 탄탄해지면서 다음 해 치러진 총선에서 그녀가 이끄는 보수당이 압도적인 표차로 재집권에 성공했다. 국제무대에서도 영국의 위상과 목소리가 커졌다.

아르헨티나 군부 입장에서만 본다면 자체 능력의 한계를 고려하지 않은 도박은 치명적인 결과를 낳았다. 적의 의지와 능력을 오판한 데다 미국의 영국 지원 등 최악의 시나리오가 현실화될 경우 이를 돌파할 수 있는 자체적인 능력이 없다는 사실도 무시했다. 그 대신 낙관적인 전망에만 근거한 전략을 세우고 수행한 것이 결국 권력까지 잃게 된 것이다. 물론 이 나라 자체로는 이 결과 민주화라는 긍정적인 변

---

8 며칠 지난 6월 20일 영국군은 아르헨티나가 점령했던 사우스조지아 섬도 수복했음.

화를 맞게 되었다. 하지만 국가적으로 막대한 전비 지출 및 인적 자원의 손실은 물론이고, '말비나스'에 대한 소유권 주장의 목소리도 이후 국제사회에서 줄곧 묵살되는 대가도 지불해야 했다.

승자의 저주,
금호아시아나의 대우건설 M&A

2006년 성사된 금호아시아나그룹의 대우건설 인수는 대한민국 M&A 역사상 가장 큰 규모로서 화제가 되었다. 당시 자본시장통합법 시행을 앞두고 한국에도 리먼브라더스Lehmann Brothers와 같은 대형 투자은행이 출현하리라는 기대가 만연한 상황에서 이러한 대형 M&A 가 성사됨에 따라 금융업 종사자들도 환호했다. 그로부터 불과 2년도 되지 않아 리먼브라더스가 글로벌 금융위기를 촉발한 주체임을 전혀 예상하지 못한 채 말이다. 하지만 기업 역량 이상으로 무리하게 자금을 조달하여 대우건설을 인수했던 금호아시아나그룹은 결국 유동성 위기에 봉착했고 만 3년 만에 대우건설을 되파는 입장이 몰렸다. 결과적으로 이 대기업 집단의 대우건설 인수는 지금은 '승자의 저주'라고 불릴 만큼 실패한 M&A의 대표적인 사례로 꼽히게 되었다.[9]

금호아시아나그룹은 여객운송 사업을 시작으로 타이어, 석유화학, 항공 등으로 몸집을 불리며 각 사업체들이 약진을 거듭한 끝에 1995년 매출 4조 원을 올리며 재계 서열 17위(매출액 기준)를 차지했다. 그러나 1997년 불어닥친 외환위기의 여파로 구조조정이 불가피

---

9 '전문가 40인이 뽑은 대한민국 베스트 • 워스트 M&A', 《데일리한국》, 2012. 7. 6.

했다. 이 그룹은 한계사업체 청산 및 매각, 계열사 간 합병 등을 통해 1997년 32개였던 계열사를 2001년에는 15개로 축소했다. 또한 자본유치 및 자산 매각 등을 통해 1998~2001년 사이에 약 3조 원 가량의 유동성을 확보해 차입금을 상환해나갔다. 이를 통해 1997년 말 966퍼센트에 이르던 이 그룹의 부채 비율은 2001년 말에는 360퍼센트까지 떨어지며 재무구조가 대폭 개선되었다.[10]

성공적인 구조조정을 바탕으로 외환위기를 극복하고 제2의 도약 기회를 잡은 금호아시아나그룹의 이후 과제는 신성장 동력 발굴을 통해 신성장 축을 확보하는 것이었다. 2006년 창립 60주년에 맞춰 박삼구 회장은 "석유화학과 금융을 기반으로 건설을 주력 업종으로 키우고, 항공과 타이어를 글로벌 기업으로 육성하며, 물류와 레저를 차세대 성장 동력으로 삼겠다"는 비전을 사내 게시판을 통해 발표했다. 그런데 때마침 대우건설이 매물로 나왔다. 이미 이 그룹은 건설업을 영위하고 있었지만 대우건설을 인수하면 주력업종으로 선정한 건설업에서 단숨에 높은 순위권으로 도약할 수 있었다. 대우건설을 인수하면 이 그룹의 재계 순위도 크게 상승할 수 있었다.[11] 그런데 문제는 이 그룹이 동원할 수 있는 자금력이 당시 M&A 시장의 대어로 나온 대우건설을 인수하기에는 한계가 있었다는 점이다. 시장에 나오자마자 이 매물의 가격은 당시 시장 상황을 반영하여 높아질 대로 높아질 조짐이 보였기 때문이다.

10 '이한구의 한국 재벌사 금호그룹 편 3화', 《CNB저널》, 2013. 2. 12.
11 실제로 2006년 당시 재계 순위 12위였던 금호아시아나그룹은 대우건설 인수 후 재계 순위 8위로 상승함.

대우건설은 외환위기 이전 대우그룹의 주력 계열사 중 하나로서 당시 대우의 세계경영 선언에 맞춰 지구촌 건설이라는 슬로건을 내걸고 더욱 적극적으로 사업확장을 꾀했었다.[12] 한때 남미, 아프리카, 중동 등 세계 곳곳으로 진출하며 사세를 확장했으나 외환위기 이후 대우그룹의 해체로 워크아웃 기업으로 지정되며 시련을 겪었다. 하지만 불과 4년 만인 2003년 말 화려한 성적으로 워크아웃을 졸업하기도 했다. 이 회사는 몰락했음에도 불구하고 건설업계의 인재사관학교로 불릴 정도[13]로 풍부한 인적자원과 우수한 사업 실적(2006년 당시 시공능력평가 1위, 해외건설수주실적 3위, 주택공급실적 1위)을 보유하면서 부활에 성공했던 것이다. 물론 이에는 당시 '국민의 정부' 이후 저금리와 통화팽창에 힘입어 국내 주택건설 시장이 고성장을 거듭한 것도 큰 보탬이 되었다. 이런 상황에서 대우건설이 매물로 나오자 시장의 반응은 뜨거웠다. 금호아시아나그룹 외에도 두산, 한화, 유진, 프라임 등 18개 회사가 예비 입찰 제안서를 제출하며 인수를 위한 경쟁에 뛰어들었다. 그 결과 3조 원~3.5조 원으로 예상되던 매각금액이 천정부지로 상승했다. 당시 금호아시아나그룹은 우선협상자로 선정되며 당시 증시에서 1만 4,000원 대에서 거래되던 대우건설 주가에서 약 93퍼센트나 할증된 29,980원에 인수하는 조건[14]으로 최종 입찰에 참여했고 결국 적정 인수가액으로 인지되던 금액에서 2배 가까이 부풀려진 6.4조 원으로 최종 인수 가격이 결정되었다.

---

12 위키백과 '대우건설'.
13 '인재, 이렇게 키운다: 대우건설, 건설업계 사관학교 명성', 《서울경제》 2005. 5. 16.
14 2006년 11월 15일 대우건설 인수 본계약 체결 당시 주당 인수가격은 2만 6,262원으로 소폭 조정됨.

하지만 6.4조 원이라는 인수가액을 금호아시아나그룹이 자체적으로 마련할 여력은 없었다. 그런데 당시는 국내뿐 아니라 세계적으로도 현금유동성이 풍부한 시절이어서 수많은 재무적 투자자들이 동원할 자금은 많아서 이들은 대우건설을 인수하겠다는 회사들에게 접근하여 자금조달을 약속했었다.[15] 당시 이 그룹은 금호산업을 비롯한 계열사가 대우건설 주식의 32.49퍼센트를 인수하고 재무적 투자자들(Financial Investors)이 39.63퍼센트를 인수하는 방식으로 인수를 성사시켰다. 이를 금액으로 환산하면 금호아시아나그룹이 2.9조 원, 재무적 투자자가 3.5조 원을 부담한 것이다. 하지만 이 그룹이 자체적으로 조달한 2.9조 원 역시 대부분 차입에 의존[16]하여 실질적으로는 인수가액의 대부분을 빚으로 충당한 상태였다.

게다가 이 자금조달 구조에는 더 크고도 결정적인 위험이 내포되어 있었다. 재무적 투자자에게 조달한 3.5조 원에는 2009년 말 대우건설 주가가 약 3만 2,000원에 못 미칠 경우 다음 해 5월까지 이 가격에 전부 되사주어야 하는 풋백putback옵션이 설정되어 있었던 것이다.[17] 결과적으로 이 그룹은 대우건설 주가 변동에 따른 위험을 모두 혼자 부담하는 형태로 자금 조달을 한 것이다. 그러나 그 당시는 재계 순위 상승, 주력산업 강화 등 대우건설 인수에 따른 여러 긍정적인 효과와 당시 활황세를 거듭하던 주택건설 시장과 증시의 상황이 최고 경영진의 소위 '위험 감수도(Risk Tolerance)'를 한껏 높여 놓은 상

---

15 이것도 대우건설의 최종 낙찰가가 그렇게나 올라간 배경이 되었음.
16 금호아시아나그룹은 이 2.9억 원 중 91.4퍼센트를 외부 차입금에 의해 조달함.
17 이관용, 「금호아시아나 그룹의 대우건설 인수사례 및 유동성 위기」, 서울대학교 석사논문, 2008. 12, 6쪽.

태였다. 이와 같은 상황이 이런 자금조달 방법에 관한 의사결정이 내려진 배경으로 작용했을 것이다.

하지만 금호아시아나그룹의 향후 최악의 상황에 대한 대비는 전무하다시피 했다. 2009년 주가가 재무적 투자자와 약속한 행사가액에 미치지 않는 경우에 금호아시아나그룹이 이를 사줄 자금여력이 사실상 없는 상황이었다. 결국 최고 경영진이 이 '과감한 M&A'를 단행한 것은 인수한 대우건설의 영업 호조세가 지속되고 이에 따라 주가가 오를 것이라는 전망에만 기대어 있었던 것이다. 하지만 얄궂게도 최악의 시나리오가 현실화되었다. M&A 후 얼마 되지 않아 국내 주택건설 경기는 하강세로 돌아섰다. 나라 밖 환경도 갑자기 나빠지기 시작했다. 2006년 말부터 미국의 서브프라임모기지Subprime Mortgage 부실 사태가 터지더니 줄곧 상황이 나빠지면서 2008년 글로벌 금융위기로 번졌다. 대내외적 악재로 국내외 건설경기는 추락했고 대우건설의 주가는 부진을 면치 못했다. 재무적 투자자와 약속된 2009년 말을 앞두고 대우건설의 주가는 3만 원은커녕 1만 원대에 머물렀다. 결국 이대로 시간만 흐른다면 이 그룹은 풋백옵션 계약에 따라 재무적 투자자들의 주식을 주당 3만 2,000원에 되사 주어야 되고, 이러면 4조 원 이상의 막대한 자금이 필요하게 된 것이다.

그런데 금호아시아나그룹은 대우건설 인수로 큰 리스크를 떠안은 상태에서도 계속 대형 M&A 시장을 떠나지 않고 머물렀다. 2008년 초, 금호아시아나그룹은 '대한통운' 인수에 나섰다. 이에는 항공물류에 이어 육상물류까지 완비하여 차세대 성장 동력을 확립한다는 이 그룹의 장기 전략 방향이 작용했을 것이다. 하지만 그 당시 대우건설 인수를 위한 자금 조달과 풋옵션에 따른 추가적인 우발채무 부담 가능성 등 재무상태가 크게 악화된 상태에서 대한통운 인수를 위해 4조 원을 상회하는 자금을 다시 차입한 것에 대해 증시에서는 우려 섞인 시각이 많았다. 설상가상으로 이 그룹에 대한 시장의 우려를 더욱 키운 사건이 있었다. 바로 대한통운 인수에 대우건설을 인수 주체로 활용한 것이다. 대우건설 인수 후 경영 정상화와 향후 풋옵션에 대비하기 위해 주가 부양에 최우선적으로 역량을 집중할 시기에 대우건설의 유동성(대우빌딩 매각 대금 등)과 차입금을 이용한 것이다.

　이것이 대우건설 인수 때까지는 우려 반 기대 반이었던 시장의 시각을 완전히 부정적으로 돌려놓았다. 이는 특히 이 그룹의 명운을 결정할 대우건설 주가에 결정적인 악영향을 미쳤다. 대우건설이 금호아시아나그룹으로 인수된 직후 유상감자 및 자산 매각 등의 주가 부양을 위한 노력에 힘입어 2007년 7월 한때 주가가 2만 8천 원을 상회하기도 했으나 2008년 1월 금호아시아나그룹의 대우건설이 대한통운 인수 우선협상자로 선정된 후부터 시장의 평가는 급격히 부정적으로 바뀌며 주가는 다시 1만 원대로 곤두박질쳤다. 그해 8월 리먼브라더스 사태로 글로벌 금융위기가 닥치기도 전에 생긴 일이었다. 하지만 이 그룹은 그해 3월 인수계약을 마무리 지어 대한통운을 그룹 산하에 편입시켰다. 이 합병은 또 다른 문제점도 야기했다. 그룹의 '몸집 불리기'에 자기네 회사의 유동성 및 신용을 이용한다고 본 대우건설 직원들의 신뢰마저 크게 잃게 된 것이다.[18] 이것은 대우건설 합병 이후 이 회사 직원들이

---

18 이관용, 「금호아시아나 그룹의 대우건설 인수사례 및 유동성 위기」, 서울대학교 석사논문, 2008. 12, 23쪽.

자발적으로 실적을 크게 개선해서 주가를 올려야 될 시기에 이 그룹에 또 다른 걸림돌이 되었다.

이런 상황에서 얼마 지나지 않아 터진 글로벌 금융위기는 대우건설 주가에 치명적인 악영향을 주며 2009년 들어서도 주가가 풋백 옵션이 적용되지 않을 만큼 오르는 것은 불가능해 보였다. 이렇듯 재무적 투자자들에게 약 4조 원가량의 차액을 보전해야 할 처지가 된 금호아시아나그룹은 유동성 압박을 이기지 못하고 2009년 6월 대우건설을 계열사에서 분리 매각하기로 결정했다.[19] 이를 시작으로 향후 종금사 및 생명보험 등 금융부문과 서울고속버스터미널 등 핵심 계열사 및 자산을 처분하고 결국 2011년에는 어렵게 인수한 대한통운도 되파는 처지가 되었다. 2012년 이와 같은 매각작업이 마무리되고 나서는 금호아시아나그룹의 재계 순위는 16위로 내려앉아 대우건설을 인수하기 전 순위인 12위보다도 떨어지게 되었다.

금호아시아나그룹의 신성장 동력 확충에 대한 청사진 자체는 옳았을지도 모른다. 그러나 그 방법과 과정에 문제가 있었다. 경영전략을 수립할 때에는 목표를 달성하기 위한 구체적인 수단들에 대한 계획 수립과 함께 이에 필요한 리소스를 계산해야 하며, 더 나아가 자사가 동원할 수 있는 리소스의 한계를 고려하여 최악의 상황이 닥쳐도 견딜 수 있는지를 고려해야 한다는 원칙이 경시된 것이다. 결국 낙관적인 전망에만 기댄 그룹의 성장전략은 이 전망이 빗나가며 큰 비용만 지불하고 성공을 거두지 못했다.

---

19 이후에도 대우건설의 원매자가 나타나지 않아 2010년 12월 산업은행이 자체 설립한 사모펀드(PEF)가 대우건설을 인수했음.

08

현장의 목소리와
판단을 중시하라

『손자병법』의 모공謀攻편에는 '난군인승亂軍引勝'이라는 말이 나온다.[1] 군주가 군대가 처한 상황을 잘 모르면서 장군에게 명령을 내려 전쟁을 지휘하면 적의 승리를 도와준다는 뜻이다. 기업전략을 수립할 때 기획부서가 일선 영업사원이나 공장의 생산직 직원들의 목소리를 무시하는 경우가 많다. 필자도 기획부서원들이 현장에 나가 확인하지도 않고, 현장의 소리를 듣더라도 무시하고 책상 위에서만 전략을 짜는 사례를 상당수 보았다. 이는 아마도 기획부서가 보통 사내에서 엘리트로 꼽히는 인원들로 채워지기 때문에 그 부서원들이나 부서장이 가지는 우월감 때문에 생기는 결과가 아닐까 한다.

그런데 이렇게 만들어진 '탁상전략'은 실행 단계에서 두 가지 문제점에 맞닥뜨리게 된다. 첫째는 전략과 상황의 불일치로 실행 단계에서 엉뚱한 결과가 도출

1 손자, 김원중 역, 『손자병법』, 글항아리, 2011, 100쪽.

되거나 심지어는 처음부터 실행 자체가 불가능한 경우도 생긴다. 둘째는 현장에서 근무하는 임직원들이 자기 의견이 반영되지 않은 전략에 대해서 처음부터 소극적으로 실행에 참여하거나 무관심으로 일관하여 전략 실행의 추진력이 상실될 수 있다. 첫째나 둘째 문제점이 현실화할 경우 회사는 잘못된 방향으로 나아가 종국에는 큰 위기에 직면하게 되거나 퇴보하는 결과로 이어질 수 있다. 다음의 전쟁과 경영의 사례는 모두 조직의 수뇌부가 현장의 목소리를 무시한 전략을 수립하고 실행을 밀어붙여 큰 대가를 지불한 경우이다.

최전선의 의견을 묵살해
패배를 자초한 히틀러와 독소전쟁

1941년 6월 22일 독일은 히틀러의 지시로 180만 명의 병력을 동원하여 소련 침공 작전을 개시했다. 히틀러를 위시한 독일군 수뇌부의 판단은 소련 침공 후 2개월 내에 완전한 승리를 거두리라는 것이었다. 1930년대에 대대적으로 시행된 숙청 작업으로 스탈린으로부터 민심이 떠나 있는 데다가 군부의 장교들이 말살되다시피 한 상태에서 '붉은 군대'의 전투력도 형편없을 것이라 보았던 것이다. 특히 농노 제도가 오랫동안 유지되어 민도가 낮은 소련의 특성상 대부분의 병사들이 교육받지 못한 농부들 출신이어서 현대전에 필수적인 장비 조작 및 정비 능력이 없어 포병, 기갑, 항공 등의 전력이 매우 낮을 것이라고 예상했다.[2]

예상대로 개전 이후 몇 개월은 독일군 앞에 소련군은 추풍낙엽처럼 스러져 갔다. 소련군의 전력도 형편없었고 병사들이 장비를 다루는 기술도 형편없어 독일군에 의해 파괴된 탱크의 숫자보다 고장 나서 버려진 탱크의 수가 훨씬 많을 지경이었다. 독일군은 특유의 전격전을 통해 소련 영토 깊숙이 들어갔고 여러 도시를 점령하고 그

---

2 http://www.u-s-history.com/pages/h1761.html.

해 8월부터는 소련의 정신적 수도인 스탈린그라드Stalinglad를 포위하고 공격하여 곧 함락시킬 기세였다. 그러나 소련의 저력은 만만치 않았다. 소련군은 전쟁 초기 막대한 손실을 입었음에도 불구하고 그해 11월부터 대반격에 나섰다. 스탈린그라드를 공격 중이던 독일의 프리드리히 파울루스Friedrich Paulus 대장의 제6군을 포위한 다음, 맹렬하게 공격하여 그 이듬해 1월 독일군의 항복을 받아내고 10만 명 이상을 포로로 잡았다. 독일군의 뼈아픈 첫 패배였다.

이렇듯 당초 예상과 달리 소련군의 저항이 거세고 전쟁기간도 크게 길어질 것으로 보이는 등 상황이 좋지 않게 돌아갔지만 그럴수록 독일의 공세도 거세졌다. 1943년 2월 하순부터 3월 중순까지 하르코프Kharkov라는 소련 남부의 도시에서는 에리히 폰 만슈타인Erich von Manstein 원수가 이끄는 독일의 남부집단군이 소련군의 52개 사단을 궤멸시켰다. 이 결과 4만 5천 명 이상의 전사자를 포함하여 8만 여명의 소련군을 사상시키고 600대 이상의 탱크를 파괴했다.[3]

이렇듯 공격과 반격이 팽팽히 맞서 다음 해에도 양군 간의 전쟁은 치열하게 지속되었다. 그런데 양군의 대전에서 분기점이 될 만한 사건이 벌어졌다. 1943년 7월 5일 소련 영토 깊숙이 자리 잡은 쿠르스크Kursk라는 철도 교차지역에서 독일군과 소련군은 가지고 있는 전투력을 다 걸고 절체절명의 승부를 벌였다. 쿠르스크는 독일군 지역으로 혹처럼 약 90km만큼 툭 밀고 나온 형상을 한 소련군의 점령지였다. 만슈타인이 남쪽의 하르코프를 점령하면서 양군 간 전선의 밑부분을

---

3 http://en.wikipedia.org/wiki/Third_Battle_of_Kharkov.

파먹은 형상으로 만들자 생긴 돌출부였다. 이에 히틀러는 집게처럼 이 지역을 남북에서 협공하여 끊어 낸 다음 떨어진 '혹' 안에 고립된 소련 군의 대 병력을 섬멸하려 하였다.[4] 이를 통해 히틀러는 정체 상태에 빠 진 '동부 전선'의 전세를 유리한 국면으로 전환시키려 꾀했다.

히틀러는 이 계획을 '치타델 작전Unternehmen Zitadelle(성채작전)'이라 는 작전명으로 실행에 옮기려 했다. 만슈타인은 히틀러가 소련군에 대한 대공세를 준비하라고 지시했을 때 이에 반대하고 나섰다. 하르 코프 승리 이후에 흩어진 아군의 전열을 정비하고 전략적 방어태세 를 취한 후 전선을 고착시키되 소련군이 공격해오면 이를 물리치며 소련군의 전력을 소진시키자는 것이었다. 즉 소모전을 벌이면 소련은 길게 버틸 수 없다는 판단에서였다. 히틀러는 이 의견을 간단히 묵살 했다. 이에 만슈타인은 만약 히틀러의 구상대로 치타델 작전에 나설 것이라면 최대한 빨리 공격에 나서자고 제안했다. 소련군도 하르코프 패배 이후 탈진해 있는 데다 탱크 등 많은 양의 장비를 손실하여 전력 이 크게 약화된 상태였다. 이런 소련군이 전열을 정비하고 독일군의 공격에 대비할 시간을 주어서는 안 된다는 것이었다. 히틀러는 이도 묵살하고 독일군이 충분한 장비와 병력을 보충받을 때까지 작전을 연기시켰다. 3월부터 계획된 이 작전을 7월까지 연기한 것이다.

이는 만슈타인의 판단대로 치명적인 오판이었다. 시간을 번 소련군 은 이 4개월간 쿠르스크의 전선을 따라 프랑스의 마지노Maginot 요새 에 버금가는 겹겹의 방어선을 쳤다. 수많은 민간인까지 동원하여 수

---

4 울프독 블로그에서 인용, '이야기 N.A.R.A/울프독의 War History의 2차 세계대전 전쟁 사: 독일 만슈타인 장군 제3편', http://mnd-policy.tistory.com/587.

히틀러와 작전회의를 하는 만슈타인 원수

백 킬로미터에 달하는 참호를 파고 탱크가 전진하지 못하게 할 함정을 수없이 팠다. 또한 전선을 따라 40만 개 이상의 지뢰를 설치했다.

치타델 작전에서 독일군은 두 방향으로 나누어 진격을 했다. 북쪽에서는 중앙집단군(사령관: 클루게Kluge), 남쪽에서는 남부집단군(사령관: 만슈타인)이 소련군을 공격하여 서로 합류한다는 계획이었다. 1943년 7월 5일 첩보전을 통해 독일의 공격개시 시점을 미리 알아낸 소련군의 맹렬한 선제 포격 속에서 작전은 개시되었다. 만슈타인의 군은 만반의 준비를 한 소련군의 강력한 저항을 분쇄하며 계획대로 진격하였으나 북쪽에서 공격해오던 클루게의 중앙집단군은 소련군의 저항을 뚫지 못해 제대로 전진하지 못하고 발이 묶여버렸다. 하지만 이 와중에도 독일군의 손실보다 소련군의 손실이 훨씬 컸다.

그런데 작전 개시 후 일주일이 지난 7월 12일 히틀러는 돌연 클루게와 만슈타인을 소환하여 작전 중단을 명령했다. 7월 10일 연합군이 이탈리아에 상륙했으니 동부 전선에 투입된 소련군 전력의 상당 부분은 이를 막기 위해 전용해야 한다는 이유였다. 만슈타인은 이에 치타델 작전 개시 이후 예비대까지 투입하며 전력을 소진한 소련군은 더 이상 버틸 여력이 별로 없으니 아직 투입하지 않은 독일군 예비대를 이용하여 공격하자고 주장했다. 전후에 밝혀진 바에 의하면 만슈타인의 분석대로 당시 소련군은 더 이상 버틸 힘이 거의 남아 있지 않은 상태였다. 히틀러는 만슈타인의 의견을 또 묵살했다.

이후 히틀러와 만슈타인 간의 의견 충돌은 갈수록 더 심해졌다. 만슈타인은 치타델 작전 이후 휘하의 군을 독일군의 장점인 기동력에 기반한 '기동방어'라는 개념을 가지고 이끌어 큰 성과를 거두었다.

쿠르쿠스 전선을 방어하는 소련군

즉 고정된 장소를 사수하기보다는 후퇴하면서 공격해오는 소련군의 허를 찔러 힘을 소진시키거나 크게 한 방 먹여 전세를 역전시키는 전략을 고수했다. 연합국의 이탈리아 상륙 이후 이를 방어하는 데 여념이 없던 본국으로부터 지원을 제대로 받지 못했던 만슈타인은 이런 방식으로 동부 전선을 '안정적'으로 방어하고 있었다. 그러나 히틀러는 현 위치를 '사수'하라는 명령만을 고집하며 만슈타인을 압박했다.[5]

결국 1944년 3월 31일 히틀러는 유능하지만 '눈엣가시' 같은 만슈타인 원수를 해임했다. 그의 자리에 말을 잘 들었던 발터 모델Otto Moritz Walter Model 장군을 임명했다. 이후 히틀러는 더욱 깊숙이 작전에 개입하며 현지 지휘관이 보기에 무리한 명령을 남발하기 시작했다. 그는 후방에서 전선에 대한 현지 지휘관의 판단을 묵살하고 고집을 피워 독일군의 방어를 갈수록 엉망진창으로 만들어간 것이다. 이는 결국 동부 전선에서 패배를 앞당기는 결과로 이어졌다.

만슈타인은 종전 후 전범으로 영국에서 재판을 받아 4년을 복역 후 출감했다. 출감한 지 얼마 지나지 않아 1955년 그는 동부 전선에서의 그의 경험을 『잃어버린 승리(Verlorene Siege, 영어 번역본의 이름은 Lost Victories)』라는 회고록으로 출간했다. 동부 전선에서 불리한 여건에도 패배하지 않았던 그는 히틀러의 터무니없는 개입이 없었다면 전문적인 군사지식과 경험을 가지고 현지에서 전황을 제대로 판단할 수 있었던 자신과 다른 독일 장군들이 동부 전선을 승리로 이끌었을 것

---

5 울프독 블로그에서 인용, '이야기 N.A.R.A/울프독의 War History의 2차 세계대전 전쟁사: 독일 만슈타인 장군 제3편' http://mnd-policy.tistory.com/587.

이라는 뜻을 품은 제목이었다.[6] 예를 들어 이 책에서 그는 치타델 작전에서 적(러시아군)이 입은 피해가 아군(독일군)이 입은 피해(사상자, 포로 수)의 4배에 달하는데도 히틀러의 명령으로 철수할 수밖에 없었고 이것이 러시아 전선에서 독일의 마지막 공격이 될 것임을 의미했다고 비판하고 있다.[7]

영국의 전략이론가인 B. H. 리델 하트B. H. Lidell Hart는 종전 후에 독일의 장군들을 인터뷰하고 이를 책으로 출간했다. 1948년 나온 『독일 장군들이 말하다(The German Generals Talk)』라는 책이다. 인터뷰에서 동부 전선에서 싸웠던 독일 장군들은 이구동성으로 현장을 모르는 히틀러의 독단을 최대 패인으로 꼽았다. 심지어 한 장군은 경험 많은 장군들의 반대의 목소리에 자주 직면했던 히틀러가 숙청을 통해 고분고분한 장군들만을 옆에 두게 둔 스탈린을 매우 부러워했다고 증언하고 있다.[8]

사실 제2차 세계대전 초에는 히틀러가 큰 방향만 정해주고 실제 작전은 일선 장군들에게 믿고 맡기는 편이었고 그 전과도 좋았다. 그러나 갈수록 몇 번의 큰 승리를 맛본 히틀러는 본인이 전쟁을 '안다고' 오판했고 현장의 소리보다는 자신의 '영감'을 믿었다.[9] 롬멜, 만슈타인 등 유능한 장군들을 해임하거나 제거하면서 작전에 대한 본인의 목소리를 더욱 키워 갔다. 이후 독일군은 하향 곡선을 그리다가 서

---

6 이런 점에서 '잃어버린 승리'보다는 '도둑맞은 승리'가 더 적절한 번역으로 보임.
7 Erich von Manstein, 『Lost Victories: The War Memoirs of Hitler's Most Brilliant General』, Zenith Press, 2004, p 449.
8 B. H. Liddell Hart, 『The German Generals Talk』, Haper Perennial, 2002, p 198.
9 B. H. Liddell Hart, 『The German Generals Talk』, Haper Perennial, 2002, p 4-5.

부 전선에서 히틀러가 직접 기획하고 지휘한 벌지 전투_{Battle of Bulge}에서 남은 전력의 대부분을 쏟아 붓는 도박을 벌였다가 패한 뒤 급속히 몰락의 길로 나아갔다. 인류 역사의 관점에서는 이보다 다행스러운 일은 없었을 것이지만 말이다.

상황 오판으로 큰 수업료를 지불한 미쓰비시의 록펠러센터 인수

미국 뉴욕 시의 맨해튼 중심부인 48가에서 51가에 걸쳐 우리가 통상 록펠러센터Rockefeller Center[10]라고 부르는 큰 빌딩군이 있다. 8만 9,000㎡에 이르는 대지 위에 19개의 상업 빌딩이 들어서 있다. 이 센터는 석유왕 존 D. 록펠러John D. Rockefeller가 1928년 이 부지의 소유주인 컬럼비아 대학교Columbia University로부터 최장 86년간(27년의 1차 임차 후 21년씩 3번 기간 연장을 할 수 있는 옵션) 장기 임차한 후, 1930년부터 건설하기 시작하여 1939년 완공한 건물이다. 록펠러는 원래 이 부지 위에 메트로폴리탄 오페라Metropolitan Opera 단을 위해 전용 오페라 공연관을 지을 생각이었으나 1929년 뉴욕증시가 대폭락하고 메트로폴리탄 측이 '보다 나은' 임대조건을 주장하며 계약을 질질 끌자 상업용 건물로 개발 방향을 틀었다. 당시 총 2억 5천만 달러가 투입된 이 빌딩군은 그때까지 건설된 가장 큰 민간 건축 프로젝트였다. 이후 록펠러센터는 전자, 기계회사인 제네럴 일렉트릭General Electric을 위시하여 금융회사, 출판사, 방송사 등이 입주해 미국 비즈니스의 상징이자 뉴욕 최고의 랜드마크로 자리 잡았다.

---

10 정확한 발음은 '라커펠러센터'이나 일본식 발음인 '로쿠펠라 센터'를 우리나라에서 중역하는 과정에서 '록펠러센터'로 읽히게 된 것으로 보임.

이 빌딩에는 유명한 예술 작품들도 상당수 설치되어 있다. 이중 특히 황금색의 프로메테우스Prometheus 동상은 이 빌딩군을 상징하는 조각으로 인식되고 있다.[11] 그런데 이 빌딩 중 하나에 1980년대에 일본 서점 하나가 입점하여 그 벽에 일본 풍속화 하나를 걸어놓고 있었다. 일본 풍속화인 우키요에浮世畵의 대가 가츠시카 호쿠사이葛飾北齋가 그린 〈가나가와 해변의 높은 파도 아래〉라는 그림이었다. 그 그림의 큰 파도가 프로메테우스 동상을 삼키는 것처럼 1980년대 말 정말로 그런 일이 일어났다.

1985년, 그때까지 대지의 소유권을 가지고 있던 컬럼비아대학교가 4억 달러에 이르는 RGI(Rockefeller Group Inc.)라는 부동산 관리업체에 매각했다. 이 대학교는 1970년대 이후 뉴욕 시 중북부에 위치한 캠퍼스 주위가 슬럼화되어 가자 이를 막기 위해 근처의 부동산을 사들여 개발할 목적으로 자금이 필요했던 것이다. RGI는 앞서 언급된 존 D. 록펠러가 그의 유산을 신탁하여 후손들에게 수익이 돌아갈 수 있도록 만든 록펠러 트러스트Rockefeller Trust라는 신탁회사의 자회사로서, 록펠러센터가 건축되기 시작한 시점부터 이 복합건물의 개발 및 운용을 주도해온 기업이었다. 그런데 이 빌딩군의 19개 빌딩 중 5개는 이전에 다른 업체에 매각했었기 때문에 대지 소유권 매입으로 RGI의 모회사인 록펠러 트러스트가 이중 총 14개의 빌딩과 대지를 사실상 소유하게 된 것이다.[12]

---

11 '먼저 아는 사람'이란 뜻을 가진 그리스 신화에 나오는 신으로서, 제우스로부터 불을 훔쳐 인간에게 내주어 인간에게 맨 처음 문명을 가르침. 이후 제우스를 속였다가 카우코스 산에 묶인 채 독수리에게 간을 파 먹히는 형벌을 받음.
12 http://en.wikipedia.org/wiki/Rockefeller_Center.

188

대지의 소유권이 바뀐 지 얼마 되지 않은 1989년 록펠러센터 전체의 소유권은 일본의 미쓰비시三菱 그룹에 넘어갔다. 이 그룹의 계열사인 미쓰비시 이스테이트Mitsubishi Estate라는 부동산 개발 및 투자 업체가 RGI의 주식 51퍼센트를 인수했기 때문이다. 그 이듬해인 1990년에는 추가로 지분을 인수하여 최종적으로 RGI의 총 지분 중 80퍼센트를 확보했다. 결국 이 회사는 RGI의 대주주 자격으로서 사실상 록펠러센터 대부분을 사들인 것이다.

록펠러 트러스트가 록펠러센터를 매각한 데에는 미쓰비시 이스테이트가 제시한 가격이 너무 매력적이었기 때문이었다. 이 회사는 RGI 지분 확보에 14억 달러를 지불했는데 당시 미국 언론에서는 터무니없이 높은 가격이라고 평했다. 특히 이는 당시 미쓰비시 이스테이트와 록펠러센터 인수에 경합을 벌였던 일본의 미쓰이 부동산三井不動産이 제시했던 가격의 두 배에 해당하는 액수였다.[13] 미쓰이 부동산도 역시 일본 굴지의 재벌인 미쓰이三井 그룹 산하의 부동산 회사였다.

미쓰비시 이스테이트를 비롯한 이들 재벌 계열 부동산 회사들은 1980년대 후반부터 본격적인 글로벌화에 나섰다. 일본의 부동산 시장이 초호황을 보이며 이들 회사들도 여기서 번 막대한 돈의 투자대상을 찾기 위해 해외시장에 눈을 돌렸기 때문이다. 미쓰비시 이스테이트는 1987년 LA 지역에서 주택 단지, 초고층 빌딩 및 리조트 개발 등에 투자하기 시작하면서 미국 부동산 시장에 발을 들여놓았고 곧

---

13 'Behind the fall of Rockefeller Center: the inside story of why bad blood separates the Rockefellers and Mitsubishi—and taints the next round of bitter fighting', 《CNNMoney》, 1995. 7. 10.

록펠러센터

바로 미국 비즈니스의 상징인 록펠러센터 투자에 달려든 것이다. 떼근성이 강한 일본 기업들의 특성대로[14] 같은 시기에 미쓰이 부동산 등 다른 일본의 부동산 회사들도 캘리포니아의 페블비치Pebble Beach 골프장, 하와이 부동산 등에 막대한 돈을 쏟아 부으며 미국 부동산 투자에 열을 올렸다.[15] 미쓰비시 이스테이트가 록펠러센터를 사기 위해 지불한 비용이 과다해진 데에는 이렇듯 일본 부동산 회사들 간의 경쟁도 한몫했다.

하지만 미쓰비시 이스테이트가 록펠러센터 인수에 이런 막대한 돈을 지불한 것에 대해서는 나름대로 내부의 논리가 있었다. 록펠러센터에 입주한 회사들의 상당수는 1990년대 초에 계약을 갱신하게 되어 있었다. 이에 미쓰비시 이스테이트의 경영진 및 실무자들은 1980년대 초호황기의 일본 부동산 시장의 경우처럼 렌트를 크게 올릴 수 있을 것으로 예상했다. 그러므로 14억 달러의 투자금액도 결코 과다한 것이 아니라는 것이었다.

문제는 RGI가 록펠러센터의 소유권을 가지고 있는 것은 사실이나 이 회사가 미쓰비시 이스테이트로 인수되기 전에 이 센터의 14개 빌딩 중 12개 빌딩을 담보로 13억 달러에 달하는 장기 모기지 대출을 받았다는 점이다. 이 때문에 미쓰비시가 인수할 당시에 이 모기지 대출에 대한 이자지급 규모가 입주사들로부터 받는 렌트 수입을 크게 상회하고 있었다. 만약 미쓰비시 본사의 당초 예상이 빗나가서 세입

---

14 'Japanese why buy the Rockefeller Center?', 《China Financial News》, 2013. 9. 30.
15 Christopher Wood, 『The Bubble Economy』, The Atlantic Monthly Press, 1992, p 59-64.

자들과 렌트 갱신이 계획대로 되지 않는다면 세입자들로 받는 렌트 수입이 모기지 대출 이자를 갚기에 매우 모자란 구조가 지속될 수 있다는 리스크가 있었다. 하지만 미쓰비시의 경영진은 인수 결정을 밀어붙였다. 전술하다시피 렌트 인상을 낙관했기 때문이다. 미쓰비시는 이 센터의 인수 이후 유지, 보수 비용 등으로 6억 달러를 추가로 투입하는 등 이 빌딩군의 인수와 관련하여 총 20억 달러를 쏟아 부었다.

그러나 행운의 여신은 이 일본 부동산 회사를 외면했다. 1991년 걸프전의 여파로 미국도 불황의 그림자가 닥치자 미국 부동산 시장도 급랭하기 시작했다. 이렇게 시작된 미국 부동산 시장의 침체는 1990년대 초반 내내 지속되었고 미쓰비시 이스테이트의 경영진이 애써 평가절하했던 리스크가 실제화되었다. 렌트 갱신이 제대로 될 수가 없었던 것이다. 좀처럼 부동산 시장이 살아나지 않으면서 렌트 수입으로 모기지 이자를 갚지 못하는 상황이 길어지자 RGI의 누적 적자는 눈덩이처럼 불어 갔다. 1995년 결국 모회사인 미쓰비시 이스테이트는 법원에 RGI의 파산 보호 신청을 냈다. 하지만 얼마 지나지 않아 이 일본 회사의 경영진은 애써 획득했던 미국의 상징과 같은 부동산을 아예 포기할 결심을 굳혔다. RGI가 가진 록펠러센터의 14개 빌딩 중 담보가 걸려 있는 12개 빌딩의 소유권을 채무 변제 명목으로 채권단에 넘긴 것이다.

이 결정으로 이 일본회사가 얼마나 많은 손실을 입었는지는 당장 밝혀지지 않았다. 그러나 그 다음 해인 1996년 미쓰비시 이스테이트의 손익계산서에 록펠러센터 투자건과 관련하여 일본 돈으로 1,600억 엔의 특별 손실이 반영되었다. 아직 채권자에게 넘기지 않은

2개의 빌딩의 소유권은 유지한 사실을 감안하더라도 당시 환율로 환산 시 투자한 20억 달러의 거의 모두를 손해 본 것이었다.[16] 미국 부동산 시장에서 큰 투자손실을 본 것은 미쓰비시 이스테이트만이 아니었다. 미쓰이 부동산 등 여타 일본의 부동산 회사들도 페블비치 골프장, 하와이 부동산 등에 대한 거의 모든 투자에서 가격 폭락으로 큰 손실을 보았고 많은 경우 매입가격의 절반도 안 되는 가격으로 처분하여 손을 털었다.

이와 같은 일본의 대표적인 부동산 회사들의 해외 투자 실패 사례는 왜 생겼을까? 1980년대 후반 미국의 학계 및 비즈니스 세계에서는 일본의 증시와 부동산이 심한 '버블'의 양상을 보인다는 주장이 대세였다. 일본의 자금이 들어와 미국의 랜드마크 부동산 및 기업을 사들이는 모습을 보고 대중들은 국가적 자존심이 상한다는 일종의 반일 감정과 함께 이들이 올려놓은 부동산 값 때문에 재산세가 올라간다는 푸념이 일었다. 하지만 전문적인 이코노미스트들은 미국 부동산 시장의 활황도 버블이라고 정확히 경고하고 있었다.[17] 이는 많은 언론에도 보도되어 미쓰비시의 경영진도 이를 알고 있었을 것이다. 그리고 현장을 둘러본 주재원들도 그렇게 경고했을 가능성이 크다.

하지만 미쓰비시 이스테이트의 경영진들은 이런 '현장의 목소리'를 묵살한 것이 분명했다. 그때까지 일본은 제한적으로 해외영업을 하

---

16 'In Japan, a Real Estate Setback Brings Little Embarrassment', 《New York Times》, 1995. 9. 13.
17 1980년 말 필자가 유학할 때 미국 내 저명한 한 경제학 교수는 강의 시간에 일본 부동산 회사의 미국 부동산 매입 열풍은 사실 이를 통해 일본의 국부를 미국에 '기부'하는 행위이니 미국 사람들은 자존심 상할 일이 없다고 말했음. 특히 머지않아 '부동산 거품'이 걷히면 이들 부동산은 다시 미국 투자자의 손으로 돌아올 것이라는 말도 덧붙였음.

던 은행, 보험사 등 금융회사들의 최고 경영진도 글로벌화에 대한 경험이나 지식이 매우 모자란 상태였다.[18] 상황이 이러하니 이들 금융회사들로부터 자금을 공급받아 국내시장에서만 영업을 해오던 일본 부동산 회사의 최고 경영진의 대부분은 당연히 글로벌에 대한 경험이 전무해서 글로벌 시장에 대한 이해력이 많이 모자랐다. 이 상태에서 국내 부동산 시장의 초호황으로 생긴 돈을 무작정 해외에 투자한다는 결정을 내렸는바 그들이 기댈 수 있는 투자 판단의 근거는 그들의 '일본 시장의 대한 경험과 지식'이었던 것이다. 그들의 눈으로 봤을 때는 제2차 세계 대전 종전 후 일본 부동산 가격이 계속 올라왔으며 특히 1980년 후반 무섭게 치솟았던 경험과 지식을 대입해보면 미국의 부동산 시장도 올라야 마땅한 것이었다. 이들이 모여 탁상에서 내린 결정은 대부분 이런 낙관적인 가정에 근거한 것이었다. 만약 이들 회사에 최종 투자 결정을 앞두고 몇 번이고 미국에 출장을 가서 현장의 의견을 청취했던 임원들이 몇 명만 있었어도 이런 손실을 피할 수 있었을 것이다.

---

18 Christopher Wood, 『The Bubble Economy』, 《The Atlantic Monthly Press》, 1992, p 87.

CHAPTER 2

전략 실행 및
실행 후 단계

War and business strategy

한 수 아래인
경쟁자도 얕보지 마라

『손자병법』의 행군行軍편에는 "병비익다兵比益多"와 "이적자易赤字 필금어인必擒於人"이라는 어구가 나온다. 이는 아군의 병력이 많다고 좋은 것은 아니며 적을 얕잡아 보면 반드시 포로가 된다는 말이다.[1] 자기 군대의 힘을 믿고 적을 얕잡아 보면 낭패를 본다는 것이다. 이와 비슷한 사자성어로는 '교병필패驕兵必敗'가 있다. 교만한 병사(군대)는 반드시 패한다는 뜻이다.

무릇 전쟁 및 기업경영에서 연전연승을 하거나 흑자행진이 지속될 때가 가장 위험하다. 병사나 임직원 등 조직원들의 자신감이 과잉되어 교만으로 변한 상태에서 방심이 찾아들게 마련이다. 이를 적이나 경쟁자들이 놓치지 않고 공격해오면 큰 패배나 경영 실패로 이어진다. 다음 나오는 전쟁과 경영의 사례는 잘 나가고 있을 때의 방심이 얼마나 뼈아픈 결과를 야기하는지를 잘 보여준다.

---

1 손자, 김원중 역, 『손자병법』, 글항아리, 2011, 235쪽.

승리 이후 방비 소홀로
크게 당한 이스라엘군

이스라엘군이 전격전을 통해 이집트, 시리아 등 주변의 아랍국가들을 물리치고 시나이 반도 등 본래의 자국 영토보다 훨씬 넓은 땅을 점령했던 '6일 전쟁'의 승리에 취해 있었을 때다. 1967년 10월 21일 이스라엘은 자국 해군이 보유한 전투함 중 가장 큰 함선인 아일라트Eilat를 이집트의 주요 항구인 포트사이드Port Said 앞으로 보내 무력시위를 벌이다가 항구에서 날아온 함대함 미사일 두 발에 격침을 당했다.

아일라트는 원래 영국 해군 소속의 구축함이었다. 젤러스HMS Zealous란 이름으로 제2차 세계대전 중인 1944년 취역해서 참전했다. 이후 1955년에 이스라엘에 매각되어 이스라엘의 한 도시 이름인 아일라트라는 이름을 부여받고 취역하였다. 총톤수는 730톤으로 당시로서는 결코 작은 전투함이 아니었으며 더군다나 신생 국가의 신생 해군인 이스라엘 해군에서는 당연히 가장 크고 최첨단의 전투함이어서 이 해군의 자랑이자 상징이었다. 이 배는 이스라엘 해군의 손에서 크고 작은 전투에 참여해 여러 전공을 세웠으며 1959년에는 폴 뉴먼 Paul Newman이 주연했던 영화 〈엑소더스Exodus〉에도 출연했었다.

1967년 6월의 '6일 전쟁'의 완벽한 승리에 도취된 것은 이스라엘 해군도 마찬가지였다. 한 이집트 장군(Mohamed Abd Al-Ghany Al-

Gamasy)의 회고에 의하면 6일 전쟁 직후 이스라엘의 이 구축함은 여러 번 이집트 영해를 침범해왔고 특히 이집트 최대의 군항인 포트사이드 가까이까지 들어와 이집트 해군을 자극하곤 했다고 한다. 굴욕을 느끼면서도 패배의 후유증으로 움츠리던 이집트 해군은 영해에 들어온 이 이스라엘 군함을 공격할 생각을 좀처럼 하지 못했다. 이에 아일라트의 함장 이하 수병들은 한껏 기고만장하여 점점 더 이집트 영해 깊숙이 들어와 항구의 코앞까지 나타나곤 했다.[2]

그해 10월 20일 아일라트는 기지를 떠나 평상시처럼 '초계 항해'에 나섰다. 다음 날 평소처럼 이 배는 포트사이드 코앞까지 접근해서 이집트 해군을 자극했다. 하지만 그날은 이집트 해군의 반응이 달랐다. 비분강개한 일선 병사들이 아무리 공격하자고 해도 묵묵부답이던 이집트 해군의 수뇌부가 이번에는 공격 명령을 내려 주었다. 이집트 해군의 수뇌부는 이 이스라엘 구축함에 대한 공격이 이 배를 격침시키기는커녕 이스라엘 해군의 보복 공격뿐 아니라 이스라엘과의 전면전으로 이어질 상황을 가장 우려하여, 공격 허가를 요청하는 일선 지휘관들의 목소리를 억눌러 왔었다. 6일 전쟁에서 이집트군 전체가 궤멸적 피해를 입은 지 얼마 되지 않은 상황에서 이스라엘이 다시 전면적인 공격을 해올 경우 변변한 대응도 못하고 이번에는 국토 전체를 점령당할 위기에 빠질 것이 명약관화했기 때문이다. 그러나 자국 영해 깊숙이 들어와 갖은 위세를 보이면서 이집트 해군을 대놓고 깔보는 이스라엘 함정의 행태가 이날은 이집트 해군 수뇌부의 눈에도 너무

---

2 'Sinking "Eilat", The Destroyer', http://yom-kippur-1973.info/eng/before/Eilat.htm.

하다고 보였다.

그런데 이미 이집트 해군에는 이스라엘 해군에게는 없는 최신식 함대함 미사일을 발사할 수 있는 전투함이 7척이나 있었다. 이 코마르Komar급 전투함은 소련이 대준 것으로서 소련이 개발한 세계 최초의 함대함 미사일인 스틱스Styx[3]를 적재하고 있었다. 이 함정은 총톤수 70톤도 안 되는 작은 함정이었지만 목재로 선체를 만들어서 지극히 가벼운 나머지 최고 시속이 44노트에 달하는 등 대단히 민첩하고 빠른 전투함이었다.[4] 적군의 동향 파악에 강한 이스라엘 해군도 이집트 해군의 미사일함 보유 사실을 잘 알고 있었다. '6일 전쟁' 시에는 이스라엘군의 기세에 눌려 미사일 한 방 못 쏘아 보고 항구에 묶여 있었던 터라 이스라엘 해군은 이를 무시했다. 적을 얕본 것이다.

1967년 10월 21일 오후 5시 반경에 이 이스라엘 구축함이 항구 앞에서 불과 13.5해리(25km) 떨어진 거리까지 접근했을 때다. 항구에서 함대함 미사일 한 발이 발사되었다. 바로 이집트 해군의 코마르급 함정이 발사한 스틱스 미사일이었다. 코마르급 미사일함이 항구에 정박해 있던 상태에서 미사일을 발사한 터라 주로 항구 내의 이집트 전투함들의 움직임에만 집중해 있던 아일라트의 레이더는 미사일 발사를 감지하지 못했다. 미사일은 이 구축함의 전면 갑판에 명중하였다. 이 한 방으로 추진 시스템 및 통신 장비가 망가져 이 배는 오도 가도 못하고 구원도 청하지 못하는 상태가 되었다. 최초 발사 약 1시간 반후, 이스라엘 구축함에 대한 일차 공격이 성공한 것에 고무된 이집트

---

3 나토가 붙여준 암호명이며 소련 내 명칭은 'P-15 Termit'임.
4 http://en.wikipedia.org/wiki/HMS_Zealous_(R39).

스틱스 미사일을 장착한 이집트 해군의 코마르급 고속정

해군은 이번에는 또 다른 코마르급 미사일함을 항구 밖으로 발진시켜 두 번째 미사일을 발사했다. 이 미사일도 기동 불능 상태에 빠져 있던 아일라트의 선체 뒷부분 탄약고에 명중하여 대폭발을 일으켰다. 이때까지 필사적으로 배를 살려보려던 이스라엘 병사들은 두 번째 피격 직후 배를 포기하기 시작했다. 이 구축함의 총 199명 승조원 중 47명이 전사하고 91명이 부상당한 이 전투 결과는 지금까지 이스라엘 해군 최대의 패배로 기록되고 있다.[5]

이는 또한 역사상 최초로 함대함 미사일이 적 함정을 격침시킨 사건으로서 채 60톤이 되지 않던 조그만 미사일함이 자신보다 수십 배 큰 구축함을 격침시켜 당시는 다윗과 골리앗의 대결로도 비유되었다. 하지만 이스라엘 해군이 직전 전쟁의 승리에 취해 적을 얕보고 경계를 게을리한 것이 미사일의 위력보다 더 크게 아일라트의 격침에 작용했다는 것은 변하지 않는 사실일 것이다. 이스라엘 해군이 받은 충격도 적지 않았다. 이를 계기로 큰 배에 대한 미련을 버리고 비교적 소형의 미사일함으로만 함대를 구성하는 한편, 스틱스에 대한 대응책을 개발하여 이후 다시는 이집트함에게 격침당하는 일은 없었다. 그러나 이는 '소 잃고 외양간 고치기' 격이었다.

그런데 이스라엘은 교병필패의 교훈을 이 사건 이후에도 제대로 새기지 못해 몇 년이 지나 또 한 번 쓰라린 경험을 하게 되었다. '6일 전쟁'으로 시나이 반도까지 손에 넣어 수에즈 운하 너머로 이집트를 마주보게 된 이스라엘은 이집트가 반격해올 경우를 대비해서 수

---

5 http://idfblog.com/2012/10/21/today-in-history-the-sinking-of-ins-eilat.

에즈 운하를 따라 점령지역에 길고 높은 방벽을 쌓았다. 이른바 '바레브 라인Bar Lev Line'이다. 당시 3억 달러를 들여 1968년에 시작하여 1969년에 건설한 이 방벽은 이스라엘 합참의장이었던 하임 바레브Haim Bar-Lev의 이름을 따 그렇게 명명되었다. 사막의 모래를 주재료 삼아 폭 50m, 높이 20~25m의 모래방벽을 45~65도의 각도로 160km에 달하는 길이로 쌓았던 것이다.[6]

이스라엘군 수뇌부는 이 방벽을 쌓아 놓고 이집트군이 이 방벽을 돌파하는 시간을 최단 24시간에서 최장 48시간이 걸릴 것으로 예상했다. 적 부대가 보트로 건너와 중장비 등으로 모래를 퍼 내면서 진격로를 확보하는 시간을 그렇게 계산했던 것이다. 만약 이집트군이 공격해 온다면 적이 이 방벽을 돌파하는 시간 동안 후방의 예비군까지 총동원하여 총반격에 나선다는 작전을 세웠다. 즉 바레브 라인은 반격에 필요한 전열을 정비하는 데 귀중한 시간을 벌어주는 역할을 할 터였다. 더구나 이 방벽 뒤에는 22개소에 달하는 요새가 자리 잡고 있어 설사 이집트군이 이 방벽을 뚫는다고 해도 바로 이 요새들에 의해 저지당하게 되어 있었다.

그러나 이스라엘의 군 수뇌부는 한 가지 큰 실수를 범하고 말았다. 바로 적을 너무 얕잡아 본 것이다. 지난 '6일 전쟁' 시에 궤멸적인 패배를 당하면서 패주를 거듭하던 이집트군의 모습만이 뇌리에 남아 이들의 능력과 투지를 한참 밑으로 깔보았다. 이집트군이 복수의 칼날을 갈고 공격해 올 경우 이 방벽에 대한 효과적인 공략법도 충분히

---

6 http://en.wikipedia.org/wiki/Bar_Lev_Line.

바레브 라인의 참호

강구하고 오리라는 것을 간과했다.

비록 치욕적인 패배를 당하기는 했어도 이집트군이라고 마냥 무능하거나 투지가 없는 군대는 아니었다. 과연 이집트군은 이번엔 숙제를 제대로 했다. 1971년 이스라엘이 바레브 라인을 완성하고 가동한 지 2년 남짓 지났을 때다. 바레브 라인은 설욕과 영토 회복을 꿈꾸는 이집트군 수뇌부에게 가장 큰 골칫덩어리로 부상했다. 엄청난 양의·포격을 쏟아붓고 공병대를 도하시켜 폭약으로 이 방벽을 무너뜨리는 방법 등을 엄청나게 연구했으나 역시 이는 엄청난 자원을 쏟아붓고도 성공할 가능성이 낮아 보였다. 특히 기습 직후 빠른 시간 안에 이를 돌파하지 못한다면 이스라엘 공군 등의 반격으로 이 방벽 바깥에서 묶여 공격부대가 전멸할 것이었다. 이러던 차에 이집트군의 바키 자키 유제프Baki Zaki Yousef라는 젊은 장교가 아이디어를 내놓았다. 자체 발전기가 붙은 소형 양수 펌프로 이 방벽의 모래에 다량의 물을 분사해서 방벽을 '녹아내리게' 하자는 것이었다. 소형 양수기는 병사들이 인력으로 운반할 수 있을 만큼 가벼우면 될 터였다. 모래성은 원래 물에 약한 것에 착안한 것이다.[7]

이집트군 수뇌부는 이 아이디어를 바로 채택했다. 그해 영국에서 소형·경량 펌프를 300개를 수입해와 실험을 거듭했다. 결론은 펌프 5대를 동원하면 1500㎥의 모래를 3시간 안에 제거할 수 있다는 것이었다. 이에 고무된 이집트군 수뇌부는 다음해인 1972년에 이번에는 독일에서 소형 가스터빈 엔진으로 구동되는 더 강력한 펌프를 150대

---

7 http://en.wikipedia.org/wiki/Bar_Lev_Line.

수입해왔다. 독일제 펌프가 가세하면서 소요시간을 2시간으로 줄일 수 있었다.[8]

드디어 1973년 10월 6일 이스라엘의 명절인 '욤 키푸르Yom Kippur' 즉 속죄일에 이집트군과 시리아군을 중심으로 한 아랍 동맹군이 이스라엘을 기습 공격했다. 개전 첫날 참모총장 사드 엘 샤즐리Saad El Shazly가 이끄는 이집트군은 수에즈 운하를 도하한 후 2시간도 안 되어 바레브 라인을 간단히 돌파했다. 앞서 언급된 영국제, 독일제 펌프를 사용하여 수에즈 운하의 물을 퍼다가 방벽에 분사한 결과 방벽에다 총 81개소에 달하는 구멍을 내고 300만m³의 모래를 제거하는 데 성공한 것이다

물론 이집트군이 공군과 포병의 집중적인 지원 속에서 세계 전쟁사에 유례를 찾아보기 힘든 이런 성과를 이루어낸 것은 사실이다. 그날 수에즈 운하 도하의 주력은 미그 21기를 비롯한 250기 공군기가 시나이 반도를 폭격하고 2,000발이 넘는 야포 사격이 이스라엘군에 집중되는 등의 지원을 받았다. 하지만 동시에 이집트군의 성과에는 허를 찔린 이스라엘군이 갈팡질팡하면서 제대로 방어를 하지 못했던 것도 가세했다. 방심과 교만이 적의 기습을 너무 쉽게 허용한 것이다.

몇 년 전 필자는 카이로를 여행하다가 한 이집트군부대 앞에 이집트군이 펌프를 이용해 큰 모래 방벽을 돌파하는 모습이 담긴 대형 그림이 자랑스럽게 서 있는 것을 본 적이 있다. 바레브 라인 돌파를 묘

---

8 http://en.wikipedia.org/wiki/Bar_Lev_Line.

욤 키푸르 작전 초기에 파괴된 이스라엘군 탱크

사한 것이다. 그만큼 이 전과는 이집트군의 큰 자부심이 된 것이다. 하지만 이스라엘군에게는 자신들의 방심과 교만을 두고두고 곱씹는 예가 될 것이다.

· 경영 사례 ·

방심이 허용한 만년 2등의 역전, 삼양라면과 농심, 미원과 제일제당

1959년 마흔을 갓 넘은 전중윤全仲潤이라는 보험회사 부사장이 일본 출장에서 라면이라는 것을 접하게 된다. 길거리에서 사람들이 긴 줄을 서서 사먹는 꼬불꼬불한 국수였다. 이것은 니신식품日淸食品이라는 회사에서 개발한 인스턴트 면으로, 전 일본에서 히트한 이후 여러 업체가 앞다투어 만들기 시작한 '라면'이라는 것을 알게 되었다.[9] 그로부터 얼마 되지 않아 그는 남대문 시장을 지나다가 사람들이 5원짜리 꿀꿀이죽을 사먹기 위해 길게 줄을 서 있는 것을 보고 국내의 식량 자급이 시급하다고 판단하여 일본에서 보았던 라면을 도입하기로 결심하였다.[10] 사업 감각과 사명감이 겹친 판단이었을 것이다. 그는 몇 년 있다가 한국 정부를 설득하여 5만 달러의 지원금을 받아 라면 도입에 나섰다. 일본 라면 생산업체를 접촉한 끝에 유일하게 협조적으로 나온 묘조식품明星食品에서 라면기계 2대를 사들여 라면 생산을 추진했다.[11]

---

9   '라면의 원조 어느 나라일까', 《동아일보》, 1998. 12. 4.

10 '한국 라면의 父, 전중윤 별세…"단돈 10원에 삼양라면 출시한 이유는?" 감동', 《조선일보》, 2014. 7. 11. 훗날 전중윤 회장은 "국민을 위해 애국하는 마음으로 라면을 생산했고 회사의 수익성보다 국민의 편에서 저렴하게 라면을 공급해왔다"라고 입버릇처럼 말했다고 함.

11 김은국, 전수영, 『승승장구 농심 위풍당당 삼양』, 머니플러스, 2011. 6, 68-69쪽.

1961년 8월 설립된 삼양식품공업(후에 삼양식품으로 개명)은 1963년 9월 15일 첫 제품을 시장에 내놓았다. 이것이 바로 닭고기 스프와 주황색 표지, 그리고 중량 100g, 10원의 가격표를 달고 나온 '삼양라면'이다. 당시 서울 시내 다방에서 파는 커피가 35원 정도였으니 한 끼 식사 거리가 되는 라면의 가격은 충분히 매력적이었다.[12] 삼양라면은 이 가격을 이후 7년 이상 유지하면서 라면 보급에 주력했고 이를 TV 광고 등을 통해 회사의 이미지 제고에도 활용했다.

삼양라면은 이렇듯 공격적인 가격정책과 마케팅 노력을 통해 급성장했다. 라면시장이 급성장할 조짐을 보이자 여러 업체들이 가세하기 시작했다. 1965년 롯데 그룹도 롯데공업이라는 회사를 설립하여 라면 제조업에 뛰어들었다. 그러나 터를 탄탄히 다진 삼양의 독주는 한동안 계속되었다. 1970년 이전에 라면업체는 삼양과 롯데를 빼놓고는 모두 퇴출되었으며, 삼양은 1970년대 들어서도 시장점유율이 한때 90퍼센트 정도에 이르는 등 압도적인 시장 위치를 유지했다. 만년 2위인 롯데라면은 이 격차를 다양한 신제품 출시를 통해 좁히고자 했다. 롯데는 1968년 왈순마, 1969년 스파이스라면, 1970년 소고기라면, 1972년 야자라면 등 다양한 제품군을 계속 출시했다. 이에 비해 삼양은 기존방식의 라면 제품인 삼양라면 하나에 집중하여 삼양짜장면(1970년, 후에 짜짜로니로 개명), 삼양컵라면(1972년) 등 파생상품 몇 개만을 내놓은 정도였다. 1970년 롯데가 내놓은 소고기라면이 인기를 끌 조짐을 보이자 이에 맞불을 놓을 목적으로 내놓은 삼양소고

12 http://www.samyangfood.co.kr/pr_3.asp.

기라면이 거의 유일한 기존 방식의 라면 신제품이었다. 롯데는 신제품 출시 이외에도 삼양보다 낮은 가격을 고수해 저가 공세에도 적극적이었다. 롯데의 잇따른 신제품 출시나 저가 공세가 어느 정도는 효과를 발휘해 삼양의 시장을 어느 정도 잠식하는데는 성공했으나 회사의 수익성은 계속 좋지 않았다.

이렇듯 사실상의 삼양 독주 체제가 지속되던 시절인 1975년 롯데는 농심라면이라는 제품으로 경쟁사에 대해 회심의 일격을 가했다. 신제품 출시에 발맞추어 곽규석과 구봉서라는 당대 최고의 코미디언들을 동원해 '형님 먼저, 아우 먼저'라는 캐치프레이즈를 걸고 대대적인 광고에 나섰다. 롯데는 이 광고로 상당한 효과를 보았다. 제품 자체의 질과 광고 등에 힘입어 매출이 급신장하면서 삼양의 점유율을 1975년 67퍼센트에서 1976년 53퍼센트까지 끌어내리는 성과를 거두었다.[13] 1978년 롯데공업은 자사의 상호를 아예 농심으로 바꾸면서 소비자들에게 새로운 이미지를 각인시키려 노력했다. 이런 경쟁사의 약진에도 삼양라면은 꿈적하지 않고 신제품 개발에 그리 열성적이지 않았다. 적을 얕본 것이다. 이렇듯 롯데, 이제는 농심이 아무리 필사의 노력을 기울여도 과반을 넘는 삼양의 압도적인 위치는 별 변화가 없었기 때문이다.

그러다가 1980년대 들어 절치부심을 계속한 농심의 반격이 날카로워졌다. 그동안 만년 2위의 설움을 벗어나기 위해 수행한 부단한 신제품 개발이 연구개발(R&D) 역량 축적으로 이어졌고 이 역량이 드

---

13 '결산분석 라면류', 《매일경제》, 1977. 5. 31.

디어 제품경쟁력의 형태로 빛을 발하기 시작한 것이다. 1982년 11월 출시된 너구리가 대히트를 치기 시작했다. 너구리는 프로야구 원년에 전무후무한 다승의 기록을 세운 장명부 투수(삼미 슈퍼스타즈)의 별명이었는데 재일교포인 그가 생긴 것도 수더분하며 경기도 매우 영리하게 이끈 데에서 나온 별명이었다. 이 긍정적인 이미지를 차용하고 여기에 '오동통통 너구리 한 마리 몰고 가세요'라는 센스 있는 광고 카피를 더해 거둔 성과였다. 본격적인 용기면인 '육개장 사발면'도 이 무렵 출시되어 라면시장의 근본 구조를 바꿀 조짐을 보였다. 이어 1983년 9월에는 안성탕면이 나왔는데 농심은 이 제품에 전통적인 탕 맛을 라면으로 재현하겠다는 의미를 부여하고 이주일, 강부자 등의 인기 광고모델을 내세워서 소비자들로부터 좋은 반응을 얻었다. 소비자들은 이 안성탕면을 원조 삼양라면의 본격적인 대체품으로서 받아들이기 시작했다. 그 뒤를 이어 1984년 농심 최초의 짜장 라면인 짜파게티를 내놓았다. 이 제품도 '일요일엔 나도 짜파게티 요리사'라는 광고 카피를 앞세우고 대대적인 광고 및 판촉에 나서 롱런 제품의 기틀을 다지기 시작했다. 마침내 1986년 10월 농심의 최고 히트작인 신라면이 출시되었다. 신라면은 맵고 자극적인 맛을 좋아하는 한국 사람의 입맛을 겨냥한 것이었는데 강렬한 붉은색 포장에다 광고에서도 매울 '辛'이라는 한자를 교육시키며 소비자들에게 각인시켰다.

그러나 이 시기에 삼양의 대응은 미지근했다. 사업 초기 공격적인 가격 정책과 적극적인 마케팅으로 통해 성장한 회사답지 않게 원조 삼양라면의 건재에 기대는 모습을 보였다. 농심의 신제품에 대항해 신제품을 몇 개 내놓긴 하였으나 그동안 제품개발을 등한시한 탓인지

제품의 차별화에 성공하지 못했고 이마저도 효과적인 광고 및 마케팅 전략과 접목시키지 못해 소비자들에게 어필하지도 못했다. 이 시기 항상 농심이 어떤 제품을 내놓으면 삼양이 맞불을 놓는 목적의 미투 me-too 제품을 가까스로 뒤따라 내놓는 모습이 자주 보였다. 이는 삼양이 농심에게 조금씩 시장점유율을 잠식당하는 결과로 이어졌다.

그런데 이 무렵 삼양의 입지를 더욱 좁히는 일들이 벌어졌다. 1980년대 중반 신규업체들이 라면시장에 뛰어든 것이다. 1983년에 야쿠르트에 이어 1985년 청보식품이 새로 라면 제조업에 진입했다. 이들 후발업체는 시장 교두보 확보를 위해 저가정책으로 밀고 나갔고 이것이 삼양의 시장점유율을 더욱 갉아먹는 요인으로 작용했다. 농심은 다양하고 차별화된 제품군으로 후발업체들과의 가격전쟁을 어느 정도 회피할 수 있었으나 기존 방식의 라면에 주력해온 삼양으로서는 이 압박이 크게 작용할 수밖에 없었다. 마침내 1985년 농심은 라면 시장점유율 40.4퍼센트을 기록하며 39.6퍼센트에 그친 삼양식품을 추월하여 업계 1위 업체가 되었다. 야쿠르트(12.8퍼센트), 청보(7.2퍼센트) 등 후발업체들도 나름 공고한 입지를 확보하며 삼양의 입지를 더욱 좁혔다.[14] 그 다음 해에는 전술한대로 신라면을 출시하면서 농심은 완벽한 업계 1위로 올라서는 계기를 마련했다. 게다가 같은 해 빙그레가 라면시장에 진입하면서 삼양의 입지를 더욱 좁히는 역할을 했다.

1988년 드디어 농심은 사리곰탕면이라는 신제품을 내놓는 것

---

14 '[라면 탄생 50주년-상] 쌀 대용식서 웰빙푸드로 진화', 《EBN》, 2013. 9. 10.

과 함께 시장점유율이 50퍼센트를 넘어서는 성과를 이루어냈다. 한때 라면시장의 절대강자였던 삼양을 완벽하게 2위로 밀어 내린 것이다. 이런 와중에 수세에 몰린 삼양에게 비수를 꽂는 사건이 터졌다. 1989년의 '우지파동'이 그것이다. 검찰이 삼양이 공업용 우지를 수입해 라면제조에 사용했다고 기소한 것이다. 거의 10년이 지난 1997년에야 무죄판결이 내려지기는 했지만 삼양은 이 사건으로 인해 심한 기업 이미지 손상을 입어 매출이 곤두박질치는 피해를 입었다. 심지어 불매운동 등으로 서울 도봉동 공장도 한때 폐쇄되기도 했었다.[15] 삼양의 시장점유율은 10퍼센트 중반으로 밀려버려 한때 농심이 만년 2위로서 서러워했던 위치까지 떨어지는 수모를 겪었다. 삼양은 1990년대 들어와서도 좀처럼 역전의 발판을 마련하지 못하다가 외환위기의 와중인 1998년에 채권단과 화의에 들어가 파산 위기까지 몰리게 되었다. 농심이 그 이후에도 부동의 1위를 유지해온 것과는 크게 대비가 되는 것이다.

창사 이래 라면 업계에서 절대강자의 위치를 차지하던 삼양이 만년 2위이던 농심에게 역전을 허용한 근본적인 이유는 승자의 안도감과 안이함일 것이다. 1970년대까지 20년 이상 유지해오면서 부단한 신제품 개발로 안간힘을 쓰던 2위 업체의 추격 노력을 과소평가하면서 거의 대응하지 않은 것이다. 신제품 출시의 경우에도 새로운 수요를 창출하여 시장을 선도하는 제품을 내놓기보다는 단순히 2위 농심의 신제품 출시 후 맞불을 놓는 격의 제품 출시를 했을 뿐이다. 추

---

15 김은국, 전수영, 『승승장구 농심 위풍당당 삼양』, 머니플러스, 2011. 6, 100-107쪽.

월을 당하기까지는 아마도 주력제품인 삼양라면의 과거 성공이 너무 커서 이 회사 경영진들이 이에 안주하려는 마음가짐에 사로잡혀 있던 것으로 보인다. 이는 1970년대 중반 이후 시장에서 큰 히트를 친 삼양의 신제품을 찾아보기 힘든 것으로 반증된다. 만약 삼양의 경영진들이 농심의 도전을 심각하게 여기고 연구개발 노력을 배가하여 시장을 흔드는 제품을 계속 내놓았다면 이후 농심의 추격을 뿌리칠 수 있었을 것이다.

삼양처럼 방심하다가 부동의 1등 자리를 경쟁자에게 내준 국내 사례는 또 있다. 바로 미원의 경우다. 1908년 일본의 동경제국대학교 교수인 이케다 기쿠나에池田菊苗라는 사람이 다시마에서 MSGMonosodium Glutamate라는 물질을 추출해내는 데 성공했다. 이를 스즈키 사브로스케鈴木 三郎助라는 기업인이 1909년 '아지노모토味の素'라는 이름으로 상용화했다.[16] 이것이 오늘날 일본 아지노모토 주식회사味の素株式会社의 모태가 된 것이다. 이 MSG는 일제 강점기에 이미 우리나라에도 들어와서 식당에서 파는 냉면 등에 첨가되기 시작했으나 일반 가정에는 별로 보급되지 못했다.

한국에서는 1960년 동아화성공업이라는 회사에서 '미원味元'이라는 제품명으로 MSG를 생산, 시판하면서 '발효조미료[17]' 산업의 시대가 개막되었다. 이 회사는 얼마 지나지 않아 아예 회사이름을 제품명으로 바꿀 정도로 시장에서 큰 히트를 기록했다. 선발주자의 큰 성공에 자극받아 곧바로 여러 업체가 닭표맛나니(신한제분), 미풍(미풍산업), 미

---

16 아지노모토 사의 홈페이지 (http://www.ajinomoto.com) 참조.
17 MSG는 사탕수수 등 곡물에서 발효를 통해 추출.

영(한양산업), 일미(제일물산) 등의 상표로 이 시장에 뛰어들었다. 하지만 선발주자인 미원의 위상은 견고했다. 그래도 시장 전체의 고성장세가 거듭되면서 1968년 삼성그룹의 주력사인 제일제당도 미풍산업을 인수하여 이 시장에 참여하면서 미원에 도전장을 냈다.

1970년대 중반쯤에는 미원과 제일제당의 치열한 경쟁 속에서 이 산업에서 이 두 회사만이 살아남아 양강체제가 형성되었다. 하지만 미풍은 여러 차례 차별화를 시도하는 등 거센 도전을 해왔지만 시장 점유율 70퍼센트를 자랑하는 미원의 아성을 좀처럼 흔들지 못했다. 1970년대 중반 조금만 넣어도 강한 맛이 나는 '핵산'이 생산되면서 이를 기존 MSG와 섞은 '복합조미료'가 출시되어 시장의 판도가 크게 바뀔 계기가 있었다. 그러나 미원의 복합미원, 제일제당의 아이미라는 이름으로 출시된 이 제품군의 싸움에서도 선발주자를 이기려는 제일제당의 도전을 미원은 잘 방어하며 부동의 1위 자리를 다시 한 번 굳혔다.

그러나 제일제당은 단념하지 않았다. 이 회사는 1970년대 들어 일본에서 천연재료에 소량의 인공조미료를 넣은 '종합조미료'가 아지노모토사 등에 의해 새로운 시장을 형성해가는 것에 주목했다. 이에 따라 이 회사는 1975년 한국인의 입맛에 맞는 종합조미료를 개발하고 이를 다시다라는 이름으로 출시했다. 하지만 출시 초기에는 한국 시장에서 이 제품은 시기상조로 보였다. 매출은 기대만큼 빨리 올라가지 않았고 막대한 판촉비용 등으로 적자가 쌓여갔다.[18] 그럼에도 불

---

18 김문, 『공격 마케팅』, 진한엠앤비, 2012, 207쪽.

구하고 이 회사의 경영진은 포기하지 않고 믿음과 뚝심을 가지고 이 시장이 크기를 기다렸다.

그런데 업계의 선두주자 미원은 이 시장을 방치했다. 이 시장에서 제일제당이 큰 적자를 내며 고생하는 것을 보고 이 시장에 대한 참여가 '시기상조'라고 보았기 때문이다. 또 경쟁사의 분전 등으로 이 시장이 충분히 커진 후에 참여해도 늦지 않을 것이라는 판단도 가세했다. 제일제당을 상대로 항상 이겨왔다는 자만심이 있었기 때문이다. 그러나 이 회사는 옆 나라인 일본에서 종합조미료 시장이 한창 확대되고 있는 사실도 묵살한데다 자신들이 과거에 인공조미료 시장을 석권한 것은 누구보다도 먼저 시장개척에 나섰기 때문이었다는 경험을 잊어버리고, 제일제당이 바로 그렇게 하고 있다는 것도 간과했다.[19]

그런데 제일제당의 노력은 몇 년 뒤 결실을 보기 시작했다. 소비자들이 이 종합조미료의 효능을 알아채자 이 제품군이 기존의 조미료 시장을 빠른 속도로 잠식해 들어갔다. 미원은 뒤늦게 이를 심각하게 받아들이고 1983년 맛나라는 종합조미료를 출시했다. 맛나는 다시다를 추월하기 위해 모든 회사의 역량을 동원했다. 광고 판촉비, 판매 인력 등 판매의 전 부문에서 제일제당의 두 배 이상 물량을 투입했다. 두 회사 간의 경쟁은 날로 치열해지면서 광고전에서도 첨예한 대립이 지속되었다.[20] 제일제당이 당시 톱 탤런트 김혜자를 모델로 다시다 광고에 나서자 미원도 역시 톱 탤런트 고두심을 기용하여 대응

---

19 김문, 『공격 마케팅』, 진한엠앤비, 2012, 208쪽.
20 『CJ 그룹 60년사』, 66-67쪽.

하는 식이었다.[21]

그러나 이미 시장을 장악한 다시다의 벽을 무너뜨릴 수 없었다. 이미 종합조미료가 대세로 되어버린 조미료 시장에서 예전에 미원이 그랬던 것처럼 이제는 제일제당이 선발주자의 이점을 활용하여 확고한 위치를 굳혔기 때문이다. 이로써 이후 두 회사 간의 경쟁우위가 제일제당으로 완전히 넘어가는 계기가 만들어졌다. 만약 미원이 방심과 자만심을 이겨내고 한 수 아래로 보았던 경쟁자가 판을 흔드는 조짐에 대응했다면 두 회사 간의 위상 차이는 지금과는 많이 달라졌을 것이다.

---

21 당시 이 두 사람은 한 TV 드라마에서 고부간으로 같이 출현했기 때문에 항간에서는 이 두 회사의 경쟁을 '고부간의 갈등'이라고까지 불렀음.

10

성공도 습관이니 전략의
초기 과제는 반드시 성공시켜라

『손자병법』의 세(勢)편에는 "전쟁을 잘하는 장수는 '기세'에서 승리를 구한다"라
는 말이 나온다. 전쟁에서 이기기 위해서는 기세를 타야만 병사를 휘몰 수 있
다는 뜻이다. 전쟁을 잘하는 장수가 "기세를 잘 만들어내는 것은 마치 둥근 돌
을 천 길 높이의 산에서 굴려 내려오는 것"과 같다고 부연한다.[1]

전쟁사를 보면 전쟁의 흐름이 아군에게 유리하게 바뀌는 것은 어느 한 전투에
서 승리한 것부터 시작되는 사례를 자주 목격할 수 있다. 아마도 한 전투에서
승리해본 자신감이 조직 전체에 스며들면서 밀어붙일 수 있는 '기세'가 생겼기
때문이라 하겠다. 그러므로 전쟁에서 승리하기 위해서는 어느 중요한 전투에
서 승리를 만드는 것이 매우 중요한 것이다.

이는 경영에서도 마찬가지다. 경영전략이 실천에 옮겨지는 단계에서 임직원들

---

1 손자, 김원중 역, 『손자병법』, 글항아리, 2011, 144쪽.

이 자신감을 가지고 임하는 것은 당연히 중요하다. 그런데 이 자신감도 어떤 한 작은 프로젝트의 성공에서부터 시작되는 경우가 많다. 성공에 대한 자신감이 또 다른 자신감을 불러오기 때문일 것이다. 이 경지에 다다르면 임직원들에게 성공은 습관이 되어버린다. 그러므로 경영전략을 성공적으로 수행하기 위해 실행 초기에 그 전제가 되는 '첫 성공'을 만드는 것이 요구된다.

최종 승리의 전기가 된
미드웨이 해전과 과달카날 전투

제2차 세계대전이 한창이던 1942년 6월 4일부터 7일까지 하와이 북서쪽 앞바다의 미드웨이Midway 섬[2] 근처에서 태평양 전쟁의 흐름을 바꾸어놓을 역사적인 해전이 벌어졌다. 이미 6개월 전인 1941년 12월 7일에 선전 포고도 없이 하와이의 진주만Pearl Harbor을 기습하여 미 해군의 태평양 함대 전력을 거의 전멸시킨 적이 있던 일본 해군은 그 기세가 등등했다. 일본은 이 기세를 몰아 하와이 북서쪽에서 2,100km 정도 떨어진 미드웨이 섬을 점령함으로써 태평양 전체에서 미군의 남은 전력, 특히 항공모함 세력을 일소하겠다고 생각했다. 그리고 진주만 기습 후 얼마 지나지 않아 항공모함에 폭격기를 싣고 와 도쿄를 폭격한 미군의 반격을 다시는 허용하지 않겠다는 의도도 가지고 있었다.[3] 미드웨이를 점령하면 일본 본토로 가는 미국 항공모함

---

2 정확히는 산호초로서 몇 개의 작은 섬으로 이루어진 무인도였으나, 미군이 섬에 활주로를 닦아 비행기지를 건설하여 일종의 항공 요새가 된 상태였음.

3 1942년 4월 18일 제임스 둘리틀(James Dolittle) 중령이 이끄는 육공항공대의 특공조는 항공모함에 16기의 B-25 중형 폭격기를 싣고 와 일본에서 1,200km 떨어진 바다에 발진하여 도쿄를 폭격했음. 이것으로 일본의 진주만 기습에 대한 미국의 첫 보복이 이루어짐. 일본 본토는 안전할 것이라 믿고 있던 일본군 수뇌부는 이에 경악하여 그 대책의 일환으로 미드웨이에 눈을 돌리게 됨.

을 도중에 요격을 할 수 있었기 때문이었다.[4] 게다가 이를 기초로 하와이를 점령하고 나아가 미국 본토를 공격할 교두보를 확보할 심산이었다.

진주만 기습 전부터 일본 해군 전체를 지휘해온 야마모토 이소로쿠山本五十六 연합함대 총사령관은 이 섬을 점령함과 동시에, 이를 막기 위해 이 섬 주위로 출동할 미국의 남은 항공모함들을 모두 없애버린다는 계획을 세웠다. 즉 이 섬 주위를 미군 항공모함들에 대한 함정(trap)으로 사용하겠다는 것이었다.[5] 사실 미군의 잔존 항공모함 세력은 얼마 되지 않았다. 일본의 하와이 기습 시에 미 해군의 항공모함들은 마침 기동훈련을 위해 먼바다에 나가 있어 피습을 면했지만 불과 한 달여 전인 5월 초에 치러진 '산호해 해전(The Battle Of The Coral Sea)'에서 미군은 렉싱턴Lexington이라는 항공모함 1척을 격침당했고 요크타운Yorktown이라는 항공모함은 가까스로 격침을 면했으나 대파되어 작전이 불가능한 상태가 되었기 때문이다. 결국 이 해전 직후 작전 가능한 미군의 항공모함은 불과 2척밖에 남지 않았다. 일본도 이 해전에서 쇼가쿠翔鶴와 즈이가쿠瑞鶴라는 항공모함 2척이 크고 작은 피해를 입었으나 수리 가능한 상태였다. 이후 미군은 일본 해군과의 정면 대결을 피하고 있었기 때문에 일본 해군은 좀처럼 이들을 잡아낼 기회를 가질 수 없었다. 야마모토는 이 남은 2척을 미드웨이로 유인해 일소하려 한 것이다.

일본의 의도대로 미 해군은 예상되는 적의 공격에 대비하여 남아

---

4 http://en.wikipedia.org/wiki/Battle_of_Midway.
5 http://en.wikipedia.org/wiki/Battle_of_Midway.

산호해 해전에서 격침당한 렉싱턴 항공모함, 1942년 5월 8일

있는 함대 전력을 다 긁어모아 미드웨이 해역으로 집결시켰다. 물론 미 해군의 수뇌부는 일본군이 미드웨이 섬 주변을 자국 항공모함에 대한 함정으로 쓸 것이란 의도를 알아채고 있었다. 그러나 이 해전에서 패전할 경우 진주만에 이어 연패의 사슬이 이어지고 본토마저 위협받을 수 있다는 절박함을 가지고 있었기 때문에 남은 전력으로 최선의 대비를 할 수밖에 없었다. 단지 산호해 해전에서 대파당한 항공모함 요크타운을 72시간 동안 불철주야 수리하여 이 해전에 투입할 수 있었던 것이 미군에는 큰 힘이 되었을 뿐이다. 또한 일본 해군이 산호해 해전에서 피해를 입은 두 항공모함의 수리가 끝나지 않아 투입할 수 없었던 것도 양측의 전력 격차를 어느 정도 줄여주는 역할을 했다.[6]

그래도 양측 간의 전력 격차는 여전히 컸다. 미국 해군은 항공모함 3척 이외에, 전함은 하와이에서 모두 격침되어 당연히 1척도 없는 약한 전력을 가지고 있었던 반면, 이에 맞서는 일본 해군은 항공모함 4척, 경輕항공모함 2척, 전함 7척, 순양함 9척 등으로 이루어진 여전히 매우 강한 전력을 자랑했다. 단지 일본 해군 입장에서는 산호해 해전에서 피해를 입은 두 항공모함이 수리를 위해 일본 본토로 가 있어 이 작전에 투입할 수 없었던 것이 조금 아쉬웠을 뿐이다.

그러나 미해군의 정보전 능력은 일본 해군에 비해 훨씬 우월했다. 해군 정보부는 일본 해군함 사이의 암호 교신 내용을 해독해냈다. 그 결과 미 해군에게는 미드웨이가 일본 해군의 공격목표라는 것 등 적

---

6 일본 해군의 수뇌부는 요크타운이 격침된 것으로 판단하여 이 해전에는 단지 2척의 항공모함이 나타날 것이라 오판했음.

의 정확한 공격 의도와 시점을 알고 일본 해군의 공격에 대비할 수 있는 이점이 있었다.[7] 미군의 태평양함대 총사령관인 체스터 W. 니미츠Chester W. Nimitz는 적 항공모함 및 전함의 배치에 맞추어 함대를 배치시키고 미드웨이 북쪽 바다에서 일본 해군을 기다리고 있었다. 또한 미드웨이 섬에 있는 비행장에 상당수의 전투기 및 폭격기를 배치시키고 일본군의 내습에 대비토록 했다.

1941년 6월 4일 새벽 4시 30분 미국함대가 과연 자기들이 쳐놓은 '함정'에 끌려 미드웨이 근처로 들어왔는지를 확신하지 못한 채, 야마모토 함대의 선봉에 섰던 나구모 주이치南雲忠— 중장이 이끄는 항공모함에서 미드웨이 섬을 공격하기 위한 첫 출격이 이루어졌다. 하지만 108기의 급강하 폭격기, 뇌격기, 전투기로 이루어진 이 첫 공격비행대는 미드웨이 섬에 주둔한 전투기들과 지상포화에 막혀 큰 전과를 내지 못했다. 오히려 이 항공모함들은 이 섬에서 날라 온 폭격기들에게 공격을 당했다. 비록 큰 피해를 입지 않았으나 이 때문에 나구모는 큰 실수를 저지르고 말았다. 미드웨이에 남아 있는 적의 잔존세력을 제거하지 못하면 섬을 점령하기 위한 상륙작전은커녕 자신의 함대 전체가 위험해질 수 있다고 판단한 것이다. 이에 따라 그는 7시 15분 함재기 총수의 반을 예비 전력으로 남겨두어야 한다는 일본 해군의 항공 운용 원칙을 어기고 남아 있는 모든 비행기들에게 미드웨이 섬 공격을 위해서 지상폭격용 폭탄으로 무장하도록 명령했다. 문제는 이들 비행기의 상당수가 적의 함대가 나타났을 때 가장 효과적

7 http://en.wikipedia.org/wiki/Battle_of_Midway.

인 공격무기인 어뢰를 싣고 있었으나 이도 지상공격용 폭탄으로 교체하라는 명령을 받은 것이다. 이는 미드웨이 섬으로 향한 첫 공격부대가 귀환하기도 전이었다.

이런 와중에서 몇 십 분 뒤인 8시경 일본군 정찰기가 미군 항공모함을 발견했다는 보고를 무전으로 타전해왔다. 이에 나구모는 이들을 공격할 목적으로 항공모함에 대기 중이던 비행기들에게 다시 어뢰로 무장하도록 명령했다. 이렇듯 우왕좌왕 시간을 허비하여 막 출격 준비를 마칠 무렵 미드웨이 섬을 공격하러 갔던 첫 공격대가 귀환하고 있었다. 당시만 해도 항공모함 크기가 그리 크지 않아 이륙과 착륙을 동시에 수행할 수 없었던 시절이라 이 부대의 귀환은 미군 항공모함을 공격하러 떠날 공격부대의 발을 묶는 역할을 했다. 9시 20분이 되어서야 미드웨이 공격부대는 귀환하고 미군 항공모함을 공격하기 위해 무장을 바꾼 비행기들이 이륙 준비를 갖출 수 있었다.[8]

그런데 일본군 입장에서 하필이면 이때쯤 미 해군 항공모함에서 발진한 첫 공격편대가 들이닥쳤다. 어뢰를 실은 세 그룹의 뇌격기 편대가 맹렬하게 이들을 공격해온 것이다. 그러나 당시 미군 어뢰의 성능이 형편없던데다 호위를 받지 않은 이들의 공격은 일본 함대에 별 피해를 주지 못하고 오히려 대다수가 일본 해군의 대공포화나 호위 전투기에 의해 대부분 격추되었다. 나구모를 비롯한 함대 수뇌부가 이에 안도하고 있는 사이 10시 22분경 이번에는 미군의 급강하 폭격기 편대들이 한꺼번에 몰려왔다. 이들 역시 수많은 희생을 감수해야

---

8 권주혁, 『헨더슨 비행장』, 지식산업사, 2001, 144쪽.

했으나 이번에는 달랐다. 이들이 공중에서 떨어뜨린 폭탄이 일본 해군의 항공모함에 한두 발만 맞아도 대폭발로 이어졌던 것이다. 이는 무엇보다도 앞서 언급한대로 그날 아침 무장을 교체하는 과정에서 승무원들이 떼어내고 나서 미처 안전한 폭탄창고에 가져다놓지 못한 고성능 폭탄과 어뢰들이 비행갑판과 격납고 곳곳에 방치되어 있었기 때문이었다. 적의 한두 발 폭탄에도 이것들이 모두 유폭되었던 것이다.[9]

결국 결전의 결과는 객관적인 전력으로는 예상할 수 없는 미 해군의 대승이었다. 일본 해군은 미드웨이 해전에 동원한 아카기赤城, 소류蒼龍, 히류飛龍, 카가加賀 등 4척 모두가 격침된데 이어 중重순양함 1척도 잃었다. 함재기 300여 기도 항공모함과 함께 운명을 같이했다. 물론 미국도 항공모함 요크타운이 일본 함재기들의 공격으로 격침되고 150대의 함재기가 손실되는 등 상당한 피해를 당했으나 일본이 입은 피해에 비하면 크게 경미한 편이었다. 게다가 미 해군은 이 해전을 반격의 전기로 삼아 개전 이후 막강한 일본 해군에 쫓겨다니는 신세에서 연전연승을 거두면서 일본 해군을 쫓아다니는 위치를 점하게 되었다. 이는 근본적으로 이번 결전의 중요성을 알고 철저히 준비해온 미 해군의 정보력과 작전 계획의 승리라 할 것이다.

미드웨이 해전을 통해 승기를 잡은 미국은 육상에서도 반격에 나서기 시작했다.[10] 1942년 8월 7일 미 해병대는 호주에서 가까운 솔로몬 군도의 으뜸 섬으로서 우리나라 제주도의 3.5배 넓이인 과달카날

9 권주혁, 『헨더슨 비행장』, 지식산업사, 2001, 143-154쪽.
10 http://en.wikipedia.org/wiki/Guadalcanal_Campaign.

공격받는 요크타운 항공모함

Guadalcanal에 상륙했다. 이로써 호주의 코앞까지 쳐들어온 일본군에 대해 공세를 펼치기 시작했다. 미군이 이 섬을 공격의 대상으로 삼은 것은 그해 5월 이 섬을 점령한 일본군이 7월 초부터 거기에 비행장을 건설 중이라는 것을 항공정찰을 통해 알았기 때문이다. 즉 미군 수뇌부는 이 비행장이 완성될 경우 미국 서부에서 호주 동부로 이어지는 수송라인이 일본군 장거리 폭격기의 목표가 될 것은 물론 호주 본토까지 위험해질 것을 우려했던 것이다.

당시 이 섬 및 인근 섬에 주둔한 일본군 병력은 단지 900명 정도였고 비행장 건설 관련 민간인들 약 2,800여 명이 일을 하고 있었다. 이들 중 상당수는 징용으로 끌려간 우리나라 사람들이었다.[11] 미군은 알렉산더 밴더그리프트Alexander Vandegrift 중장의 지휘하에 있는 해병 제1사단을 주축으로 총 1만 6,000명의 병력을 동원했고, 이중 1만 1,000명이 과달카날 섬에 상륙해 이 섬에 주둔해 있던 소수의 일본군들을 물리치고 일단은 손쉽게 섬을 점령했다. 일본군은 자신들의 호주 침공에 대비해 미군 등 연합군이 수비하는 자세를 고수할 것이라 생각하고 이 섬의 수비를 게을리했다가 허를 찔린 것이다.

당연히 일본군은 반격에 나섰다. 미드웨이 해전 패배의 충격이 있었지만 필리핀에서 미국 군대를 쫓아내며 호주 근처까지 파죽지세로 내려온 일본군은 적을 얕보고 덤볐다. 미군 상륙 후 얼마 안 있어 일본군 수뇌부는 이치키 기요나오―木淸直 대령이 이끄는 1개 연대(제17군 28보병연대)의 3,000여 명 병력으로 이 섬의 탈환을 시도했다. 과

---

11 http://en.wikipedia.org/wiki/Guadalcanal_Campaign.

과달카날 섬에 상륙하는 미 해병대

달카날에 상륙한 미군의 숫자를 턱없이 낮게 추산한 결정이었다. 게다가 이 병력도 분산해 투입하다가 차례차례 궤멸되는 패턴이 이 부대를 시작으로 바뀌지 않고 계속되었다. 예를 들어 8월 19일 맨 처음 이 섬에 상륙한 917명의 '이치키 부대의 선발대'는 나머지 병력이 오는 것을 기다리지 않고 곧바로 공격에 나섰다. 당시 미군은 섬 점령 후 일본군이 건설 중이었던 비행장을 일본군이 미처 챙겨가거나 파괴하지 못한 장비를 이용해 비행장을 완성시키고 이 주위로 강력한 방어 진지를 구축했다. 미군은 이 비행장을 미드웨이 해전에서 급강하 폭격기 편대를 이끌다 첫 번째 전사자로 기록된 로프튼 헨더슨Lofton Henderson 소령의 이름을 따서 '헨더슨 비행장Henderson Field'이라 명명하였다.[12] 미군을 기습할 요량으로 일본군은 며칠 동안 정글을 한참 우회해 8월 21일 앨리게이터 크릭Alligator Creek이라는 곳에서 야음을 틈타 총격에 나섰으나 미군의 기관총좌의 일제 사격에 단지 130여 명만 살아남고 몰살당했다.

이에 일본군은 9월 말에는 4,000여 명을 증파하여 공격에 나섰지만 700여 명이 전사하고 말았다. 일본군은 다시 복수의 칼날을 갈고 10월에는 드디어 미군 병력을 압도하는 2만 명을 투입하여 결전에 나섰다. 10월 24일 일본군은 전략적 가치가 큰 이 헨더슨 비행장의 탈환을 다시 한번 시도했다. 하지만 결과는 좋지 않았다. 비행장 앞의 작은 언덕을 중간에 두고 벌어진 이 전투에서 존 바실론John Basilone이라는 상사가 2개의 기관총좌로 이후 3일 동안 그를 포함한 단 3명이

---

12 권주혁, 『헨더슨 비행장』, 지식산업사, 2001, 165쪽.

헨더슨 비행장에서 출격 준비 중인 미 공군 F4F 와일드캣 전투기

살아남을 때까지 3,000여 명의 일본군[13]을 막아냈다.[14] 이 한 전투에서 미군은 53명이 전사한 반면 일본군은 약 1,500명이 전사하는 손실을 입었다.[15]

이렇듯 과달카날을 탈환하려 투입한 군대마다 연전연패를 당하는데도 일본군 수뇌부는 그해 12월까지도 이 시도를 지속했다. 하지만 이미 이 섬의 잔존한 일본군은 턱없이 모자란 식량 보급과 질병으로 인해 전투력을 거의 상실하고 상당수가 죽어가고 있었다. 이들에게 가는 보급품을 수송하는 배들의 대부분이 헨더슨 비행장에서 이륙하는 미군 비행기의 공격에 침몰하거나 보급을 포기하고 돌아갈 수밖에 없었기 때문이다. 결국 더 이상의 공격은 무의미하다는 것을 깨달은 일본군 수뇌부는 그해 12월 28일 히로히토 천황의 재가를 얻어 철수를 결정했다. 이에 과달카날에 남은 일본군 잔여병력 1만여 명이 다음 해 2월 초까지 야음을 틈타 철군했다.[16] 그러나 이는 이미 2만 5,000여 명의 병력이 전사한 큰 피해를 입은 후였다.

과달카날 전투에서의 승리 이후 미군은 이후 육상전에서도 일본군의 이렇다 할 반격을 허용하지 않고 섬과 섬을 점령해가며 결국 일본 본토의 입구인 오키나와까지 연전연승을 거두었다. 이런 면에서 미드웨이 해전과 이 전투는 태평양 전쟁에서 승기가 미국으로 넘어간 소위 '터닝포인트Turning Point'였으며 결국 미국이 거둔 최종 승리의 초석

---

13 일명 '센다이(仙台) 사단'이라 불린 육군 제2사단의 일부임.
14 http://en.wikipedia.org/wiki/John_Basilone.
15 이는 훗날 '스티븐 스필버그(Steven Spielberg)'와 '톰 행크스(Tom Hanks)'가 제작한 〈더 퍼시픽(The Pacific)〉이라는 전쟁시리즈에서 실감나게 그려졌음.
16 http://en.wikipedia.org/wiki/Guadalcanal_Campaign.

이 된 것이다. 여기에는 이 두 전투에서 패배를 당하면서 일본군의 전력이 많이 소모된 면도 작용하였으나 무엇보다도 해상과 육상 모두에서 일본군에 대한 자신감이 미군 사이에 퍼진 것도 결정적인 역할을 하였다.[17] 만약 이 두 전투에서 일본군이 미군을 패퇴시켰다면 이후 전쟁의 양상은 크게 달라졌을 것이다. 비록 공업생산력, 인구 수 등에서 우위에 섰던 미국이 이 전쟁에서 최종 승리를 거두었겠지만, 이 두 전투에서 승리하지 못했다면 최종 승리의 순간도 훨씬 미루어졌을 것이다.

17 http://en.wikipedia.org/wiki/Guadalcanal_Campaign.

삼성 신경영,
"작은 성공부터 시작하자"

1993년 삼성의 이건희 회장은 삼성 내에 일종의 정신 혁명을 시작했다. 긍정적 의미에서의 '삼성판 문화혁명'이라 일컬어졌던 이 캠페인은 큰 성공을 거두고 오늘날 삼성이 초일류 글로벌 기업이 되는, 어쩌면 가장 중요한 기틀이 되었다. 그가 1988년 창업자 이병철 회장에 이어 그룹 회장직에 오른 후 오랜 칩거 생활 동안 삼성그룹의 나아갈 길에 대해 고심한 끝에 내놓은 것이 바로 이 '신경영'이다.

1993년 6월 7일 이건희 회장은 독일 프랑크푸르트Frankfurt의 캠핀스키Kempinski 호텔로 그룹의 고위 임원들을 소집했다. 원래 이 자리에서 그는 삼성이 향후 나아갈 길로서 '글로벌화'를 한 시장 확충을 천명하고 이에 관련된 구상을 협의할 생각이었다고 한다. 그런데 그는 프랑크푸르트로 오는 비행기 안에서 '후쿠다 보고서'라는 문건을 읽었고 도착 후에는 사내 방송의 '세탁기 영상'을 보았다. 최근 출간된 한 책은 그때 그의 감정은 "배신감과 참담함"이었다고[18] 전하고 있다.

후쿠다 보고서란 교세라京セラ株式会社 출신으로서 당시 삼성에 고문으로 와 있던 후쿠다 다미오福田民郎라는 사람이 삼성의 제품 디자인

---

[18] 명진규, 『청년 이건희』, 팬덤북스, 2013, 345쪽.

및 삼성 내부의 관련 프로세스상의 문제점을 조목조목 지적한 13쪽짜리 문건이었다.[19] '세탁기 영상'이란 삼성전자의 세탁기 생산 라인에서 한 공정에 도착한 플라스틱 부품이 규격에 맞지 않아 이를 가공한 이전 공정의 책임자를 불러 해결을 요구했더니 이 사람이 그 자리에 연필 깎는 칼로 부품을 깎아 규격을 맞추는 사례를 고발하는 보도였다. 이 두 사건으로 이건희 회장은 삼성이 국제화를 논의할 단계는커녕 제품 품질의 기본이 안 되어 있음을 확인하고 나서 충격을 받았다. 이에 그는 고심 끝에 프랑크프루트 회의를 제품의 질부터 시작해서 삼성을 근본적으로 바꾸자는 구상을 발표하고 논의하는 장으로 바꾸었다.[20] 이후 그는 도쿄, LA 등에서 수차례 더 회의를 거치면서 자신의 생각을 가다듬어 이를 '신경영'으로 정립시켰다.

이때부터 신경영은 삼성의 경영철학이자 경영의 기본 방침 및 목표가 되었고 동시에 조직문화의 근간이 되었다. 신경영의 주요내용은 다음과 같은 순차적 논리구조에 기반하고 있다. 회사가 처한 심각한 상황을 냉철히 인식하고 이를 위기로 받아들여 그 원인을 철저히 반성하며, 둘째 이를 기초로 변화를 시작하되 '나부터 변화' 즉 구성원 모두가 변화의 주역이 된다. 셋째 인간미, 도덕성, 예의범절, 에티켓 등 몇 가지 변화의 기본 전제를 지키면서 구성원 모두가 한 방향으로 바꾸며, 넷째 변화가 추구해야 될 지향점은 최고 수준의 제품 및 서비스의 질로 삼는다. 다섯째, 여기에다 복합화, 정보화, 국제화 등의 수단을 통해 제품·서비스의 부가가치 극대화와 시장 확장을 더하

---

19 '삼성·소니 운명 가른 건 13쪽짜리 이 보고서였다', 《중앙일보》, 2012. 11. 29.
20 삼성 내에서 이는 '프랑크프루트 선언'이라 불림.

여 세계 최고 수준의 경쟁력을 확보한 다음, 마지막으로 이를 토대로 21세기 초일류 기업이 되자는 것이었다.

삼성그룹은 사장을 비롯한 전 임직원에게 합숙 교육을 통해 신경영을 전파한 후, 회장실에 신경영 사무국을 만들어 그룹 차원에서 그 실행을 챙기고 독려하였다. 여기에다 신경영 실행으로 달라진 품질에 대한 회사의 의지를 안팎으로 천명하면서 임직원들에게 긴장감을 주고 고객들에게는 신뢰를 주려는 노력을 병행했다. 그 대표적인 예가 불량 전화기 '화형식'이었다. 1995년 3월에는 삼성전자 구미사업장에서 그 당시 잦은 고장으로 소비자 불만이 높아 회사 안팎에서 심각한 불량 문제가 제기된 휴대전화와 무선전화 15만 대가 불태워지는 화형식이 거행되었다. 약 500억 원 상당이 순식간에 쓰레기도 변했다.[21] 이는 신경영 이후 대내외에 회사의 품질에 대한 의지를 천명하는 상징적인 의식이었다.

또한 이 회장은 변화를 촉진하기 위한 일종의 충격요법으로 '7. 4' 제가 전격적으로 실시되었다. 7시 출근, 4시 퇴근은 그 당시 삼성의 8시 30분 출근, 6시 30분 퇴근의 관행에 익숙해진 임직원들에게 근본적인 변화를 촉구하는 메시지로 다가왔다. 이건희 회장은 이 새로운 근무 시간 시행의 취지에 대해 이렇게 말했다.

"7시에 출근해서 4시에 모든 일과를 끝내봐라. 퇴근 후에는 운동을 하든지, 친구를 만나든지, 공부를 하든지 하고 6시 30분에 집에 들어가라. 회사가 스케줄을 그렇게 만들어주면 자연히 가정적인 사

---

21 '삼성, 냉장고 21만대 리콜',《경향신문》, 2009. 10. 30.

람이 된다. 4~5시에 퇴근할 수 있게 되어 밤늦게 친구 안 만나면 가족 불러내서 저녁 먹게 되고, 이런 게 일주일에 두어 번은 될 것이다. 회사도 필요 없는 전기 안 켜도 되니 전기세부터 절약되지 않겠나. 6시 넘어서까지 무엇하러 회사에 앉아 있나. 그 대신 아침에 일찍 오자. 교통 막히니 7시까지 출근하자. 대신 과장급 이하는 4시에 다 퇴근하고, 과장에서 부장까지는 5시까지는 정리하고 다 나가라. 이건 명령이다. 윗사람이 퇴근해야 나도 한다는 발상은 안 된다. 안 나가는 사람이 나쁜 사람이다. 만약 안 가면 부서장이 책임져야 된다."[22]

신경영 효과의 크기는 그룹 안팎의 예상을 뛰어넘는 것이었다. 예를 들어 낮은 품질과 높은 불량률로 회사 수익과 브랜드 가치를 깎아먹던 VTR의 불량률이 신경영 실시 1년 만에 수십 분의 일로 떨어졌다. 이렇듯 제품과 서비스의 질이 획기적으로 개선되면서 이후 삼성이 1997년의 외환위기를 극복하고 2000년의 디지털 혁명에서 큰 기회를 잡을 수 있는 근본적인 경쟁력을 확보할 수 있게 된 것이다.

그런데 훗날 신경영의 내용 중 어떤 것이 이런 큰 효과를 내는 원동력이 되었느냐에 대한 토론이 많았다. 이것은 필자가 삼성에 근무할 당시에도 임직원들 사이에 토론이 많이 되었던 주제였다.[23] 그런데 시간이 지날수록 중론은 신경영의 가장 큰 주제인 '변화'가 오늘날 삼성을 글로벌 초일류 기업으로 만든 원동력이라는 방향으로 모아졌다.

---

22 명진규, 『청년 이건희』, 팬덤북스, 2013, 354~355쪽.
23 삼성 재직 시에 필자는 그룹 안팎의 사람들을 대상으로 신경영을 전파하는 교육요원으로서 활동을 한 적이 있었음. 2005년에는 아프리카 케냐와 탄자니아 정부의 요청으로 국무총리 산하 고급 공무원들에 대한 교육을 10차례에 걸쳐 실시한 적도 있었는데 이때에도 청중으로부터 똑같은 질문을 받은 적이 많았음.

변화의 내용은 지금까지의 회사 경영상의 문제점을 심각하게 인식하고 이 흐름을 바꾸자는 것이었다. 당시 이건희 회장은 "마누라와 자식 빼곤 다 바꾸자"라고 할 정도로 임직원들에게 근본적인 변화를 요구했다.[24] 신경영 체계도의 주요 항목인 '나부터 변화'에 대해 그의 생각은 구체적이었다. 그는 변화에 대한 처절한 공감을 호소하면서 그 변화의 순서와 방향, 방법에 대해 제시했다. 먼저 변화의 순서는 위부터, 조직의 5퍼센트부터, 그리고 나부터 시작되어야 한다는 것이었다. 또 변화의 방향은 양 위주의 경영 방식에서 벗어나 질을 지향하는 쪽이 될 것을 주문했다. 마지막으로 변화의 방법으로는 '작고 쉬운 것부터 시작하되, 그러나 철저히' 바뀌어야 한다고 강조했다.[25]

이 중 마지막 항목, 즉 변화를 시작할 때는 작고 쉬운 것부터 시작하되 철저하게 실행해서 첫 변화부터 성공을 거두고 그 다음 조금 더 어려운 변화의 과제로 이행하여 성공시키라는 것은 필자의 눈에는 신경영의 위대성이 가장 잘 드러나는 대목으로 보인다. 신경영의 제1차적인 목표는 삼성이 처해 있던 심각한 경영위기를 타파하기 위해 임직원들 사이에 긍정적이며 근본적인 변화를 일으키는 것이었다. 신경영을 통해 이건희 회장이 의도한 것은 그 변화를 일으키기 위한 첫 번째 단초로서 작은 변화 과제를 선택해서 성공시키고 이렇게 얻어진 자신감을 차후에 더 큰 변화 과제를 수행하는 자양분으로 삼아 결국 근본적인 변화를 유도한다는 것이다. 실제로 앞서 언급된 대로 VTR 불량률이 단시간 만에 현저히 떨어진 것은 생산 현장에 도입된 라인

---

24 명진규, 『청년 이건희』, 팬덤북스, 2013, 348쪽.
25 김진홍, 『삼성 신경영: 이제부터 다시 시작이다!』, 에이치엠유, 2008, 175쪽.

스톱Line Stop 제도가 철저히 적용된 탓으로 알려져 있다. 그전에도 일본 기업들 사이에 널리 쓰이는 제도로 잘 알려져 있었고 그 적용도 별로 어렵지 않았으나, 생산목표 달성에 차질이 생기는 것 등을 우려해서 현장에 제대로 적용할 엄두를 못 내고 있었던 차였다.[26] 그런데 신경영에서 강조하는 품질 제일주의에 힘입어 이 제도를 철저히, 그리고 자발적으로 실행한 결과 불량률이 현저히 떨어질 수 있었던 것이다. 이로부터 이후 모든 제품 라인에 라인스톱 제도가 시행되는 계기가 되었고 이로 인해 실제로 거의 모든 제품의 질이 획기적으로 좋아졌다.

필자가 삼성에 재직 시 신경영 교육을 받을 때 그 교재에도 '근본적이고 큰 변화를 일으키기 위해서 그전에 수많은 작은 변화 성공사례를 만들 것'을 주문한 것을 기억하고 있다. 이 회장은 자신의 회사를 근본적으로 바꿀 변화가 임직원들의 자신감과 이에 기초한 성공의 습관에서 시작된다는 것을 꿰뚫어보고 있었던 것이다. 결국 이 회장의 예상과 바람대로 '사람의 사고가 바뀌면서, 경영의 수준이 바뀌고, 그 결과 제품과 서비스의 질이 바뀌어' 20년 후 삼성은 글로벌 초일류 기업이 될 수 있었던 것이다.

---

26 '삼성 이재용 리더십은 '스마트리더십'이다.' 《브레이크뉴스》(2014. 11. 26)은 다음과 같이 쓰고 있음. "그때 많은 삼성인들이 이것은 진짜 '혁명이다'라는 이야기를 했다. 삼성은 그전까지는 '어떤 일이 있더라도 생산라인은 세우지 않는다'라는 철칙을 가지고 있었기 때문이다."

11

전략의 궁극적인 성패는 결국 핵심 역량에 달렸음을 기억하라

『손자병법』의 세勢편에서 '기정奇正'이라는 용어가 등장한다. 전쟁에서 지지 않는 것은 이 '기정'에 의지하기 때문이라는 것이다. 즉 전쟁에서 적을 이기기 위해서는 '비정규 전술(奇)'과 '정규 전술'을 둘 다 잘 활용해야 한다는 뜻이다.[1] 그런데 장군들은 그 기발함 때문에 비정규 전술을 더 선호한다. 기업에서도 마찬가지다. 전략 수립 후 기발한 아이디어에 의해 그 목표를 달성하면 경영진은 이 방법을 고수하려는 경향이 있고, 동시에 이 방법이 일회용인 경우조차 이를 신봉하고 자사의 핵심 역량 배양을 도외시하는 경향이 있다. 하지만 이런 방법은 오래 가지 않아 더 이상 통하지 않게 된다. 결국 전략 목표 달성의 기본적인 추진력은 근본적인 핵심 역량에서 나온다는 것을 다시 한 번 깨닫게 되는 것이다. 하지만 그때는 이미 늦어 최후의 승리가 경쟁자의 손으로 넘어간 후다.

---

1 손자, 김원중 역, 『손자병법』, 글항아리, 2011, 132쪽.

끝까지 맨손으로 쇠와 싸운
일본군의 대전차술

1931년 중국으로부터 만주를 탈취한 후 일본은 여기에다 청나라의 마지막 황제인 부의傳儀를 왕으로 내세우고 괴뢰국인 만주국滿洲國을 세웠다. 이로써 중국은 물론 소련의 괴뢰국인 몽골과 국경을 맞대게 된 일본은 관동군關東軍[2]을 주둔시켜 이 나라를 방어케 하고 향후 중국뿐만 아니라 소련을 '정벌'할 기반을 갖추었다. 1904년 러일전쟁에서 러시아를 이겨본 바 있는 일본군의 수뇌부는 내심 소련군을 깔보고 있어 이들에게 이는 불가능한 꿈으로 보이지 않았다.

그러던 중 1938년 7월 말 관동군과 소련군은 두만강 북쪽에 있는 장고봉張鼓峯에서 첫 충돌을 기록했다. 일본 측에서는 '장고봉 사건', 소련 측에서는 '하산호 전투Battle of Lake Khasan'라 부르는 사건이다. 정전협정이 체결되면서 양측의 충돌은 끝났으나 결과적으로 일본군은 이 봉우리를 소련군에게 빼앗기고 사실상의 패배를 당했다. 이후 일본군은 절치부심하다가 1939년 드디어 만주의 동쪽 국경이자 몽골의 서쪽 국경인 이곳에서 설욕의 기회를 잡았다. 당시 소련과 일본 양측은 이 지역에서 주장하는 그들의 위성국 간 국경선이 달라 대립하고

---

2 중국 침략을 위해 제2차 세계대전 말까지 만주(滿洲)에 주둔했던 일본 육군 부대의 총칭임.

있었다. 일본은 국경이 부이르Buir 호수로 흘러가는 할힌골Khalkhyn Gol, 즉 할하(Khalkha)강이라 주장하였고, 이에 반해 소련은 이 강의 동쪽으로 떨어진 마을인 노몬한의 오른쪽이라고 주장했다.

1939년 5월 11일, 70~80명의 몽골군 기병이 말에 먹일 풀을 찾아 할하강을 넘어왔다.[3] 이들을 발견한 만주군 기병은 이들을 공격해 강 너머로 쫓아버렸다. 그런데 그로부터 이틀이 지난 1월 13일 훨씬 많은 수의 몽골군이 강을 넘어와서, 이번에는 만주군 기병도 이들을 쫓아내지 못했다. 이에 다음 날 일본 관동군 제23사단의 제64연대 병력이 도착해 몽골군을 쫓아냈다. 하지만 이번에는 물러간 몽골군이 소련군과 함께 다시 몰려와 관동군을 공격해서 큰 피해를 입히고 오히려 일본군을 쫓아냈다. 바로 일본어로는 '노몬한 사건', 소련어로는 '할힌골 전투Battle of Khalkhyn Gol'라 불리는 전쟁이 시작된 것이다.

관동군은 이 전투를 통해 1년 전에 장고봉에서 소련에게 당한 패배를 갚아주고, 나아가 소련과의 전면전으로 확대할 계기로 삼고자 했다. 관동군은 본국과 떨어져 만주국에 오랫동안 주둔하면서 일본군의 수뇌부인 대본영大本營의 통제에서 벗어나 있다 보니 대본영의 말을 잘 듣지 않을 정도로 독립성이 커진 상태였다.[4] 게다가 관동군에는 자칭 '작전의 신'이라는 쓰지 마사노부辻政信라는 일본 육군대학 출신의 엘리트 정치군인이 작전참모로 있으면서 전면전으로 확대시키는 계획을 세웠다.[5] 그를 포함한 관동군의 지휘부는 러일전쟁 시 사

---

3 당시 몽골은 공산혁명으로 소련의 위성 정권이 들어서 있어 일본의 지배를 받는 만주국처럼 사실상 소련의 지배하에 있었음.
4 http://www.wwiihistorymagazine.com/2005/may/fea-nomonhan.html.
5 위키백과, '쓰지 마사노부'.

소한 분쟁을 전면전으로 비화시켜 승리를 거두었던 과거의 기억에 사로잡혀 있었다. 관동군 지휘부는 곧바로 3만 명이 넘는 병력을 보내어 소련군에 대한 대규모 공격을 계획하였다.

소련군도 일본군이 대공세를 준비 중이라는 낌새를 눈치채고 이에 대비하기로 했다. 6월 5일 훗날 독소전의 최대 영웅으로 떠오른 게오르기 주코프Georgy K. Zhukov가 사령관으로 부임한다. 주코프는 스탈린에게 일본군을 상대하기 위해 '충분한' 지원을 요청했고 스탈린은 일본의 기선을 제압해야 장차 다가올 독일과의 싸움 전에 동쪽의 화근을 제거할 것이라 판단하여 주코프의 청을 들어주었다.[6] 이 결과 수천 대의 트럭이 동원되었고 7월에는 400대 이상의 탱크와 300대 이상의 장갑차 등 일본군에 비해 압도적인 양의 장비 및 탄약을 확보할 수 있었다.[7]

일본군은 이런 소련군의 반격 의지 및 준비 상태를 알아채지 못하고 주로 육군의 병력 수 및 지원에 나설 항공전력에만 의존하고 있었다. 물론 탱크부대도 동원해왔지만 그 숫자는 총 100대가 되지 않았다. 실제로 6월 말에는 일본군 폭격기가 소련군 비행장을 폭격하며 지원에 나섰다. 그러나 이즈음 대본영은 관동군에게 상황을 악화시키지 말라는 명령을 내렸다.[8] 관동군 수뇌부는 이를 묵살했다. 6~7월 두 달간 관동군은 계속 소련군을 공격했고 소련군도 이에 맞

---

6 http://www.wwiihistorymagazine.com/2005/may/fea-nomonhan.html.
7 http://www.historynet.com/world-war-ii-soviet-and-japanese-forces-battle-at-khalkhingol.
8 Alvin D. Coox, 《Nomonhan: Japanese Against Russia, 1939》, Stanford University Press, 1985, p 271.

전투를 준비하고 있는 소련군 병사들

서 반격해왔지만 전반적으로 전선은 교착상태에 빠졌다.

그런데 이 과정에서 관동군의 보병들은 공격해오는 소련의 탱크들을 아주 잘 막아내었다. 당시 소련군이 장비한 탱크의 주력은 BT-5, BT-7이라는 20톤 미만의 경重전차였다. 최근 들어 대전차 미사일의 발명으로 상황이 조금 달라지기는 했으나 예나 지금이나 '탱크를 잡는 가장 좋은 무기는 탱크'라는 군사상식이 있다. 일본군은 탱크의 수도 적은 데다 '97식 전차97式 戰車' 등 자국의 최신형 탱크조차 성능이 러시아 탱크에 크게 못 미쳐 소련군 탱크를 상대할 수 없었다. 예컨대 소련군 탱크의 주포가 일본군 탱크의 장갑을 쉽게 관통하는 거리에서 일본군 탱크의 주포는 소련군 탱크의 장갑을 뚫지 못했다. 게다가 일본군 탱크는 적의 대전차포에 쉽게 격파되어 30대 정도 격파된 시점부터 더 이상의 피해를 감내할 수 없었던 지휘부의 결정으로 전선에서 뒤로 빠졌다. 적의 탱크를 잡을 무기는 이제 대전차포와 병사밖에 없었다. 소련군 탱크가 가솔린 엔진을 장착한 것에 착안한 관동군은 세계 최초로 탱크를 파괴하는 기발한 방법을 개발했다. 바로 '화염병'이다. 병에다 휘발유를 넣어서 적의 탱크 엔진 부위에 던지면 크게 불이 붙어 탱크가 파괴되었던 것이다. 물론 이를 수행하는 것은 보병으로서 적 탱크의 기관총 사격에 의한 희생을 무릅쓰고 적 탱크에 최대한 가깝게 다가가 화염병을 던져 넣어야 했다.[9] 즉 '쇠를 근육으로 잡는 것'이었다.

이런 일본군의 분전에도 불구하고 주코프는 그해 8월 소련군의 전

---

9 http://www.wwiihistorymagazine.com/2005/may/fea-nomonhan.html.

노몬한 전투에 출전한 소련군 BT-7 전차

력을 총동원하여 관동군에 대한 최후의 대공세에 나섰다. 탱크, 장갑차 등을 앞세우고 할하강을 건넌 뒤, 막강한 포 사격 지원을 받으며 관동군의 주력인 제23사단의 양옆을 돌파하여 가위의 두 날처럼 관동군 병력을 에워쌌다. 그리고 나서 마치 가위를 오므리는 것처럼 두 날 사이에 끼인 관동군을 포위망을 좁혀가며 섬멸해 최후의 승리를 거두었다. 이 마지막 공세에서도 관동군은 상당수의 소련군 탱크를 화염병 공격으로 잡아냈다. 물론 이 즈음 소련군도 디젤 엔진을 단, 탱크를 일부 가져와 피해를 줄이기는 했으나[10] 관동군의 화염병 공격은 여전히 큰 효과가 있었다.

할힌골 전투에서 일본군의 전사자 수는 8,500명 이상, 부상자 수는 9,000여 명에 달했다. 하지만 최종 승리를 거둔 소련군의 피해도 만만치 않아 최근에 공개된 구소련의 문서에 의하면 전사자가 9,700여 명, 부상자가 1만 6,000여 명에 달했다.[11] 게다가 탱크, 장갑차 등의 장비 손실도 꽤 컸다. 화염병 등을 동원한 일본군 공격으로 소련군 탱크는 이 할힌골 전투에서 투입한 총 400여 대의 탱크 중 250대 이상이 수리나 재사용이 불가능한 상태가 되어 완전히 파괴되었다. 장갑차도 총 투입된 300여 대 중 124대가 파괴되었다.[12] 이는 일본군의 탱크 공격이 꽤나 효과적이었다는 이야기도 된다.

할힌골 전투 패배 이후 일본군 수뇌부는 소련과의 강화 조약을 체결하고 다시는 북방으로 눈을 돌리지 않았다. 그러나 일본군은 이 전

---

10 디젤유는 휘발유와 달리 불이 잘 붙지 않음.

11 http://www.historynet.com/world-war-ii-soviet-and-japanese-forces-battle-at-khalkhingol.

12 http://www.armchairgeneral.com/rkkaww2/battles/khalkhin_gol/Khalkhin.

노획한 소련군 장비를 착용한 일본군 병사

투에서 앞으로 현대전이 탱크 및 장갑차 등 기갑 장비가 주도할 것이라는 교훈을 얻지 못했다.[13] 오히려 맨몸으로 상당수의 탱크를 잡아낸 경험을 과신했다. 적 탱크에 비해 현저히 성능이 떨어져 제대로 적 탱크를 상대하지 못한 아군 탱크의 문제점에는 눈을 감았다. 탱크는 '맨몸'으로 잡을 수 있다는 것이었다. 일본군 수뇌부는 이후에도 적 탱크를 잡을 아군의 탱크를 개발하려는 노력을 전혀 기울이지 않았다.

이는 태평양 전쟁 때 일본군이 미군에게 톡톡히 대가를 치르는 결과로 이어졌다. 미군은 일본군이 할힌골 전투에서 맞붙어본 적이 있었던 소련군의 경輕전차가 아니라 중中전차 M-4 셔먼Sherman 탱크 등 훨씬 강한 탱크를 몰고 왔던 것이다. 남태평양의 섬에서 섬으로 옮겨 가던 전장에서 일본군은 이들 미군 탱크도 화염병 등으로 상대하려 했다. 그러나 이 전술은 전혀 먹히지 않았고 이들을 잡아줄 아군의 탱크는 성능이 현저히 떨어진 상태로 남아 있어 실전에서 거의 통하지 않았던 것이다. 결국 이들 탱크를 상대하다가 일본군은 수많은 병사의 목숨만 날리고 과달카날 전투 이후 종전까지 한 번의 승리도 거두지 못했다. 지상전의 핵심 역량이라 할 수 있는 탱크의 개발을 도외시한 것이 결정적인 패인 중의 하나가 된 것이다.

---

13 http://en.wikipedia.org/wiki/battle-of-Khalkin-Gol.

역량 확보 실패로 길게 가지 못한 피플익스프레스의 성공

1981년 4월 30일 피플익스프레스항공People Express Airlines이라는 신생항공사가 미국 뉴저지 주 뉴어크Newark와 뉴욕 주 버팔로Buffalo 간의 노선에서 첫 취항에 나섰다. 투입된 비행기는 180개의 좌석을 갖춘 구형 보잉Boeing 737기(기종명: B737-100)로서 독일의 루프트한자Lufthansa항공사로부터 인수한 17기의 중고 여객기 중 하나였다. 피플익스프레스항공은 미국 의회가 1978년 항공산업에 대한 규제를 대폭 없애는 법안(The Airline Deregulation Act of 1978)을 통과시킨 뒤 처음으로 태어난 항공사였다. 이 법안의 통과로 항공기 운항노선, 요금에 대한 규제가 모두 없어지고 새로운 회사가 항공 산업에 참여하는 것이 가능해졌다. '신규 진입'에 대한 규제가 철폐된 것이다.

이 회사의 창업주 돈 버Don Burr는 지역항공사인 텍사스인터내셔널항공Texas International Airlines의 최고 경영진으로 일했다. 이 회사의 오너이자 이사회 회장인 프랭크 로렌조Frank Lorenzo와는 오랜 친구이자 사업 파트너였다. 텍사스인터내셔널항공은 땅콩요금(Peanut Fares)이라는 일종의 반값 요금제를 내놓아 크게 성공한 적이 있었다. 돈 버는 여기서 더 나아가 요금을 더 획기적으로 낮출 수 있는 사업 구상을 로렌조에게 제안했다. 하지만 로렌조는 이를 단번에 묵살했다. 이

에 돈 버는 이 회사를 떠나 아예 회사를 새로 설립해 자신의 아이디어를 실천에 옮기기로 한 것이다.[14]

그의 아이디어는 이러했다. 첫째, 비행기는 중고로 구입하거나 리스한다. 둘째, 이 비행기를 승객수가 많은 단거리 노선에 투입하여 시내버스처럼 운행하면서 하루 운항횟수를 최대로 높인다. 셋째, 종업원들은 '교차활용(Cross-utilization)'이라는 원칙하에 여러 임무에 투입이 가능하도록 훈련시킨 후 투입하여 잉여인력을 최소화한다. 즉 화물운송 담당 직원이 티켓 발권 업무를 하거나 창구 직원이 기내승무원으로도 투입된다는 개념이다. 단 종업원들에게 회사 주식을 보유하도록 하여 주인의식을 가지도록 하고, 이를 통해 이 제도가 종업원 개인에게도 득이 된다는 생각을 유도하여 종업원들의 자발적인 협조를 이끌어낸다. 동시에 이를 통해 무노조 경영도 실현한다. 이는 당시 항공사 비용증가의 큰 원인 중 하나가 강성노조가 주도하는 고질적인 파업이었음을 의식한 것이었다. 넷째, 항공기 정비 등은 외주로 돌려 회사 자체가 가져가는 고정비를 최소화한다. 다섯째, 음료 등 비행기 안의 모든 서비스는 유료로 하는 등 무료서비스를 최소화하거나 없앤다.[15]

1980년 회사를 설립한 돈 버와 그의 경영진이 가장 시급하게 당면한 과제는 어느 노선에 취항하느냐 하는 것이었다. 승객 수가 많은 순으로는 단연 뉴욕과 인근의 도시를 연결하는 노선이 가장 바람직해

---

14 Eric Kochneff, 'The Rise and Fall of PEOPLEXpress', http://www.airliners.net/aviation-articles, 2004. 8. 13.

15 Eric Kochneff, 'The Rise and Fall of PEOPLEXpress', http://www.airliners.net/aviation-articles, 2004. 8. 13.

보였으나 뉴욕 시내의 두 공항인 존 F. 케네디John F. Kennedy 공항과 라구아디아LaGuardia 공항의 터미널은 기존 항공사들이 모두 사용하고 있어 이들 공항은 사용할 수 없었다. 하지만 허드슨 강 건너편에 위치한 뉴저지 주의 뉴어크 공항은 뉴욕 맨해튼에서 차로 15분 거리였지만 이용 승객이 적어 10년 이상 비어 있었다. 경영진은 이 건물을 저가에 임차해 신생 항공사의 전용 터미널로 사용하기로 했다.

첫 취항 이후 피플익스프레스항공은 '인민특급'이라는 그 뜻이 시사하는 것처럼 사회주의 국가의 항공사처럼 승객들에게 운반 이외에 어떤 여타 서비스도 무료로 제공하지 않았다. 예를 들어 콜라 같은 소다류는 캔당 50센트, 꿀 땅콩 스낵도 하나당 50센트를 받았고, 유명했던 '스낵팩(치즈, 크래커, 소시지 세트)'은 하나당 2달러의 가격을 물렸다. 모든 승객은 기내 반입이 가능한 가방 하나는 공짜였으나 이 사이즈를 넘어가 화물칸으로 부치는 백에 대해서는 하나당 3달러를 내야 했다. 또 비용이 많이 들어가는 컴퓨터 시스템에 투자하는 대신에 탑승 운임은 승객들이 탑승 후 기내 승무원들이 직접 현금으로 징수하는 방법을 썼다. 그리고 종업원의 '교차활용' 등 돈 버가 원래 구상했던 사업 아이디어도 그대로 구현하여 비용절감을 실현했다.[16]

이러한 철저한 비용 절감 노력의 덕분으로 이 항공사는 고객들에게서 최저의 운임만을 받을 수 있었다. 예를 들어 처음 취항한 뉴어크-버펄로 노선의 편도 운임은 불과 23달러로서 이는 400마일에 달하는 이 거리를 자동차를 몰고 갈 때의 비용보다도 저렴한 것이었다.

---

16 http://en.wikipedia.org/wiki/People_Express_Airlines.

거의 없다시피 한 서비스 수준에도 불구하고 저가운임에 대한 고객들의 반응은 뜨거웠다. 버팔로로 가는 노선와 함께 오하이오 주의 콜럼버스Columbus와 버지니아 주의 노퍽Norfolk으로 가는 노선에 취항한 이 항공사는 매 항공편마다 만석에 가까운 탑승률을 기록했다. 이런 인기에 힘입어 피플익스프레스항공은 곧 여러 도시로 취항 노선을 확장하며 고속성장을 거듭했다. 1981년 말에는 이미 95만 명 이상의 승객이 이 항공사를 이용했고 그중 상당수는 그전에 비행기를 (비싼 운임 때문에) 한 번도 타본 적이 없는 사람들이었다.

첫 취항에 나선 지 2년여가 지난 1983년 5월 26일, 피플익스프레스항공은 드디어 국제선에도 취항하기 시작했다. 파산한 브래니프인 터내셔널항공Braniff International Airways이 운용하던 보잉 747-200B기 한 대를 리스하여 뉴어크에서 런던까지 논스톱 운항을 시작했다. 운임은 불과 149달러(편도 기준)로서, 취항 이후 몇 달 동안 모든 항공편이 계속 매진되는 호황을 누렸다. 곧 캐나다의 몬트리올Montreal과 벨기에의 브뤼셀Brussels에도 운항노선이 추가되었다. 이런 성장세가 지속되면서 1984년 이 회사의 매출액은 20억 달러를 돌파했다.

그런데 거칠 것 없어 보였던 이 회사의 성장가도 이면에는 문제점도 같이 자라고 있었다. 우선 회사가 커지면서 이 회사가 중심공항(hub)으로 사용하는 뉴어크 공항이 갈수록 비좁아지는 문제가 생겼다. 1985년에는 연간 900만 명의 승객이 이용하게 된 이 공항의 터미널은 이 많은 승객을 소화하기에는 너무 작았다. 게다가 피플익스프레스항공이 이 공항을 거점 공항으로 사용하기 시작한 1981년에 이 공항 터미널 건물은 10년 이상 비어 있는데다 수십 년 전에 지어져

피플익스프레스항공의 보잉 747기

이미 많이 낡은 상태였는데 사용연수가 더 쌓여가며 내구연한이 다 된 상태로 낡을 대로 낡아 승객들의 불편을 가중시켰다. 1985년 초에야 주의 교통당국과 터미널 빌딩을 공동으로 신축하기로 합의했으나 이는 이 회사가 없어진 후인 1988년에야 완공되었다. 즉 이 회사가 존속하는 동안은 승객들의 불편과 불만은 계속 심해져만 갔던 것이다.

설상가상으로 이 항공사의 규모가 커지고 취항노선도 늘어남에 따라 기존의 메이저 항공사들과 직접 경쟁하는 경우가 늘어나면서 피플익스프레스항공의 강점이 무색해지는 경우도 많아졌다. 출범 초기에 이 회사가 취항한 노선들의 대부분은 메이저 항공사들이 외면했던 것들로서 메이저 항공사들은 이 신생회사의 저가 공세에 별 대응을 하지 않았다. 그러나 피플익스프레스항공이 노선을 확대해나가면서 자기의 텃밭까지 위협하는 상황까지 생기자 메이저 항공사들은 요금을 피플익스프레스항공의 수준에 맞추거나 더 낮게 책정하는 등 가격공세를 펼치기 시작했다. 무료 음료 등의 서비스는 그대로인데 가격이 같거나 낮아지면 승객들이 피플익스프레스항공의 비행기를 이용할 이유가 없어지는 것이었다. 당연히 이런 가격경쟁은 이 항공사가 커질수록 매출 및 수익성을 심히 갉아먹는 요인이 되어갔다.

그런데 이 회사의 성장에 가장 큰 제약을 가하는 요인은 따로 있었다. 이 회사는 회사 사이즈가 계속 커지는 와중에서도 전산 시스템에 전혀 투자하지 않아 예약도 전화로 받는 상황이 지속되었다. 이 때문에 여행사들이 다른 항공사처럼 이 회사의 컴퓨터 망에 접속하여 승객에게 예약을 해주는 것이 아예 불가능했다. 이로 인해 뺏기는 잠재

고객의 수는 하루 6,000명가량 되는 것으로 추산되었다.[17] 이와 관련하여 생긴 또 다른 문제는 소위 '오버부킹Overbooking'이었다. 승객이 이 항공사에 예약했다가 약속을 어겨도 예약 시 조건으로 받는 신용카드 번호로 페널티를 부과받는 등의 불이익이 전혀 없었다. 이는 전산 시스템도 없고 요금도 현장에서 직접 징수하다 보니 생긴 당연한 결과였다. 이에 따라 예약을 펑크 내는 승객의 수가 많아 비행 편마다 탑승 정원의 2배가량 예약을 받는 것이 관행이 되어버렸고 이 손님들이 다 몰릴 경우 승객 중 상당수는 예약하고도 비행기에 타지 못하는 경우도 자주 생겼다. 이 때문이 어느새 이 항공사에겐 피플 디스트레스People Distress(사람들의 고통)라는 별명이 붙여졌다.

이 문제를 해결하기 위해서 돈 버 등 피플익스프레스항공의 경영진이 노력하지 않은 것은 아니다. 1985년 10월 이 회사는 자체적으로 전산 시스템을 새로 개발하는 대신 시스템을 갖춘 다른 항공사를 인수했다. 프런티어항공Frontier Airlines이라는 회사였다. 돈 버 등 경영진은 인수한 회사의 시스템에다 피플익스프레스항공의 운용현황을 접목시키면 모든 것이 다 해결될 것으로 믿었다.[18] 그러나 실상은 그렇지 않았다. 프런티어항공은 메이저 항공사처럼 소위 풀 서비스 항공사였다. 피플익스프레스항공이 필요로 하는 잘 정비된 예약 시스템도 가지고 있었으나, 동시에 기내식은 무료로 제공되고 마일리지 제도도 갖추고 있는 등 염가 항공사인 피플익스프레스항공의 운용 방식과는

17 Eric Kochneff, 'The Rise and Fall of PEOPLEXpress', http://www.airliners.net/aviation-articles, 2004. 8. 13.
18 Eric Kochneff, 'The Rise and Fall of PEOPLEXpress', http://www.airliners.net/aviation-articles, 2004. 8. 13.

너무도 달랐던 것이다. 이 때문에 이 풀 서비스 항공사를 위해 개발된 시스템이 피플익스프레스항공과 잘 맞지 않아 이 회사를 인수하면서 시스템의 부재 문제를 해결하려던 최고 경영진의 의도는 들어맞지 않았다. 게다가 이 회사는 피플익스프레스항공에는 없는 노조도 있어 무노조 경영을 고집하던 피플익스프레스항공의 조직 문화와 큰 차이가 있었다. 이 때문에 양사 간의 '화학적' 통합도 계획대로 이루어지지 못했다. 당연히 이렇게 통합을 시도하는 과정에서 예상보다 훨씬 큰 비용이 들어가는 문제도 생겼다.

그런데 이 모든 문제들보다 더 큰 문제는 이 회사가 엄청난 부채를 지고 있었다는 것이다. 피플익스프레스항공은 프런티어항공을 인수할 무렵에는 1억 달러 이상의 사내유보금을 가지고 있었다. 하지만 프런티어항공과의 통합과정에서 큰 비용이 발생한데다 이 회사의 빚을 떠안은 결과 이 현금도 합병 이후 몇 개월 만에 허공으로 날아가 버렸다. 더군다나 합병 이후에도 과거 프런티어항공이었던 부문에서 계속 큰 폭의 적자가 발생하면서 이제는 피플익스프레스항공 전체의 수익성을 땅에 떨어뜨리는 요인이 되었다.

이제 낡은 공항터미널, 시스템 부재 등으로 승객들의 불편이 가중된데다가 가격 전쟁을 불사하는 기존 메이저 항공사들의 견제 등으로 승객이 떠나기 시작했고, 재무적 어려움이 겹치면서 피플익스프레스항공의 쇠퇴를 재촉하기 시작했다. 이후 상황은 더욱 급속도로 악화되면서 영업 및 재무 양측면 모두에서 코너에 몰린 피플익스프레스항공의 경영진은 프런티어항공을 인수한 지 불과 1년이 되지 않는 1986년 9월 회사 전체를 매각하기에 이르렀다. 공교롭게도 피플익스프레스항공을 인수한 회사는 돈 버가 오랫동안 재직했다가 떠났던 항공사였다. 돈 버의 옛 직장인 텍사스인터내셔널항공이 콘티넨털항공Continenta Airlines을 인수한 후 이름을 바꾼 텍사스항공Texas Air Corporation이 그것이다. 옛 상사였던 프랭크 로렌조가 이 회사의 오너이자 CEO로 계속 남아 있었다. 이로써 피플익스프레스항공이라는 이름은 역사 속으로 사라졌다.[19]

피플익스프레스항공은 저가 운임을 가능케 한 기발한 구상을 실천에 옮기면서 혜성처럼 등장한 항공사였다. 이 항공사의 저가 정책은 한때 기존의 메이저 항공사들을 위협할 정도로 획기적이었다. 그러나 회사의 성장에 발맞추어 회사의 크기에 걸맞은 핵심 역량을 키우는 것을 게을리한 대가는 회사의 소멸이었다. 부상도 빨랐지만 첫 취항으로부터 불과 6년도 못되어 사라질 만큼 몰락도 빨랐다.

---

19 2012년 이 이름을 쓴 신생항공사가 출범했음.

12

핵심 역량은 필요시
경쟁자한테서도 배워야 한다

『삼국지연의三國志演義』에 보면 적벽대전 직전에 아군의 화살이 모자라자 제갈량이 계책을 내어 적에게서 십만 발의 화살을 확보하는 장면이 묘사되어 있다. 이른바 '초선차전草船借箭'이다.[1, 2] 『손자병법』의 작전作戰 편에도 "(포획한 전차는) 깃발을 바꾸어 달아 (아군의) 전차와 섞어서 사용하고 (포로로 잡은) 병졸은 잘 대우하여 아군으로 양성한다(以更其旋旗 車雜以乘之 卒善而養之)"라고 되어 있다. 즉 전쟁 중에도 적의 역량을 내 것으로 가져와야 된다는 말이다.

전략을 실행하다 보면 생산기법이나 기술 등 자사의 핵심 역량 부족이 걸림돌이 되는 경우가 있다. 전략 수립 단계에서는 몰랐다가 실행 단계에서 알게 되면 더 이상 전략을 추진할 수 없게 된다. 이 경우 많은 회사들은 뒤늦게 핵심 역량을 자체적으로 갖추려고 한다. 그러나 시장은 기다려주지 않고 사업 기회는 날

---

1 풀섶을 실은 배로 공격하는 척하여 적군이 쏜 화살을 얻는다는 뜻임.
2 손자, 김원중 역, 『손자병법』, 글항아리, 2011, 80쪽.

아간다. 이때는 핵심 역량을 적(경쟁자)에게서도 배워야 하는데 선두업체의 경우 자존심 때문에 이를 거부하다 낭패를 보는 사례가 있다. 그 반대로 했을 경우 이것이 결정적으로 회사의 큰 성장 동력이 되는 사례도 있다. 다음의 전쟁과 경영의 사례는 이를 잘 보여주고 있다.

영국산 심장을 이식받아
최고의 전투기로 거듭난 P-51 머스탱

제2차 세계대전은 그때까지 수만 년 동안 인류가 쌓아온 과학기술이 총동원되어 치러진 전쟁이다. 특히 무기 부문은 비약적으로 발달하여 인류는 전대미문의 무기를 가지고 적을 살상하게 되었다. 전쟁 말 일본에 떨어진 두 발의 원자폭탄을 제외하고는 전투기의 발달이 가장 비약적이었다. 당시 세계대전 중 연합국, 추축국의 양 진영을 통틀어 최고의 전투기는 P-51 머스탱Mustang이었다. 이 비행기는 유럽과 태평양의 두 전선에서 문자 그대로 눈부신 활약을 보이며 연합국이 최종 승리를 거두는 데 결정적인 공헌을 했다.

그런데 이 비행기의 탄생과 발전에는 여러 특이한 사연이 있다. 먼저 설계에서 생산까지 단 4개월이라는, 그때까지의 비행기 개발 역사상 가장 짧은 시간이 걸렸다. 1939년 영국이 독일과의 전쟁에 빠져 들기 직전 독일이 오스트리아를 전격 흡수 합병하는 등 유럽 전역에 드리운 전운을 감지한 영국 정부는 본격적으로 군사력 증강에 나섰다. 특히 항공 전력의 경우 독일의 전투기와 폭격기 개발 및 생산 속도가 매우 빠른 것을 심각한 위협으로 받아들이고 스피트파이어Spitfire등 신형 전투기의 개발과 생산에 박차를 가하는 한편, 그보다는 성능이 떨어지지만 생산성이 좋은 구형 전투기인 허리케인Hurricane의 생산을

노스아메리칸 항공사의 P-51 생산 공장(1942년)

대폭 늘리는 조치를 취했다. 하지만 이렇게 해도 자국의 전투기 수요를 채울 수 없었던 영국 정부는 미국에서 전투기를 구매하여 그 수요를 채우기로 결정했다. 그러나 그 당시까지 전쟁의 위협을 심각하게 받아들이지 못했던 미국의 전투기 개발 수준은 유럽에 비하면 한 단계 이상 떨어지는 수준이었다. 해서 영국 정부는 구매를 망설였으나, 커티스Curtiss사가 개발한 P-40 워호크Warhawk가 그중 낫다는 판단하에 이를 140기 구매하여 토마호크Tomahawk라는 제식명칭을 부여했다.

이런 와중에 1939년 9월 독일의 폴란드 침공으로 폴란드와 동맹을 맺었던 영국과 프랑스가 독일에 선전포고를 하면서 드디어 세계대전이 발발했다. 이로써 영국은 더 심각한 전투기 부족 상황에 직면하게 되었다. 이에 1940년 봄 영국 정부는 미국에 헨리 셀프 경Sir Henry Self을 단장으로 한 대규모 무기 구매 사절단을 보내어 P-40기를 추가적으로 그리고 대량으로 구매하려고 했으나 그럴 수 없었다. 미국 정부도 그제야 전쟁의 위협을 심각하게 받아들이고 커티스사에 P-40기를 대량으로 발주했고, 이 결과 이 회사는 공장을 100퍼센트 가동시키게 되어, 영국에 비행기를 팔 여력이 전혀 없었기 때문이다.

대안을 모색하던 셀프는 노스아메리칸North American Aviation사를 찾아갔다. 이 회사는 그동안 영국군에 하버드Harvard[3]라는 연습기를 200여 기가량 공급하여 영국 정부에 대해 신뢰를 쌓아왔기 때문이었다. 셀프는 이 회사 사장인 더치 킨들버거Dutch Kindelberger에게 커티스사를 대신하여 P-40기를 생산해줄 것을 요청했다. 이에 킨들버거는

---

3 미국에서의 제식명칭은 T6 '텍산'(Texan)이며 이 기종은 해방 후 우리나라 건국 시 국민 성금으로 처음으로 사들인 '건국기'임.

이를 위한 생산라인을 까는 데 120일 정도가 걸릴 것인바 차라리 그 기간 안에 P-40과 같은 엔진(앨리슨Allison V-1710)을 쓰되 그보다 훨씬 성능 좋은 전투기를 만들어주겠다는 역제안을 했다.[4] 셀프는 이 제안을 들고 본국에 돌아와서 고심을 거듭한 끝에 5월 24일 노스아메리칸사가 약속을 지킨다는 전제하에서 킨들버거가 제안한 신형기 320기를 주문하였다.

영국 정부와 계약을 체결한 킨들버거는 에드가 쉬무에드Edgar Schumued와 레이몬드 라이스Raymond Rice라는 뛰어난 엔지니어들을 리더로 하는 팀을 조직해서 밤낮으로 개발에 매달리게 했다. 이 팀은 그때까지 축적된 항공역학의 모든 혁신적인 개념(공기저항 최소화, 속도 및 운동성 극대화, 생산비 억제 및 생산성 제고)을 설계에 반영하여 계약 102일 만에 엔진을 제외한 원형기를 내놓았다. 이로부터 18일 후에는 엔진을 장착한 완성기를 만들어 120일 만에 신형기를 만들어내겠다는 영국 정부와의 1차 약속을 지키게 되었다. 드디어 그해 10월 26일 이 비행기는 처녀비행을 하게 되었고 이 비행기는 속도, 상승력, 항속거리 등 모든 면에서 P-40을 압도해서 영국 정부와의 또 다른 약속도 지켰다. 만족한 영국 정부는 11월 비행기에 머스탱이란 이름을 붙여 주었고 약속한 대수를 빨리 조달해줄 것을 요청했다. 하지만 여러 가지 양산과 관련된 문제를 해결하느라 초도 생산품은 1941년 10월에야 영국에 도착할 수 있었다.

---

4 앨리슨(Allison Engine Company)사는 미국의 엔진 메이커로서 당시 자동차 제조회사인 GM의 자회사였음. 이 회사가 만든 1,200 마력의 V-1710 엔진이 머스탱에 장착되었음. 이 회사는 1995년 롤스로이스사에 팔려 그 자회사로 편입되었음.

영국에 도착한 비행기는 기존의 미국 전투기에 비해 쓸 만은 했지만 영국의 주력 전투기 스피트파이어나 독일의 주력 전투기인 메서슈미트Messershmitt Bf-109에 비해 공중전 실력이 한참이나 모자랐다. 특히 고공에서 엔진 성능이 현저히 떨어져 제대로 공중전을 치를 수 없었고 이에 따라 영국군은 이 비행기를 대지 공격용으로만 사용했다. 이후 미군도 이 비행기를 구매하였지만 역시 본격전인 전투기로서가 아니라 A36 아팟치Apache라는 제식명칭을 부여하고 영국군처럼 대지 공격기로 전선에 투입했다.

그런데 이 비행기의 문제점과 가능성을 지켜본 이가 있었다. 영국의 명문 엔진 메이커 롤스로이스Rolls Royce사의 테스트 파일럿인 로널드 하커Ronald Harker였다.[5] 그는 머스탱이 고도 1만 5,000피트까지는 연합국이나 추축국의 어느 비행기에도 못지않는 성능을 발휘하나 그 고도를 넘어서면 성능이 갑자기 떨어지는 것을 알게 되었다. 또한 그 이유가 비행기 자체의 설계 때문이 아니라, 엔진 때문이라고 판단했다. 과연 이 비행기에 달린 앨리슨Allison사의 엔진은 문제가 있었다. 공기가 희박한 고공에서 공기를 압축하여 실린더에 공급하는 슈퍼차저Supercharger가 1단밖에 없어 2단 슈퍼차저가 달린 스피트파이어의 롤스로이스 엔진에 비해 고공 성능이 떨어질 수밖에 없었던 것이다.[6] 1942년 5월 그는 회사에다 이 기체에 스피트파이어에 장착된 자

---

5 http://acepilots.com/planes/p51_mustang.html.
6 당시 미국은 공기로 엔진을 식히는 공냉식 엔진 개발에 주력하여 영국이나 독일이 주력한 수냉식 엔진(용액으로 엔진을 식히는 엔진) 기술은 이들 국가에 비해 떨어지는 편이었음. 공냉식 엔진은 적탄에 맞았을 때 냉각수 계통이 없으므로 매우 강인하게 버티는 장점이 있는 반면, 모든 실린더를 냉각효율을 위해 엔진 앞쪽에 모두 배치할 수밖에 없어 공기저항을 많이 받아 비행기 속도가 떨어지는 단점이 있었음. 이에 비해 영국과 독

사의 멀린Merlin 61 엔진[7]을 실어볼 것을 제안했다. 이에 롤스로이스사는 영국 공군에서 5대의 머스탱을 빌려 와 그 엔진을 탑재한 후 그해 10월 시험비행에 나섰다. 그 결과는 놀라웠다. 고공성능이 비약적으로 좋아져 독일의 어떤 전투기도 이길 수 있는 것으로 평가된 것은 물론, 최고 속도가 시속 700km를 넘어서는 등 그 당시까지 개발된 어느 비행기보다도 빠른 기록을 냈다. 게다가 본디 우수한 설계 덕에 연료 탑재량이 스피트파이어보다 훨씬 많았던 머스탱은 우수한 엔진을 장착하자 항속거리가 같은 엔진을 단 스피트파이어보다 훨씬 길어졌다. 특히 날개 밑에 보조 연료탱크를 달면 항속거리는 스피트파이어의 3배에 이르는 3,347km에 달하게 되었다. 이는 영국에서 이륙하여 유럽의 거의 모든 지역에 도달해서 임무를 수행하고 무사히 기지로 돌아올 수 있는 거리였다.

자국의 비행기가 이런 놀라운 잠재력을 가진 것을 몰랐던 미국 정부도 얼마 지나지 않아 대응에 나섰다. 우연히도 이 엔진은 이미 1940년 9월부터 미국의 자동차 회사인 패커드Packard Motor Car Company사가 영국공군용으로 면허 생산을 하고 있었다.[8] 영국 정부는 비행기뿐만 아니라 엔진의 생산 능력이 군의 수요를 따라가지 못해서 이 미국 회사에 생산 주문을 내었던 것이다. 등잔 밑이 어둡다고 이 우수한 엔진이 바로 자국 내에서 생산되고 있다는 사실을 깨달은 미국 정

일은 피탄 시 취약하지만 냉각수 덕분에 실린더를 앞뒤로 길게 배치할 수 있어 고속을 낼 수 있는 수냉식 엔진을 선호했음.

7 Martin Bowman, 『*Thunder in the Heavens*』, Salamander Books, 1994, p 142. 1,590 마력의 출력을 가졌음.

8 http://www.456fis.org/PACKARD_V-1650_MERLIN_ENGINE.htm.

부는 이 회사에 이 엔진을 대량으로 주문하고, 노스아메리칸사에 이 엔진을 단 머스탱도 대량 주문했다. 이는 당시 뒤늦게 연합국 진영에 합류하여 사실상 전쟁 수행의 주도적 역할을 맡게 되면서 탱크, 비행기 등 신무기 개발에서 영국과 은근한 자존심 경쟁을 벌이던 미국으로서는 체면을 구기는 일이었다. 특히 그 당시까지 비행기 엔진은 자동차 엔진과 근본적으로 같은 피스톤 엔진이어서 자동차 최강국인 미국이 영국에게 손을 벌린 처지가 된 것이었다. 하지만 이 결정은 미국이 제2차 세계대전에서 이기는 결정적 기회를 잡는 것이기도 했다.

당시 미국은 '전략 폭격'이라는 개념을 실행에 옮기려 하고 있었다. 장거리 대형 폭격기로 적 후방 깊숙이 자리 잡은 무기 공장, 비행장, 항구 등 전쟁 수행에 필요한 자원을 파괴하여 적의 전쟁 수행 능력을 박탈한다는 것이었다.[9] 문제는 이 폭격기들이 적 전투기의 공격에는 취약하다는 것이었다. 그래서 이들을 호위해줄 아군 전투기들의 동행이 필수였는데 문제는 이들 전투기가 크기의 한계로 폭격기만큼 멀리 날 수 없었다는 점이었다. 그래서 미군은 B-17 플라잉 포트리스 Flying Fortress나 B-24 리버레이터Liberator와 같은 폭격기에다 대구경 기관총을 수십 정 달아 적 전투기로부터 자체적으로 자신을 지킬 수 있는 능력을 부여하여 이 문제를 해결하고자 했다. 또한 이 폭격기들을 밀집 대형으로 비행시키면 화력이 집중되어 방어력이 배가될 것이라 믿었다. 참전 초기에 미군은 자국 폭격기의 자체 방어능력을 과신한 나머지 주간 폭격에 나섰다. 이는 영국군이 적 전투기 및 대공포

---

9 http://www.desertwar.net/strategic-bombing.html.
   하지만 개전 초기 전략 폭격의 아이디어를 실천한 것은 독일 공군임.

의 위협을 조금이나마 줄일 목적으로 대형 폭격기를 야간 폭격에만 투입한 것과는 대조적인 시도였다.

　미국의 제8공군은 1942년 8월부터 영국에 주둔하기 시작하여 유럽 본토 폭격에 나섰고 미군 수뇌부의 예상대로 이들 폭격기의 손실률은 1~2퍼센트로서 감내할 만한 수준이었다. 그러나 이는 사실상 미군 폭격기의 자체 방어력에 기인한 것이 아니었다. 1943년 초중반까지는 미군 폭격기의 행동 범위는 프랑스까지였고 여기까지는 P-47 썬더볼트Thunderbolt나 P-38 라이트닝Lightening 전투기들이 이들을 동행하여 호위할 수 있었던 것이 폭격기의 손실률이 낮았던 주된 이유였다.

　그런데 미국은 1943년 8월 호위 전투기들의 항속거리를 훨씬 넘어서서 독일 깊숙이 폭격에 나섰고 이때부터 미군은 혹독한 대가를 치르게 되었다. 제8공군은 B-17폭격기를 376기나 동원하여 독일 중심부의 도시 슈바인푸르트Schweinfurt와 레겐스부르크Regensburg를 공습한 것이다. 슈바인푸르트에는 무기생산에 필수적인 볼 베어링 공장이, 레겐스부르크에는 독일의 주력 전투기인 Bf-109기 공장이 있었기 때문이다. 그러나 아군 전투기들의 호위를 받지 못한 폭격기 편대를 독일 전투기들은 마음껏 사냥했고 그 결과 출격에 나선 376기의 폭격기 중 60기가 격추되었다. 이러한 결과에도 불구하고 미군은 폭격기의 자체 방어력에 대한 믿음을 버리지 못하고 두 달이 지난 10월에 대규모 편대로 하여금 이 두 도시를 다시 폭격하도록 했다. 이번에는 결과가 더욱 나빴다. 폭격에 나선 291기의 사분의 일을 넘어서는 77기가 격추된 것이다. 그제야 미군의 수뇌부는 호위 전투기가 없이 폭격기만으로 이루어진 폭격 임무의 포기를 심각하게 고민하기 시작했다. 하지만 미군 수뇌부는 전략 폭격의 개념을 쉽사리 포기할 수 없었다. 전쟁에서 추축국에 대한 최후 승리를 앞당길 수 있는 확실한 방법이라 확신했기 때문이다. 그러던 차에 영국제 심장을 달고 다시 태어나 독일 깊숙이 장거리 비행이 가능하며 독일의 그 어떤 전투기도 이길 수 있는 머스탱이 구세주처럼 나타났던 것이다.[10]

1943년 11월 제8공군의 354전투비행단이 최초로 신형 머스탱을 지급받아 조종사들에 기종전환 훈련을 시킨 후, 1943년 12월 13일 첫 임무에 나섰다. 독일 함부르크Hamburg 북방에 있는 도시 킬Kiel로 출격한 B−17 편대를 호위하는 임무를 수행한 것이다. 이때부터 미군 전략 폭격의 양상은 크게 바뀌었다. 폭격기의 손실률이 눈에 띄게 줄어든 것이다. 이듬해인 1944년 1월과 2월에는 손실률이 4.9퍼센트로 낮아졌고 점점 더 많은 머스탱이 호위에 나서자 1944년 말에는 다시 3.1퍼센트로 떨어졌다. 손실률이 떨어지면서 폭격수들이 마음 놓고 목표물을 조준할 수 있음에 따라 폭격의 정확성도 크게 높아졌다. 이에 따라 적 전투기에 의한 격추 피해를 줄여보고자 야간 폭격만을 고집했던 영국군도 이때부터 미군 전투기들의 호위를 받아 주간 폭격으로 전환했다.

이후 머스탱은 유럽 하늘뿐 아니라 태평양에서도 최강자로 군림하면서 수많은 적기를 떨어뜨렸다. 종전까지 유럽에서만 4,950기의 적기를 공중에서 격추하고 지상에서 있던 4,131기의 적기를 파괴했다.

---

10 http://mustangmustangs.com/p−51/home.

이오지마로 출격하는 P-51 머스탱, 한국전쟁에도 참전한 P-51 머스탱

공중에서 떨어뜨린 적기 수만 해도 모든 연합국 전투기들이 떨어뜨린 적기 총수의 절반에 해당한다.[11] 이는 독일의 전력을 문자 그대로 궤멸시킨 것으로 연합군이 제2차 세계대전에서 최종 승리를 거두는데 결정적 기여를 한 것이다.[12] 만약 미국이 무기 강국으로서의 자존심을 내세워 영국으로부터의 엔진을 받아오는 것을 꺼려했다면 이런 결과는 결코 없었을 것이다.

---

11 http://en.wikipedia.org/wiki/P-51_Mustang.

12 제2차 세계대전 후에도 머스탱은 6.25 전쟁 중 한국 공군이 주력기로 사용하면서 '승호리 철교 폭격' 등 수많은 무훈을 얻게 한 전투기였음.

살기 위해 최대 경쟁자와
피를 섞은 GM

1970대 초부터 세 차례 불어닥친 전 세계적인 석유파동으로 미국의 자동차 산업은 생존을 걱정해야 되는 심각한 지경에까지 몰리게 되었다. 제2차 세계대전 중 미국을 제외한 거의 모든 나라가 산업시설이 소실되거나 그 직전까지 이른 결과 전후 이들 국가에게 소비재 및 재건에 필요한 물자를 원조나 상거래를 통해서 대주었던 미국경제는 당연히 호황을 구가했다. 소비재들을 수입해오고 싶어도 그럴 나라도 없어 국내 소비수요도 자국 내 생산으로 충당해야 했으니 고용과 생산, 소비 지표 모두 예전과는 압도적인 차이를 보이며 호조를 보일 수밖에 없었다. 석유도 미국과 영국이 전후 아랍 국가들에 대해 돈을 대주고 수많은 유전을 확보한 결과 미국인들은 장기간의 저유가 시대를 누릴 수 있었다.

이렇듯 '소비 천국'이 도래한 데다 저유가가 일상화되면서 미국의 자동차 산업도 전성기를 맞이하게 되었다. 자동차는 날개 돋친 듯 팔려 나갔고 소비자는 갈수록 더 크고 더 힘센 차를 원했다. 그 결과 1960년대 말 미국의 거리는 소위 '고래'라는 별명이 붙을 만큼 큰 차들이 홍수를 이루었다. 1마일당 얼마나 멀리 갈 수 있느냐라는 연료 효율성(Fuel Mileage)은 아무도 신경 쓰지 않았다. 그러던 중 1970년대 초 이스라엘과 다시 전쟁에 돌입한 아랍 국가들이 석유 무기화를 선언하면서 유가가 폭등한 '1차 석유파동'이 일어났다. 이어 1970년 대 말에는 석유수출국기구(OPEC: Organization of Petroleum Exporting Countries)를 중심으로 한 아랍국가들의 가격 담합으로 '2차 석유파동'이 닥쳤다.

이는 호황을 거듭하던 미국 자동차 산업에 큰 충격을 주었다. 소비자들의 선택 기준이 연료 효율성으로 옮겨가며 차의 크기가 점점 작아지고, 전륜구동(앞바퀴 굴림) 방식이나 전자식 연료분사 장치(Electronic Fuel Injection) 등 연료를 절감할 수 있는 기술을 장착한 자동차들이 각광을 받기 시작했다. 하지만 그때까지 대형 차체에 엔진도 여유 있게 설치할 수 있는 후륜구동(뒷바퀴 굴림) 방식에다가 전통적인 기화식 연료분사 장치(Carburetor) 등 기계적으로 간단한 자동차를 생산해 오는 데 익숙한 미국 자동차업체들에게 이는 재앙과 같은 부담으로 다가왔다. 시장에서 소비자들의 선택을 받으려면 예전보다 훨씬 작아진 차체의 엔진 룸에 엔진과 바퀴구동 장치를 쑤셔 넣어야 하며, 전자식 연료분사 장치 등 복잡한 기기까지 붙여야 했기 때문이다.

이는 미국 자동차의 불량률이 크게 높아지는 결과를 낳았다. 소형차 생산에 관련된 경험이 부족했던 데다 이런 큰 변화를 예상하지 못한 채 기술 개발을 등한시해 왔기 때문에 생산 과정상의 문제는 물론이고 설계 결함, 기술 미비 등의 문제가 복합적으로 작용했다. 그 좋은 예가 GM사가 1979년부터 생산하여 1980년 모델로 팔기 시작한 사이테이션Citation이라는 차이다. 쉐보레Chevrolet 사업부에서 1985년까지 판매했던 이 차는 이 회사가 고유가 추세에 대응하기 위한 야심작으로서 전륜구동 모델로 출시한 것이다. 미국 자동차 회사가 내놓은 전륜구동 모델 중 1978년 시판된 크라이슬러Chrysler사의 닷지 옴니/플리머스 호라이즌Dodge Omni/Plymouth Horizon에 이어 두 번째였다.[13] 이 차의 처음 출발은 순조로웠다. 출시한 해에 차 전문잡지 《모터트렌드Motor Trend》에서 '올해의 차(Car of the Year)'로 선정되는 등 큰 호평을 받았고 소비자들의 반응도 좋아 출시 첫 해에 약 80만 대가 팔렸다. 하지만 이후 여러 가지 문제가 터져 나오면서 소비자들의 반응도 빠르게 식어 갔다. 엔진 오일이 자꾸 새는 문제부터 브레이크, 조향장치 등의 문제 등으로 GM사는 여러 번 이 차를 리콜해야만 했다. 이런 문제들을 몇 년에 걸쳐 어느 정도 해결했다 싶었던 즈음에는 이미 이 차에 대한 수요는 땅에 떨어져 1985년 단종되는 운명을 맞았다. 이 차의 문제는 GM사가 만드는 모든 차종에 대한 소비자들의 신뢰를 크게 떨어뜨린 결과를 낳았고 이 회사의 시장점유율은 날로 떨어져 갔다. 여러 노력에도 불구하고 GM은 1980년대 초반 내내 자사 제품의 신뢰성 문제에 시달렸다.

이를 해결하기 위해 이 회사는 당시 위협적인 경쟁자로 떠오른 토요타에 합작을 제의했다. 토요타는 당시에도 소형차 분야에서 세계 최고 수준의 신뢰성, 연비, 가격 대비 성능 등을 자랑하고 있었다. 그런데 GM의 합작 제의를 토요타가 의외로 쉽게 받아들였다. 두 회사는 합작회사의 이름을 NUMMI(New United Motor Manufacturing Inc.)로 정

---

13 그러나 이 차는 크라이슬러사가 자사의 프랑스 자회사가 팔던 유럽 모델을 그대로 들여온 것으로서 애초부터 북미 시장을 겨냥한 전륜구동 자동차는 사이테이션이 사실상 최초였음.

했다. 1984년 두 회사는 캘리포니아 주 프레몬트Fremont에 위치한 GM 공장에 합작으로 공동 생산 설비를 짓고 그해 12월 첫 차를 생산했다. 두 회사는 여기서 생산된 차들의 외형을 조금씩 달리하여 각각 쉐보레 노바Chevrolet Nova와 토요타 코롤라Corolla라는 이름으로 팔기 시작했다.

원래 이 공장은 1962년에 가동을 시작해서 1982년 폐쇄되었었다. 미국 내에서 GM의 위상이 예전 같지 않아 매출이 줄어든 이유도 있었으나 전미 자동차 노조(United Auto Workers)에서조차 생산직 직원들이 '미국 내 자동차 공장 중 최악'이라 평가했을 만큼 이로 인한 품질 문제가 심각했던 것이 폐쇄의 주 이유였다. 공장 가동 중에도 술을 먹으며 일하거나 항상 결근자 수가 너무 많아 아예 조업을 할 수 없는 경우도 다반사였다. 그럼에도 불구하고 일본에서는 제일 가까운 캘리포니아 주에 위치하여 부품 수송비를 절감할 수 있다는 점 등을 고려한 양사 수뇌부는 이곳을 협업의 장소로 결정했다. 토요타는 이미 폐쇄된 이 공장의 전 근로자들을 대부분 재고용했고 이들을 일본에까지 불러 재교육시키는 노력 등을 통해 근로자들의 품질에 대한 의식을 근본적으로 바꾸는 노력을 게을리하지 않았다.

그런데 양사는 어떻게 이런 합작에 이르게 되었을까? GM은 이 협업을 통해 당시 난공불락처럼 보였던 토요타의 소형차 제작 기법을 배워 자사의 품질 문제를 해결하고 이를 통해 시장점유율을 다시 올리려고 했다. 실제로 양사 합작을 주도한 GM의 입장을 당시 언론에서는 속담을 빌어 이렇게 비유했다. "적을 이길 수 없으면 같은 편이 되라(If you can't beat them, join them)".[14] 토요타 입장에서도 당시 미국 의회에서 거론되던 수입차 규제 움직임에 선제적으로 대응하기 위해서 미국 내 생산 기지가 필요하던 차에 GM의 합작 제안이 반가웠던 것이었다. 게다가 미국 내 현지 생산을 본격화하게 된다면 미국의 노동 환경하에서의 생산 경험을 쌓아둘 필요도 있어 수십 년간 이런 경험을 쌓아 온 미국 1위 업체의 노하우를 배워볼 심산도 있었다.[15]

공장 가동 후 얼마 되지 않아 GM 측에서는 당초 기대하던 것 이상의 성과를 보기 시작했다. 당시 GM의 사업부 중 하나인 뷰익Buick 사업부에서 야심찬 계획하에 기존 공장을 리노베이션하여 새로운 세대의 중대형차를 생산하려고 준비 중이었다. 소위 H-바디라는 새 차대를 기본으로 르세이버Le Sabre라는 이름의 자동차 모델을 생산하려고 했다. 토요타와의 합작 이전에도 GM은 자체적으로도 품질 개선을 위한 여러 노력을 기울여 왔는데 이 새 공장은 생산 로봇을 대량으로 채용하는 등 제품 품질을 근본적으로 개선할 목적의 여러 기법이 적용되어 품질 향상이 크게 기대되었었다. 그러나 시험 생산 기간 중 유리를 장착하는 로봇은 유리를 깨먹기 일쑤고 페인트를 칠하는 로봇은 너무 많거나 적은 페인트를 분무하는 등 여러 문제가 다발적으로 생겼다. 이 결과 생산 공정이 뒤죽박죽되어 품질이 향상되기는 커녕 오히려 더 나빠질 위기에 처하게 되었다. 이에 당시 투입된 생산 책임자들은 고심 끝에 NUMMI로 달려가 생산 매뉴얼을 그대로 베껴 왔다. 그리고 로봇 조종 매뉴얼 등을 그대로 적용했다.

14 http://blog.hemmings.com/index.php/tag/nummi.
15 http://www.thisamericanlife.org/radio-archives/episode/403/transcript.

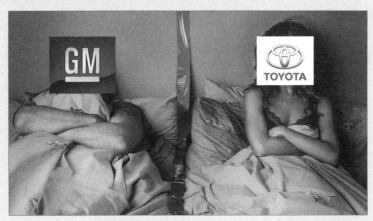

GM과 도요타의 합작을 풍자한 삽화(위), NUMMI 공장(아래)

결과는 놀라왔다. 확연한 품질 개선이 이루어진 것이다. 1986년부터 출시된 이 차 모델은 1989년 J. D. 파워J.D. Power & Associates라는 자동차 품질평가회사에서 실시한 초기 품질 평가에서 미국 회사 중 유일하게 10위권 안에 든 것은 물론이고 당당히 1위를 차지했다. 이후에도 2010년대 초까지 뷰익은 르세이버를 비롯한 뷰익의 여러 차종이 지속적으로 J. D. 파워의 품질 평가 리스트에서 최상위를 차지했다.

GM은 이런 경험을 전 사업부로 확산시켜 GM 자동차들의 품질이 일본 차들을 비롯한 수입차들과 견줄 만하게 제고되는 결과를 얻었다. 또한 여타 다른 미국 메이커들도 이에 자극받아 포드는 마쓰다, 크라이슬러는 미쓰비시 등 각각의 일본 제휴회사에게도 생산 기법을 전수받아 미국 자동차 산업 전체가 품질 경쟁력이 크게 강화되는 부수적인 효과로 이어졌다. 예컨대 2003년 J. D. 파워가 발표한 '구매후 3년 된 자동차의 품질 지수' 리스트의 상위 10개 브랜드 중 일본 자동차가 5개가 랭크되었는데 미국 자동차도 이에 못지않은 4개가 랭크되었다.[16]

그런데 혹자는 1980년대 후반 이후 NUMMI에서 비롯된 미국 자동차 산업의 경쟁력 회복 추세가 지속되었다면 왜 2000년대 말의 리먼브라더스Lehman Brothers 사태 이후 미국 자동차 3사가 모두 파산 직전 상태에 몰리게 되었느냐는 의문을 제기할 것이다. 이에 대답하기 위해서는 자동차라는 제품의 경쟁력은 낮은 고장률 등 기계적 신뢰도 이외에도 연비, 마력, 스타일 등의 요소를 포함하고 있다는 사실

---

16 http://multivu.prnewswire.com/mnr/jdpower/11054.
　나머지 한 개는 독일의 '포르셰'(Porche)가 차지했음.

에 주목할 필요가 있다.[17] 소위 '신경제 현상'이라 하여 1990년대부터 2000년대까지 지속된 미국경제의 장기 호황에 따라 기름을 많이 먹는 픽업트럭 등에 대한 수요도 크게 증가했다. 동시에 세계에서 가장 규모가 큰 승용차 시장이 고성장세를 유지하자 세계적인 메이커들이 모두 달려들어 경쟁이 치열해졌다. 이에 이들 미국 자동차 회사들은 수입차 메이커들이 경쟁력을 갖추지 못한 픽업트럭 세그먼트에 기술 개발, 신제품 출시에 집중하며 상대적으로 승용차 시장을 등한시했다.[18] 2000년 후반부터 국제 유가가 한껏 올라간 상태에서 리먼브라더스 사태까지 터지자 픽업트럭에 대한 수요가 크게 위축되었고 승용차 시장에서 기계적 신뢰도 이외에는 차별화 포인트가 없던 미국 자동차 업체는 큰 위기에 빠질 수밖에 없었던 것이다.

NUMMI도 GM의 재무적 어려움 속에 2010년 폐쇄되고 말았다. 총 800여만 대의 자동차를 생산한 실적을 뒤로하고 역사 속으로 사라진 것이다. 토요타는 이 공장에서 생산을 지속하고 싶었으나 파트너사인 GM의 뜻이 완강했다. 이 자동차 공장은 한동안 폐쇄되었다가 미국의 벤처 전기 자동차 회사인 텔사Telsa사에 매각되어 전기 스포츠카를 생산하는 공장으로서 새로운 생을 이어 가고 있다.[19]

결론적으로 1980년대 품질 문제 등으로 궁지에 몰렸던 미국 자동차 산업의 경쟁력 강화는 GM이 경쟁자인 토요타로부터 생산 기술

17 Kenneth E. Train and Clifford Winston, 『Vehicle Choice Behavior and the Declining Market Share of U.S. Automakers』, AEI-Brookings Joint Center for Regulatory Studies, 2006. 5, p 34-35.
18 http://en.wikidepia.org/wiki/History_of_General_Motors.
19 http://en.wikidepia.org/wiki/NUMMI.

전수를 마다하지 않았던 노력에서 시작되었다는 것은 부정하기 어렵다. 물론 이 노력이 더 나아가 부단한 연료 절감 기술 개발 등 여타 분야로 이어지지 못해 2000년대 말 어려움을 겪게 된 것도 사실이다. 그럼에도 불구하고 경쟁력 강화를 위해서라면 경쟁자한테서도 배우겠다는 자세는 이 회사가 지금까지도 건재하는 이유일 것이다.

13

스피드만이
능사가 아님을 기억하라

『손자병법』의 군쟁軍爭편에는 '급한 군쟁은 삼가라'고 나와 있다. 속도만을 중시한 나머지 군대를 너무 빨리 진격시키면 그 "군대는 장비가 없어 패망하고 양식이 없어서 패망하며 남겨 쌓아둔 물자가 없어 패망(是故軍無輜重則亡 無糧食則亡 無委積則亡)"한다는 것이다.[1] 실제로 근대 전쟁사에서도 병참이 따라 붙지 않은 상태에서 전투부대만 전진시키면 나중에는 탄약 및 식량 등의 보급이 원활치 않아 큰 위기에 빠진 경우를 여럿 볼 수 있다.

이는 경영 현장에서도 마찬가지이다. 경영에서도 '다져가면서 하는 전진'이 매우 중요하다. 몇 년 전부터 '스피드 경영'이 강조되는 경향이 있으나 스피드만 빨라서는 경영 실패로 이어질 수 있다. 다음의 전쟁과 경영의 두 사례는 전장이나 기업 현장 모두에서 스피드만이 능사가 아님을 잘 보여준다.

---

1 손자, 김원중 역, 『손자병법』, 글항아리, 2011, 186쪽.

작전 스타일 차이에서 비롯된 상반된 전과, 스미스 소장과 알몬드 중장

'6.25 전쟁'은 우리 민족이 고구려, 백제, 신라의 삼국 통일 이후 처음 겪는 동족상잔의 비극이다. 1950년 6월 25일 북한군은 아무런 경고 없이 기습적으로 남침을 감행했고 제대로 대비하지 못한 국군과 개전 며칠 후부터 허겁지겁 투입된 미군은 후퇴에 후퇴를 거듭하다 낙동강 이남에서 더 이상 밀릴 수 없는 방어선을 쳤다. 하지만 부산항을 통해 미국을 주축으로 한 유엔군의 병사와 물자가 속속 들어오면서 국군과 유엔군의 연합군은 반격의 전기를 마련할 수 있었다.

낙동강 전선에서 북한군과 치열한 방어전을 펼치던 유엔군은 사령관 맥아더 원수의 주도로 그해 9월 15일 인천상륙작전을 실시하여 9월 28일 서울을 수복했다. 유엔군은 미국 해병대와 한국 해병대가 그 선봉에 서서 인민군과 치열한 전투를 치른 끝에 이날 한국 해병대가 중앙청에 태극기를 꽂았다. 이 작전에서 선봉에 선 미 해병대 1사단을 지휘한 사람은 올리버 P. 스미스Oliver P. Smith 소장이었다.

그 다음 달에 해병대 1사단은 다시 원산에서 상륙작전을 성공적으로 수행하였다. 그런데 이 해병대 1사단은 미 육군 10군단의 지휘를 받고 있었고 이 군단의 사령관은 에드워드 M. 알몬드Edward M. Almond 중장이었다. 그는 맥아더 원수의 눈에 들어 북진을 주도한 제10군단의 수장이 되었지만 후세의 평가는 능력보다는 조직 내 처세에 능해 출세가도를 달린 정치군인이라는 후하지 못한 평가를 받았다. 실제로 그는 제2차 세계대전에서도 좋은 성과를 내지 못했다. 예를 들어 흑인 병사로만 조직된 사단을 이끌고 이탈리아 작전 등을 이끌었으나 전과가 좋지 않자 흑인들의 타고난 무능함을 그 원인으로 돌리며 빠져나가는 등 전형적인 책임회피·전가형 인물로 평가된다.[2] 이에 반해 스미스 소장은 2차 세계대전 중 태평양 전선에서 혁혁한 전공을 세우며 부하들의 존경과 신뢰를 한껏 받던 실무형 장수였다. 그는 6.25 전쟁 전에는 잠시 해병대 학술지인 《머린 코 가젯*Marine Corps Gazette*》의 편집장을 지내기도 한 지장智將이기도 했다.[3]

원산 상륙 작전 이후 미 해병대는 한반도의 동부를 따라 북상하는 진격로를 맡았다. 서부 전선은 주로 국군과 미 육군, 여타 유엔군 병력이 맡아 빠른 속력으로 북진했다. 그 주력은 알몬드 중장이 지휘하는 10군단 산하 제8군이었다. 이에 비해 스미스 소장이 이끄는 해병 1사단의 북진 속도는 상대적으로 더디었다. 알몬드는 자기 지휘하에 놓인 해병 1사단의 진격 속도를 비웃으며 스미스를 몰아세웠다. 알몬드는 스미스가 자기보다 한 살 밖에 어리지 않았지만 "Son(자식)"이라 호칭하는 등 모욕적인 언사를 서슴지 않았다고 전해진다.[4]

그러나 사실 스미스 소장의 북진이 늦어진 것은 원인이 있었다. 미 해병대 1사단의 주 진격로가 한반도 동부의 험준한 산악 지역이라는

---

2 http://en.wikipedia.org/wiki/Edward_Almond.
3 http://en.wikipedia.org/wiki/Oliver_P._Smith.
4 http://www.chosinreservoir.com/almondcomments.htm.

것도 한 가지 이유가 되겠으나 그것보다는 이 사람의 작전 스타일이 주된 이유였다. 그는 진격하는 동안 경유하는 지역 곳곳에 중간 병참 기지를 만들어 탄약, 의복, 식량 등의 보급품을 쌓아두고 또 그곳을 통해 수송기로 보급품을 받을 수 있도록 활주로를 만들면서 전진을 했다. 즉 그는 자신의 후방을 최대한 든든히 다지면서 사단을 이끌고 가다 보니 당연히 그렇지 않은 육군과 알몬드 중장의 눈에는 답답하게 보일 수밖에 없었던 것이다.

이렇듯 작전 방식을 달리 한 동부 전선의 육군과 서부 전선의 해병대는 얼마 지나지 않아 아주 다른 운명을 맞닥뜨리게 되었다. 이미 국군과 유엔군의 북진 시점부터 미군의 중국 본토 침공을 우려한 마오쩌둥 등 중국 공산당 수뇌부의 결정으로 중공군 30만 명이 야음을 틈타 한반도에 들어와 있었다. 이들은 서부 전선과 동부 전선으로 나누어 진격한 두 유엔군 주력 사이로 스며들어 매복했다. 물론 서부 전선과 동부 전선의 유엔군들은 서로 동서로 연결하여 전선의 공백을 메우려는 노력도 기울였다. 이 결과 서부 전선의 미 육군 7사단과 동부 전선의 미 해병대 1사단은 함경도 장진호 부근에서 모이게 되었다. 하지만 이 지역 즉 장진군 서한면 유담리와 신흥리 일대에는 7개 사단 15만 병력으로 이루어진 중공군 제9병단이 병단장 송시륜宋時輪의 지휘하에 덫을 놓고 이들을 기다리고 있었다. 이 덫에 미 육군 7사단, 미 해병대 1사단을 포함해 국군과 영국 해병대 등 총 3만의 병력이 걸려들어 포위되었다. 중공군의 공세에 미 육군 7사단 산하 3개 대대는 곧바로 궤멸 지경으로 몰렸다. 퇴로를 차단당하자마자 탄약, 식량 등의 보급이 끊어지면서 전투력이 크게 약화되었기 때문이다.

장진호 전투에서 후퇴하는 미 해병대 1사단

이에 반해 미 해병대는 적의 공세에 강력히 맞서며 질서정연한 후퇴를 시작했다. 높이 2,000m 이상의 험준한 산악과 깊은 협곡 등 지형적 악조건과 영하 30도 이하의 혹독한 추위를 무릅쓰고 미 해병대는 40km의 협곡지대를 돌파하여 전사자의 시체까지 거두면서 성공적으로 함흥으로 철수했다. 당연히 이 과정에서 중간 중간에 구축해두었던 보급기지의 도움이 컸다. 물론 미군의 희생도 적지 않아 미 해병대 1사단 병력 2만 명 중 전사 718명, 부상 3,508명, 실종 192명이라는 병력 손실을 입기는 하였으나 이들이 적에게 가한 타격에 비하면 매우 작은 손실이었다. 중공군 9병단은 해병대 1사단이 주도한 유엔군의 반격과 이들을 지원한 항공 폭격, 함포 사격 등으로 2만 5,000명이 전사하는 등 사실상 전투력을 상실했다.[5] 부상병까지 합쳐 전 병력의 40~60퍼센트에 달하는 손실을 입어 후방에서 병력 보충 등 전력을 다시 가다듬어 다음해 4월에야 전선에 다시 나타날 수 있을 정도였다.[6]

미 해병대는 이 전투를 통해 청천강 일대에서 전멸 직전의 위기에 빠졌던 미 8군의 철수를 가능케 했으며, 중공군의 함흥지역 진출을 2주간 지연시켜 그해 12월 15일부터 국군과 미군이 흥남항을 통해 10만 명 이상의 병력, 1만 7,500여 대의 차량 및 전차, 35만 톤의 보급품은 물론, 우리 국민인 피난민 10만 여명과 함께 철수할 수 있는 귀중한 시간을 벌어주었다.[7] 스미스 소장은 이 전투에서 "우리

5 http://www.koreanwaronline.com/arms/chosin.htm.
6 http://en.wikipedia.org/wiki/Battle_of_Chosin_Reservoir.
7 http://en.wikipedia.org/wiki/Battle_of_Chosin_Reservoir.

미 해병대 1사단의 포로가 된 중공군 병사

는 후퇴하지 않는다. 단지 새로운 방향으로 공격할 뿐이다(We're not retreating, we're just advancing in a different direction)"라는 유명한 말을 남겼다.[8] 이러한 큰 전공은 스미스 소장이 스피드는 어느 정도 희생하되 "다져가면서 행하는 진격"이라는 형태의 작전을 펼치지 않았다면 결코 불가능했을 것이다.

---

8 http://en.wikipedia.org/wiki/Oliver_P._Smith.

흥남 철수작전 당시의 흥남부두(위),
흥남 철수작전에서 1만 4,000명의 주민을 태우고 철수하는 메러디스 빅토리 호(아래)

스피드 최우선의 세계경영, 대우의 좌절

1999년 8월, 한때 재계 랭킹 1, 2위를 다투던 대우그룹이 70여조 원의 부채를 남기고 사실상 도산했다. 1997년 말 대한민국을 급습했던 외환위기와 이에 대한 IMF의 초고금리 등 무리한 처방으로 기업들이 연쇄적으로 도산하던 시기에 김우중 회장은 특유의 공격적인 경영으로 위기를 돌파하려 했으나 역부족이었다. 금융당국과 채권단의 압력으로 '워크아웃'이라는 형태를 취하기는 했으나 사실상 이것은 기업 실패를 의미하는 것이었다. 대우의 도산의 원인에 대해서는 그 당시부터 지금까지 외국 정부 및 자본과 몇몇 정부 관료들이 작당한 결과라는 음모론이 이어질 정도로 논란의 대상이 되어왔다. 하지만 대우 자체의 구조적 문제점이 가장 큰 원인이었다는 것은 부정할 수 없을 듯하다. 이런 구조적 문제점은 당시 1990년대 대우의 거침없는 세계 시장 확장이라는 목표에 따라 날로 커져서 외환위기 이후 이 그룹을 코너로 몰아갔다.

1990년대 초 대우는 김우중 회장의 '세계경영'이라는 기치 아래 무서운 속도로 세계 시장을 개척해 나가는 이른바 '잘나가는' 대기업 집단이었다. 삼성을 포함한 다른 대기업 집단들도 대우의 성공사례를 앞다투어 벤치마킹했었다. 경영학과를 비롯한 학계의 여러 교수들도 대우그룹의 이런 공격적인 경영방식을 칭송 일색으로 높이 평가했다. 특히 김우중 회장을 스피드로 세계를 제패한 몽골 기병으로 비유한 언론들도 적지 않았다. 해외에서도 그는 한때 유라시아 대륙을 제패한 칭기즈칸에 빗대어 '킴기즈칸'이라 불렸다.[9]

과연 1990년대 대우는 거칠 것 없는 스피드로 해외 현지공장을 짓고, 구舊공산권 국가 등 체제를 전환하며 새로 문호를 개방하는 국가에 서구 기업들보다 먼저 진출하는 등 새로운 시장을 개척하고 있었다. 이에는 시대적 배경이 있었다. '블록화'와 '공산주의의 붕괴'이다.[10] 2차 세계 대전이 끝난 뒤부터 꾸준히 역내의 경제통합을 추진하던 유럽 국가들을 의식하여 1980년대 후반부터는 미국이 북미 경제통합을 추진하고 있었다. 당시 세계 최대의 경제권이던 구미 국가들의 이러한 경제 블록화 움직임은 훗날 결국 유럽연합(EU)과 북미자유무역협정(NAFTA)으로 이어졌다. 이는 역내 자유무역, 역외 보호무역이라는 이중성을 띤 것으로서 이 블록에 포함되지 않은 국가들에는 사실상 큰 무역장벽이 생기는 것을 의미했다. 이들 비블록 국가들에 속하는 기업들 입장에서는 이를 피하기 위해서 블록화 국가 내에 현지공장을 짓는 것 외에는 별다른 대안이 없어 보였다.

이와 더불어 1980년대 말 독일의 베를린 장벽이 허물어졌고, 소비에트 연방 즉 소련도 붕괴되어 이후 동구 및 중앙아시아의 구공산권 국가들이 속속 세계경제로 편입되면서 글로벌 시장의 규모가 급증했

---

9 김영기, 『김우중 오디세이: 세계 최대의 파산』, 홍익출판사, 2005, 107쪽.
10 신장섭, 『아직도 세계는 넓고 할 일은 많다: 김우중과의 대화』, 북스코프, 2014, 123–129쪽.

다. 여기에는 중국도 가세했다. 베를린 장벽 붕괴의 여파로 일시적이나마 자유화 바람이 불어 천안문 사태가 터졌다. 이를 무력으로 무자비하게 진압한 중국 지도부는 이 사태가 인민들의 자유화 욕구에 기인하기보다는 근본적인 의식주 해결에 대한 불만의 표출로 해석했다. 이 문제를 해결하고자 그때까지 사실상 금기시했던 외국 자본에 대한 문호를 활짝 개방했다.

당시 우리나라의 노태우 정부도 이러한 세계적인 정치 해빙 무드를 남북한 통일의 기초로 삼고자 했다. 소위 '북방정책'을 채택하여 구소련 국가, 동유럽 국가 및 중국과 외교관계 회복 및 경제협력을 강화해 나가려 한 것이다. 이는 1992년 해방 이후 40년 이상 맹방관계를 유지했던 대만과의 외교관계 단절을 무릅쓰고 단행된 중국과의 수교로 정점을 이루었다.

대우의 김우중 회장은 이런 세계사적인 변화를 그의 평소 지론대로 '위기'이면서 동시에 '기회'로 받아들였다. 블록화에 대해서는 정석대로 1980년대부터 대우전자가 영국, 프랑스 등 유럽에 현지공장을 짓는 등 현지 생산기지를 마련하는 방향으로 대응해 나갔다. 체제전환국의 개방 흐름에 대해서는 자사의 시장 확대를 위한 절호의 기회로 판단했다. 1960년대 후반 창업 이후 특유의 공격 경영으로 고속 성장을 거듭해 재계의 기린아가 되었던 김 회장은 이런 상황에서 자신의 장기인 스피드를 살린다면 급속한 매출 신장은 저절로 이루어질 것이라 믿었을 것이다. 과연 대우는 중앙아시아, 동구 각국에 전자, 자동차 등의 합작공장을 세우거나 판매 조직을 세워 매우 빠른 속도로 시장을 공략해나가기 시작했다. 세계경영을 시작할 시점에 대우는 전 세계적으로 150개의 해외 네트워크를 가지고 있었다. 세계경영을 본격 시작한 1994년 초부터 5년 동안 이 그룹의 해외 네트워크는 급팽창했다. 법인 396개, 지사 134개, 연구소 15개, 건설현장 44개 등 총 589개로 증가한 것이다.[11]

하지만 당시 대우에게는 치명적인 약점이 있었다. 첫째, 은행 빚 등 타인 자본에 과다하게 의존하여 성장한 결과 자본구조가 매우 취약하다는 점이었다. 과다한 부채 비율로 인해 '자기 돈'이 별로 없는 상태에서 해외 진출도 부채에 의존할 수밖에 없었다. 그린필드green field 방식[12]이나 M&A 등을 통해 현지공장 등 해외법인을 설립할 때에 대우 자체가 투자한 돈은 전체의 5~10퍼센트 정도였고 나머지는 현지의 정부의 지급보증을 얻고 현지에서 빌리는 등 부채로 대부분의 소요 자금을 조달했다.[13] 그런데 여기에 그치지 않았다. 이 그룹은 해외 현지법인을 담보로 새로운 현지법인을 인수하는 자금으로 활용하거나 새로운 현지법인을 인수하는 과정에서 초과로 조달한 부채를 다른 현지법인의 운용자금으로 썼다.[14] 또한 런던에 BFCBritish Finance Center라고 하는 금융 현지법인의 기능을 갈수록 키워 해외네트워크의 중앙은행 역할을 맡겼다. 이 조직에 대우의 현지법인 간 자금중개를 전담시킨 것이다.[15] 이런 방식은 대우의 확장 스피드를 극대화시키는 역할을 하는 것과 동시에, 만약 현지법인 중 한 곳이라도 문제

11 김영기, 『김우중 오디세이: 세계 최대의 파산』, 홍익출판사, 2005, 105쪽.
12 기존의 공장이나 회사를 인수하지 않고 처음부터 새롭게 공장을 짓거나 법인을 만드는 것.
13 김영기, 『김우중 오디세이: 세계 최대의 파산』, 홍익출판사, 2005, 118쪽.
14 김영기, 『김우중 오디세이: 세계 최대의 파산』, 홍익출판사, 2005, 119쪽.
15 김영기, 『김우중 오디세이: 세계 최대의 파산』, 홍익출판사, 2005, 225-238쪽.

가 생기면 모든 법인으로 문제가 순식간에 확산되는 시한폭탄이기도 했다.

대우의 둘째 약점은 제품의 품질이나 기술력이 강하지 못했다는 점이다. 대우그룹의 성장이 스피드의 DNA에 기반을 두었다는 것은 잘 알려진 사실이었다. 그러나 스피드를 최우선시하다 보니 품질 경쟁력, 기술 경쟁력 등 핵심 역량(Core Competence)이 다른 대기업들에 비해 떨어진다는 것이 또한 세간의 인식이었다. 대우도 이 문제를 심각하게 인식한 듯은 하다. 예를 들어 대우전자는 1990년대 초반 '탱크주의'를 내세우며 탱크처럼 튼튼한 제품을 만든다는 선전을 대대적으로 전개한 적이 있었다. 당시 이는 시장에 품질 문제를 해결했고 앞으로도 잘 만들겠다는 다짐을 소비자들뿐만 아니라 자사 임직원들에 대해서도 각인시키려는 처절한 노력으로 보였다. 비슷한 시기에 대우자동차도 김우중 회장이 직접 주도하여 품질 향상에 힘쓰면서 "요즘 대우차 몰아보셨습니까"라는 선전 문구를 전면에 내세우며 실추된 소비자 신뢰를 회복시키려 했다.[16] 그러나 시장의 눈은 그리 호의적으로 변하지 않았다.[17] 기술력에 대해서도 김우중 회장은 고기술보다 중급 기술, 미드테크mid-tech 즉 중급 기술이면 충분하다고 본 것 같다. 그는 전자와 자동차를 전형적인 미드테크 사업으로 보았고 이 분야에서 경쟁이라면 세계 어느 기업과도 경쟁할 만하다고 생각했

---

16 참고로 원래 이 문구는 미국의 2위 자동차 업체인 포드사가 1980년대 초반 뼈를 깎는 노력 끝에 제품 품질을 향상시킨 다음 내건 선전 캐치프레이즈였음.

17 당시 필자는 주위에서 "탱크가 얼마나 고장이 잘 나는지는 전차병 출신은 다 안다", "몰아보았는데 역시네"라는 비아냥도 들은 바 있음.

다.[18] 실제로 그는 1990년 중반 한 강연에서 이렇게 말했다.

"자동차는 하이테크가 아니라 미들테크이다. 우리는 미들테크 분야에서의 경쟁이라면 결코 뒤지지 않는다."[19]

특히 이런 미드테크는 체제 전환국 등 개발도상국들에서 잘 통할 것이어서 이들 국가에 진출할 이유는 더욱 더 명확해졌다. 이런 대우의 행보는 비슷한 시기 삼성이 이건희 회장의 주도로 '신경영'을 선포하고 품질 경영 등 품질제일주의, 세계 1등 기업 따라잡기 등 제품의 질과 기술력 등을 다지는 방향으로 나아간 것과는 크게 대조되었다. 어쨌든 취약한 재무구조와 더불어 핵심 역량 강화가 제대로 갖추어지지 않은 상태에서 대우는 세계로 밀고 나갔던 것이다.

세계경영 초기에 대우의 이러한 시장 공략 방법은 성과가 큰 것으로 보였다. 대우의 해외 매출이 해를 거듭할수록 크게 올라가는 것으로 나타났기 때문이다. 하지만 이는 곧 한계에 봉착하게 된다. 대표적인 예가 1990년대 대우그룹 세계경영의 중심축 역할을 한 대우자동차의 사례일 것이다. 대우자동차는 1992년 말 GM과의 오랜 협력 관계를 청산하고 독자 노선을 걷기 시작했다. GM의 아시아 지역 생산기지 역할을 청산하고 독자 모델 개발 등을 통해 세계시장 진출을 추진하려 한 것이다. 이후 과연 대우는 1994년 1월 영국의 IAD International Automotive Design라는 세계 최대의 자동차 위탁개발 업체로부터 워딩 테크니컬 센터Worthing Technical Center라는 연구소를 인수한 후 이를 활용하여 소형, 준중형, 중형 자동차 모델을 개발하기

18 신장섭, 『아직도 세계는 넓고 할 일은 많다: 김우중과의 대화』, 북스코프, 2014, 304쪽.
19 김영기, 『김우중 오디세이: 세계 최대의 파산』, 홍익출판사, 2005, 180쪽.

시작했다. 마침내 1996~1997년에 이들 신차종을 출시했다. 바로 라노스, 누비라, 레간자이다. 여기에 1998년에는 경차 모델인 티코의 후계차인 마티즈가 가세했다.

이와 함께 세계시장 진출도 가속화하면서 세계 각지에 현지 공장을 건설하는 것을 물론, 1995년 폴란드에서 FSO_{Fabryka Samochodów Osobowych}라는 현지 자동차 업체를 치열한 경합 끝에 GM을 따돌리고 인수하기도 했다. 특히 '인구가 경제 단위가 되는 나라'들에 현지공장을 세우는 전략으로 불과 몇 년 안에 중국, 인도를 필두로 우즈베키스탄, 러시아, 우크라이나, 폴란드, 루마니아, 체코슬로바키아, 이집트, 베트남에 자동차 및 부품공장을 지었다.[20] 필자의 눈에도 이런 스피드는 세계에서 전례가 드문 것으로 보인다.

그런데 1990년대 후반으로 갈수록 이런 대우의 스피드 경영에도 균열의 조짐이 나타나기 시작했다. 앞서 언급한 치명적인 약점이 문제가 된 것이다. 자동차의 경우에도 폴란드 공장 외에 모두가 판매 부진에 시달리기 시작하여 매년 연매출이 20~30퍼센트씩 줄어들어 갔다. 이러한 판매 부진의 이유는 근본적으로 품질이 확보되지 않았기 때문이었다. 예를 들어 인도 공장의 경우 출고 지연에다 기술력 부족 등에 기인한 품질 결함이 겹쳐 곳곳에서 예약 취소 사태가 이어졌다. 이는 이들 현지법인이 영업에서 벌어들이는 돈으로 부채를 감당하기 어려워졌다는 의미로서 이를 BFC가 메워 주었다[21] 이렇듯 빚으로 빚을 갚는 '돌려막기'가 반복되면서 그룹은 급격한 쇠퇴 곡선을

---

20 신장섭, 『아직도 세계는 넓고 할 일은 많다: 김우중과의 대화』, 북스코프, 2014, 131쪽.
21 김영기, 『김우중 오디세이: 세계 최대의 파산』, 홍익출판사, 2005, 342쪽.

타기 시작했다. 또한 전자제품 등 대우의 다른 내구성 소비재의 경우도 비슷한 궤적을 그리면서 대우그룹 전체의 몰락을 가속화되었다.

이런 상황에서 1990년대 중반 이 그룹 내에서 브레이크를 밟을 필요가 있다는 목소리가 높아졌다. "기술력을 키우고 재무구조를 탄탄히 해 내실을 다지자는 주장"이었다.[22] 그러나 이런 의견은 결코 반영되지 않았다. 아마도 총수부터 스피드 최우선을 강조하는 분위기에서 묻혔을 것이다.

만약 김우중 회장이 속도를 조금 희생시키더라도 기술과 품질 역량을 다져가면서 세계 시장 진출을 추진했다면 그 결과는 사뭇 달랐을 것이다. 그룹의 몰락은커녕 특유의 공격성과 시장기회를 알아내는 능력이 기술, 품질 역량에 가세하면서 대우는 아마도 지금 삼성, 현대와 어깨를 나란히 하고 한국을 대표하는 브랜드로 위세를 떨치고 있을 것이다. 또한 한때 '경영의 신'으로까지 추앙받던 김우중 회장의 능력이 더 이상 쓰이지 못하고 그 세계경영의 의지가 좌절된 것은 한국의 기업사로 보아서도 참으로 아쉬운 일이라 하겠다. 특히 대우자동차의 경우 대우그룹의 도산 이후 이를 다시 인수해간 GM이 대우 자체적으로 개발한 모델들을 중국에서 출시해서 큰 성공을 거두는 등, 이 회사가 GM의 중국시장 진출에 큰 버팀목이 된 것을 보아도 더욱 그렇다.[23]

---

22 김영기, 『김우중 오디세이: 세계 최대의 파산』, 홍익출판사, 2005, 110쪽.
23 '[역사를 바꾼 자동차 M&A 명장면] 세계경영' 신기루 속에 사라진 대우차', 《한경 BUSINESS》, 2014. 11. 14.

전쟁에서 경영전략을 배우다

1990년대 들어서부터 세계경제는 인류 역사상 그 전례를 찾아보기 힘든 형태와 속도로 변화하기 시작했다. 이 변화의 가장 큰 요인으로는 냉전체제 붕괴 및 개방화와 디지털 혁명을 들 수 있다. 냉전체제 붕괴 후 체제전환국 등 개도국들이 앞다투어 상품 및 금융시장을 개방했고, 여기에 인터넷 등 디지털 혁명이 가세하면서 세계의 금융시장이 서로 연결되었다. 이로써 한 곳에서 터진 금융위기는 순식간에 전 세계로 퍼져서 글로벌 스케일의 경제위기로 번지는 경우가 많아졌고 이에 따라 세계 경기의 변동성이 그 어느 때보다도 커지게 된 것이다. 더구나 전 세계적인 위기가 터져도 냉전 종식으로 소련이란 공통의 적이 없어진 상태에서 각국의 이해관계가 달라 위기탈출을 위한 공조를 이루는 것이 매우 힘들게 되었다. 이 결과 전 세계의 불황이 장기화될 가능성도 커졌다.

기업들의 입장에서 이 모든 것은 경영환경의 불확실성이 너무 커졌고 안정적인 성장을 추구하는 것이 극히 어렵게 되었다라는 것을 의미한다. 특히 예전의 팔로어 입장에서 리더로 위치가 바뀐 상당수 한국기업들에게는 이중삼중의 부담이 지워지고 있다. 이는 커진 불확실성을 헤쳐나갈 뛰어난 전략과 전략가가 그 어느 때보다도 필요하다는 것을 시사한다.

III

한국기업,
뛰어난 전략가가 필요하다

01

한국기업,
왜 전략이 필요한가?

앞서 필자는 13개의 교훈별로 그 원천이 되는 전쟁 사례와 이것이 적용되는 경영 사례를 한두 개 소개하면서 그 교훈의 옳음을 증거하려 하였다. 서문에서 밝힌 대로 이 교훈들은 어쩌면 너무 당연한 이야기로 들릴지도 모른다. 그런데 이는 '국민 체조'와 같을지도 모르겠다. 우리 모두 초등학교 시절에 국민 체조를 배웠지만 성인이 되면서 잊어버렸거나 설령 기억한다 해도 이 체조를 하지 않는 것과 같다. 아마 너무 어릴 때 배워 기억이 가물가물하거나, 유치하다고 하며 체면 때문에 안 하는 것일 것이다. 그러나 나이를 먹을수록 이 체조만큼 신체의 유연성을 키워주고 나아가 면역성까지도 강화해주는 운동은 별로 없다고 한다.

필자는 기업 현장에서 전략이 세워지고 실행되는 과정에서, 어떻게 보면 당연하고도 쉬운 이 13개 교훈이 원칙으로서 지켜지지 않는 경우를 자주 보았다. 엄청난 크기의 비전에 비해 빈약한 실행 계획, 자금 동원 능력 등 자사의 역량을 무시한 무리한 계획, 시장과 경쟁자의 변화를 무시하고 과거의 성공공식을 계속 반복하는 무사안일의 계획 등 필자가 본 사례는 비일비재하다. 하지만 이러한 원칙들이 깨진 전략들이 실행 단계에서 당장 문제에 부딪히는 것은 당연한 일이다. 그런데 이러한 원칙들이 깨진 전략이 봉착할 더 큰 위험성은 단순히 실행상의 어려움뿐만이 아니라는 것이다.

1990년대 들어서부터 세계경제는 인류 역사상 그 전례를 찾아보기 힘든 형태와 속도로 변화하기 시작했다. 이에는 여러 가지 원인이 작용했으나 필자 생각에는 이 중 가장 강력한 것은 냉전체제의 붕괴와 디지털 혁명이 아닌가 싶다. 첫째, 제2차 세계대전 이후 공고하게 지속되어 오던 냉전체제가 1980년대 말 베를린 장벽이 붕괴되고 소련의 공산주의 정권이 무너지면서 와해되었다. 레이건Reagan 대통령이 표현한 바대로 '악의 제국'의 몰락은 여러 변화를 가져왔다. 각국의 최대 정책 아젠다가 안보에서 경제로 바뀌었다. 이 때문에 아시아 금융위기 등 글로벌 스케일의 경제 문제가 생겼을 때에도 소련이라는 공통의 적이 없어진 상황에서 각국이 자국의 이해관계만을 앞세움에 따라 더 이상 국제공조가 잘 작동하지 않기 시작했다. 게다가 남미 등 자본주의 진영이 외환위기 등 어려움을 겪을 때, 공산혁명의 가능성을 우려하여 적극적으로 도와주던 미국과 유럽 국가들은 오히려 이를 이용하여 시장개방 등을 조건으로 경제지원에 나서는 일

이 일반화되었다.[1]

후발국들의 개방을 촉진한 원인은 또 있다. 자본주의의 종주국가 역할을 하던 미국과 공산주의 국가의 종주국 역할을 하던 소련의 경쟁 관계를 이용하여 양 진영에서 무상 원조나 장기 저리 차관을 받아다 쓰던 소위 '제3세계 국가'들도 냉전체제가 무너진 상황에서 더 이상 이를 기대할 수 없었다. 이에 경제 개발을 위해서는 외국인 직접투자 유치에 발 벗고 나서는 한편, 외환규제 등을 풀고 자국의 자본시장을 개방할 수밖에 없었다. 이는 각국의 금융시장이 하나로 묶이는 결과로 이어지기 시작했다.

여기에다 공산주의 붕괴와 더불어 불기 시작한 자유화 바람이 중국으로 확산되어 천안문 사태를 촉발시켰고 이후 중국의 개혁개방이 본격적으로 이루어지는 계기가 되었다. 중국의 지도부는 천안문 사태 이후 흉흉해진 민심을 경제발전 가속화로 달래려 했고, 이를 위해 경제특구 등으로 세계 자본에 문호를 활짝 열어젖혔다. 1940년대 말 공산화 이후 '죽의 장막'으로 불릴 만큼 폐쇄적이었던 중국경제가 이로써 본격적으로 세계경제에 편입되기 시작한 것이다.

둘째 원인은 디지털 혁명이다. 1980년대 초부터 애플과 IBM에 의해 본격적으로 보급되기 시작한 PC가 1990년대 들어 인터넷이 등장하면서 서로 연결되어 전 세계적인 네트워크로 발전했다. 이 온라인 세계는 소비자들이 서로 재화 및 서비스에 관한 정보를 교환하는 장이자 유권자들이 불만을 터뜨리며 강력한 여론을 형성할 수 있

---

1 김경원, 김준원, 『대한민국 경제 2013 그 이후』, 리더스북, 2012, 108-109쪽.

는 장으로 떠올랐다. 이에 따라 온라인상에서만 영업활동을 영위하는 업체들, 즉 닷컴dotcom들이 대거 등장하는 경제적 변화와 함께 유권자들이 쉽게 선동에 휘말리면서 우중정치愚衆政治화되고 포퓰리즘Populism이 쉽게 득세하는 정치적인 변화도 뒤따랐다.

이 두 가지 원인(및 이에 부수된 변화들)은 전대미문의 변화를 일으켜왔다. 기업경영의 측면에서도 이는 마찬가지이다. 세계의 금융시장이 서로 연결되어 한곳에 터진 금융위기는 순식간에 전 세계로 퍼져서 글로벌 스케일의 경제위기로 번지는 경우가 많아 세계 경기의 변동성이 그 어느 때보다도 커지게 되었다. 더구나 전 세계적인 위기가 터져도 각국의 이해관계가 달라 각국 간의 공조를 이루는 것이 매우 힘들게 되어 위기 탈출도 쉽지 않아 불황이 장기화될 가능성도 커졌다. 개별 국가 단위에서도 인터넷에서 손쉽게 불만이 집약되고 폭발함에 따라 정책당국이 경제위기 탈출을 위해 반드시 필요하지만 고통을 수반하는 어떤 개혁도 수행하기 힘들어져 장기불황에서 빠져나올 수 있는 가능성은 더욱 낮아졌다. 이는 각 기업들이 안정적인 성장을 추구하는 것을 극히 어렵게 만들었다.

또한 중국이 세계의 생산기지로 떠오름에 따라 중국발 디플레이션 압력이 커진 결과, 기업들 입장에서는 중국으로 생산기지를 이전한다 해도 이들 기업들의 중국현지 생산품 간의 경쟁으로 마진폭은 갈수록 줄어들어 영업 수익성은 더욱 떨어져 갔다. 게다가 소비자들이 인터넷을 통해 서로 정보를 주고받음에 따라 같은 재화라도 온라인이나 오프라인을 막론하고 가장 낮은 가격이 시장가격으로 수렴하는 현상도 일반화되었다. 이러한 상황에서 기업이 고수익을 확보하는 방법은 아주 혁신적이거나 틈새시장을 노리는 제품 및 서비스를 꾸준히 개발하여 출시하는 것이다. 그러나 이는 매우 어려운 일이다. 설사 혁신적이거나 기발한 제품을 개발했다 하더라도 후발주자가 이를 복제하여 훨씬 싼 값에 내놓은 순간 금세 초과수익은 없어지게 된다. 더구나 이는 중국이 세계의 공장 역할을 계속 수행하면서 갈수록 두드러지게 나타나는 현상이다. 중국 내에 세계의 주요 업체가 생산 기지를 두고 있는 상황에서 기술관련 현지 인력이 로컬 업체로 이직하면 관련 기술도 쉽게 이전되기 때문이다. 이러한 카피Copy를 통한 따라잡기Catchup 현상은 앞으로도 더욱 가속화될 가능성이 크다. 중국 스마트폰 업체들이 그 대표적인 예일 것이다.

이와 같은 모든 상황은 전 세계 기업들로 하여금 불확실성 증대와 수익성 저하라는 문제에 봉착하게 만들었다. 이는 각 기업들의 전략이 그 어느 때보다 중요해졌다는 것을 시사한다. 기업전략의 핵심인 '방향 설정'과 '자원 배분'이 불확실성에 대처하는 기초가 되기 때문이다. 이는 한국기업들에게도 예외가 아니다. 게다가 한국기업들에게는 추가적인 문제가 있다. 예전에는 마켓의 글로벌 선두주자를 쫓아가면서 그 상품 등 성공 공식과 전략을 답습하면 되었다. 이 경우 전략이란 선도기업 추격을 더 잘할 수 있는 방법 이외에는 별 의미가 없었다. 아직도 상당수 대기업에 전략기획을 담당하는 부서가 없는 현실이 이의 방증이다. 그러나 한국의 선도기업들 상당수는 이제 더 이상 팔로어Follower가 아니라 리더의 위치에 서 있게 되었다. 이제는 남이 개척해놓은 검증된 항로를 가는 것이 아니라 자신만의 전인미답前人未踏 항로를 직접 찾아야 하며 그것도 예전처럼 잔잔한 바다가 아니라 쉽사리 배를 침몰시킬 수 있는 폭풍우와 격랑 속에서 암초에 유의하며 나아가야 될 처지이다.[2] 그러므로 한국기업들에게는 좋은 전략을 수립하여 실행하는 것이 그 어느 때보다 중대한 과제가 된 실정이다. 하지만 지난 몇 년 동안 이미 잘못 수립된 전략에 따라 상당수 대기업이 사실상의 파산 지경까지 몰린 것은 주지의 사실이다. 이런 상황에서 필자가 이 책에서 제시한 교훈들은 한국기업들이 전략 수립 및 실행 시 지켜야 될 것들을 모은 것이다.

---

2 신시아 A. 몽고메리, 이현주 역, 『당신은 전략가입니까』, 웅진씽크빅, 2013, 7-8쪽.

02

전략 수립 및 실행 시의
몇 가지 권고사항

필자의 경험에 비추어 기업에서 전략을 수립하거나 실행할 시에 이에 관련된 사람들에게 들려주고 싶은 몇 가지 권고사항이 있다. 이는 전략 수립이나 실행 시에 도움이 될 만한 것들이다.

첫째, 전략의 주체에 관한 것이다. 전술한 대로 한국기업들이 전략 역량이 크게 필요 없었던 탓인지 전략 기획 인력들을 별로 키우지 않아, 막상 전략을 세울 단계에서는 외부 컨설팅을 받는 경우를 많이 본다. 그러나 이 책에서 강조한대로 '현장'에서 '고객의 소리'를 듣고 '시장의 변화'를 느끼고 있는 주체는 직원들이다. 그러므로 전략은 기본적으로 기업 내부에서 수립되어야 한다는 것이다. 만약 아직 자체 인력의 역량이 모자란다면 전략 컨설팅 회사 등 외부 전문가들의 도움이 필요할 것이나, 이 경우에도 전체적인 방향 설정은 내부에서 수행한 이후 이의 검증이나 선진기업 벤치마킹을 할 필요가 있을 때, 그리고 실행 계획을 만들 때에만 외부 도움을 받아야 한다. 특히 내부에서의 전략 수립은 전략 수행의 주체가 내부 인력이 될 수밖에 없기 때문이 순조로운 전략 실행을 위해서도 필요하다. 필자는 외부에서 만들어진 컨설팅이 내부 인력에 의해서 '현실성'이 떨어진다는 이유로 실행도 되지 않고 쓰레기통으로 직행하는 경우도 종종 보았다. 필자는 이와 반대로 내부 인력이 직접 만들거나 그 목소리가 반영된 전략은 현실성 높은 것은 차치하더라도 이들의 애착 때문에 실행 단계에서 힘을 받는 경우를 자주 보았다.

그리고 최고경영자CEO가 전략 수립 단계부터 수행 단계까지 주도할 필요가 있다. 원래 CEO란 군대의 장군처럼 '경쟁에서 이기는 지혜와 방책'을 이끄는, 즉 생각해내고 실행하는 역할을 해야 한다. 그래서 '최고경영자'인 것이다.[1] 그러나 기업현장에서는 CEO가 자사 전략의 수립을 그 방향 설정부터 시작해서 기획 단계까지 통째로 외부에 맡기거나, 내부 인력에 맡기더라도 그 과정에 전혀 관여하지 않고, 그 최종 결과물만을 보고 결재하는 경우가 다반사이다. 더구나 수립된 전략의 실행 단계에서도 실무자나 담당 임원에게 맡겨놓고 방임하는 사례도 많다. 이런 회사에서는 어떤 좋은 전략도 생명력을 얻지 못하고 사장되기 쉬울 것이다.[2]

둘째, 전략의 실행 방법에 관한 것이다. 전략은 수립 단계부터 기획안들이 타임라인을 가질 필요가 있으며 이에 따라 그 실행의 진도도 계속 점검될 필요가 있다. 이것이 이루어지지 않는 전략은 실행 단

---

1 신시아 A. 몽고메리, 이현주 역, 『당신은 전략가입니까』, 웅진씽크빅, 2013, 6쪽.
2 『당신은 전략가입니까』에서도 이 점이 가장 강조되고 있음.

계에서 전혀 힘을 받지 못하는 것이 당연하다. 또 이런 상태에서 시간만 지나간다면 그 책임소재도 불분명해지기 일쑤여서 나중에 이를 어떻게 시정해야 할지도 모르는 상황으로 이어진다. 필자의 경우에는 전략 수립 단계에서 분기를 단위로 실행 단계를 나누어 분기에 한 번씩 이를 점검했다. 필자는 이를 '프로그레스 리포트Progress Report'라 명명하고 실행 실무를 맡은 책임자들이 모여 공동으로 이를 작성하고 직접 경영진에게 보고토록 하였다. 필요하다면 이들이 모인 자리에서 CEO 등 경영진이 실행상의 문제점과 원인을 살펴보고 자금이나 인원 등 자원의 추가 투입 등 이를 시정할 방안을 공동으로 도출할 수 있다.

셋째, 전략의 보완 및 수정의 인터벌에 관한 것이다. 회사의 전략은 정기적으로 리뷰가 되고 수정되어야 할 필요가 있다. 전술한 바대로 현재의 경영 환경은 급변하고 있어 이에 따라 전략은 계속 보완이나 수정이 요구된다. 그러나 회사의 가용자원이나 회사 정책의 일관성 등의 한계로 인해 너무 짧은 인터벌을 두고 보완·수정이 이루어지기는 사실상 힘들다. 하지만 이 인터벌이 너무 길어도 좋지 않다. 급속한 환경 변화에 대한 회사의 대응이 그만큼 늦어질 수밖에 없기 때문이다. 필자의 경험에 비추어보면 1년 정도의 인터벌이 적당한 것으로 판단된다.

국내 회사들은 3~5년 단위로 중장기 전략을 짜는 것이 일반적이다. 그 이상 길게 내다보는 것은 지금처럼 경영 환경 변화가 빠른 상황에서 별 의미가 없기 때문일 것이다. 이 중장기 전략은 1년에 한 번씩 리뷰하고 보완·수정할 필요가 있으며, 환경 변화가 예상보다 너무 심할 경우 아예 기존 전략을 포기하고 제로베이스에서 수립되어야 할 것이다. 그리고 이 시점에 다시 추가적으로 마지막 1년에 대한 기획을 덧붙이면 항상 3~5년의 중장기 전략을 유지하게 된다. 바로 '무빙 윈도우Moving Window'방식이다. 지나간 해에 대한 창문은 버리고 미래를 보는 창문을 덧붙여 항상 3~5년을 앞서 보는 시각을 유지한다는 의미이다.

마지막으로 전략 관련 인력의 육성에 관한 것이다. 기업의 사이즈가 중견 기업 이상으로 커지면 전략 기획을 전담할 내부 인력을 키울 필요가 있다. 이들의 역할은 현장의 의견을 종합하고 이를 논리정연한 로드맵Roadmap으로 만드는 것이다. 이런 인력의 육성은 하루아침에 이루어지지 않고 상당한 시행착오를 거치기 마련이다. 육성 초기에는 외부 위탁 교육 프로그램을 활용하여 이론을 교육받는 것도 좋을 것이다. 하지만 필자의 경험상 일을 통해 배우게 하는 방법이 가장 효과적이었다. 그러므로 외부 컨설팅 업체에서 전략 컨설팅을 받을 때 내부 인력을 반드시 참여시켜 배우게 하는 것이 좋다.

또한 회사의 사이즈가 더 커지면 전략기획 인력과 함께 이코노미스트Economist 역할을 전담할 인력도 확보하고 육성하는 것이 바람직하다. 필자가 전략을 수립할 때에는 경제·경영연구소의 연구인력을 기획 인력과 같이 일하게 했을 때가 가장 좋은 시너지를 볼 수 있었다. 이는 국내 기업들도 이제 세계의 어느 곳에서 일어나는 일에 직접적이고 즉각적인 영향을 받는 만큼 전략 수립 시에는 국내외 모두의 경제, 경영 상황의 흐름을 보고 예측하여 이것이 자사에 미칠 영향을 가능할 수 있어야 제대로 된 전략을 짤 수 있을 것이기 때문이다.[3] 또한 이는 선진 기업들의 대부분이 이런 역할을 수행해줄 코퍼릿 이코노미스트Corporate Economist를 사내에 두고 있는 이유이기도 하다.

결론적으로 필자는 이 책에서 다룬 13개 교훈을 전략 수립과 실행 단계에서 지키고 여기에다 노파심에서 덧붙인 이들 권고사항을 실행에 옮긴다면 기업경영에 큰 도움이 될 것이라 확신한다. 모쪼록 한국기업 모두가 구조화되는 저성장의 늪에서 현명한 전략의 수립과 실행으로 잘 벗어나 웅비하길 바란다.

---

3 이런 면에서 요즘 국내 유수 기업들이 경제·경영연구소의 역할과 규모를 축소하거나 아예 없애는 경향이 두드러지는 것을 필자는 우려의 눈으로 쳐다보고 있음. 이들 연구소의 예측력이 떨어지거나 자사의 경영에 필요한 결과물을 별로 내놓지 못한다는 것이 그 이유라는 것인데, 사실 이는 연구소의 운영이나 연구원의 육성을 책임져줄 책임자급들의 책임이지 연구소의 기능이 불필요하다는 것은 아님. 이들 기업연구소 경영 전문인력이 많이 부족한 것은 사실이나 국내에서 경제·경영연구소의 역사가 1980년대 중반까지 거슬러 올라가는 만큼 유능한 관련 인력도 상당수 있는 것도 사실임. 단지 기업의 인사담당자들이 이들을 알아볼 능력이 없어 이들 중 많은 숫자가 활용되지 못하고 있을 뿐임.

KI신서 5900

전쟁에서 경영전략을 배우다

1판 1쇄 발행 2015년 5월 4일
1판 2쇄 발행 2015년 5월 22일

지은이 김경원
펴낸이 김영곤 **펴낸곳** (주)북이십일 21세기북스
부사장 이유남
책임편집 정지은
영업본부장 안형태 **영업** 권장규 정병철 오하나
마케팅본부장 이희정 **마케팅** 민안기 김한성 김홍선 최소라 백세희
홍보기획실장 김혜영 **온라인마케팅팀** 김영남 임규하
출판등록 2000년 5월 6일 제10-1965호
주소 (우 413-756) 경기도 파주시 회동길 201(문발동)
대표전화 031-955-2100 **팩스** 031-955-2151
이메일 book21@book21.co.kr **홈페이지** www.book21.com
트위터 @21cbook **블로그** b.book21.com

ISBN 978-89-509-5889-3 03320
책값은 뒤표지에 있습니다.